Dänemark 2

Schweden 132

Norwegen 268

FURUNO
DUUSGAARDS MALERFIRMA
VÆR FRISK - SPIS FISK
98 48 88 11
HG 165

Dänemark

Peter Mross
Anne Brakemeier

Inhalt

Kartographie: Eugen E. Hüsler (Dänemark, Norwegen),
Günter Wiesler (Schweden)
Texte: Anne Brakemeier (Dänemark), Peter Mertz (Schweden),
Erica Wünsche (Norwegen)
Umschlaggestaltung: Heinz Kraxenberger, München-Unterföhring

Alle Angaben dieses Werkes wurden von den Autoren sorgfältig recherchiert und vom Verlag geprüft. Für die Richtigkeit der Angaben kann jedoch keine Haftung übernommen werden. Für Hinweise und Anregungen sind wir jederzeit dankbar. Bitte richten Sie diese an:

Bruckmann Verlag
Produktmanagement
Innsbrucker Ring 15
D-81673 München
E-Mail: lektorat@bruckmann.de

Bildnachweis:
Umschlagvorderseite:
Insel beim Dörfchen Oma im norwegischen Hardangerfjord

Umschlagrückseite von oben nach unten:
– Der Ort Fiskebäckskil am schwedischen Gullmarnfjord
– Das Fischerdorf Astol im schwedischen Hakefjord,
im Schärengarten des Bohuslän
– Herbst im hohen Norden Skandinaviens
(alle Umschlagfotos: Erich Spiegelhalter)

Haupttitel Dänemark: Malerisch bunt sind Dänemarks Häfen, hier in Hirtshals an der Nordsee (Foto: Hans Klüche).
Inhalt Dänemark: Historische Seebake bei Verdersø (Foto: Hans Klüche)
Haupttitel Schweden: Lupinenwiese in Jämtland (Foto: Erich Spiegelhalter)
Inhalt Schweden: Fischerhafen Grundsund an der Schärenküste (Foto: Erich Spiegelhalter)
Haupttitel Norwegen: Altes Speicherhaus an der Hafenausfahrt von Alesund (Foto: Erich Spiegelhalter)
Inhalt Norwegen: Landschaft in der Nähe des Geirangerfjords (Foto: Erich Spiegelhalter)

Alle Abbildungen Dänemark: Peter Mross
Alle Abbildungen Schweden: Peter Mertz, Klaus Betz (Abb. 93, 98, 106),
Christian Körner (Abb. 90, 92), Erich Spiegelhalter (Abb. 59)
Alle Abbildungen Norwegen: Knut Liese, Alf Oxem (Abb. 74–76), Sissel Falch (Abb. 77)

Die Deutsche Bibliothek – CIP Einheitsaufnahme
Ein Titeldatensatz für diese Publikation ist bei Der Deutschen Bibliothek erhältlich.

Printed in Slovenia by Mladinska

ISBN 3-86517-014-5

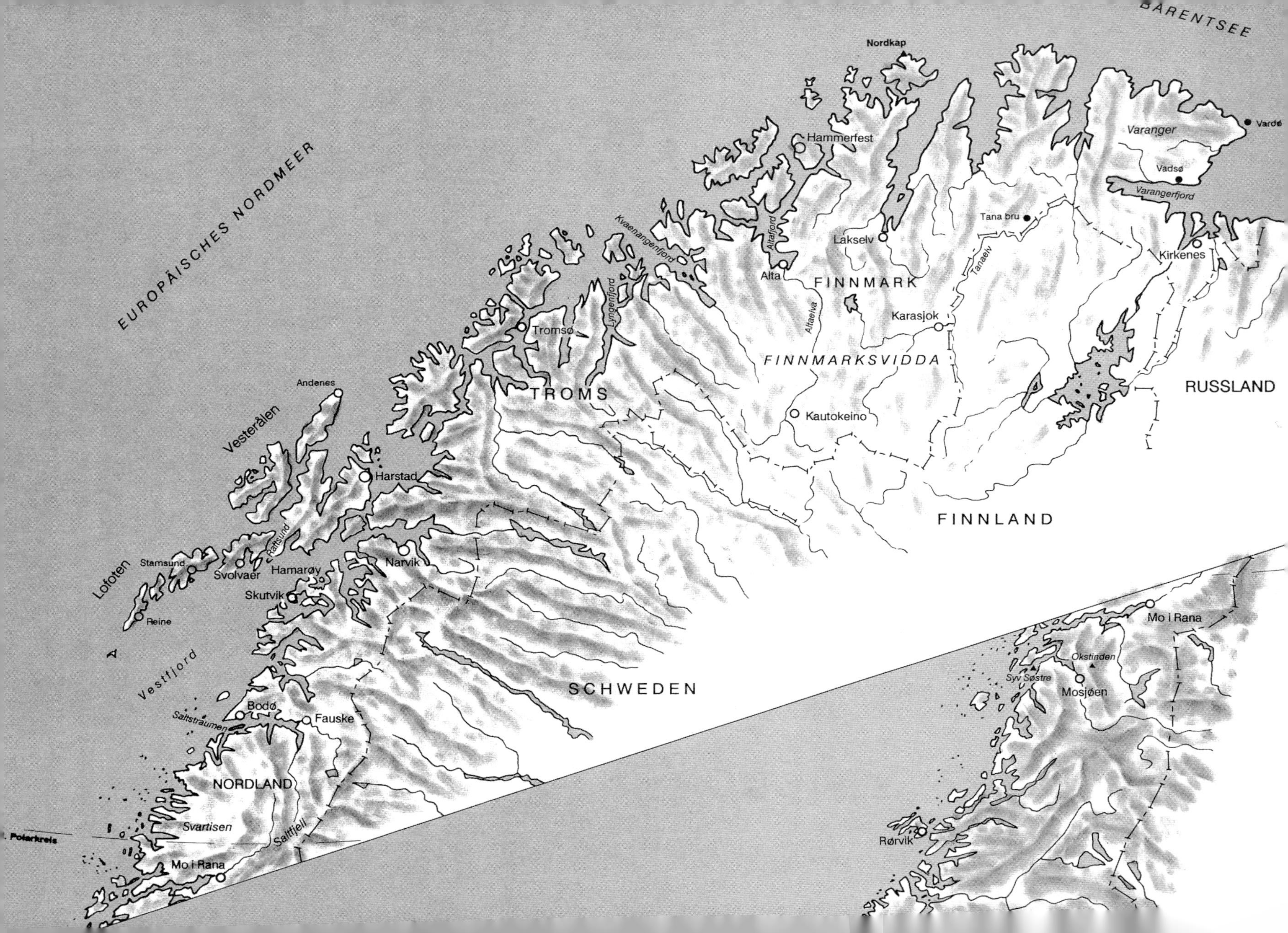

EUROPÄISCHES NORDMEER
BARENTSEE
Nordkap
Hammerfest
Varanger
Vardø
Vadsø
Varangerfjord
Tana bru
Kvaenangenfjord
Altafjord
Lakselv
Kirkenes
Alta
FINNMARK
Tanaelv
Altaelva
Lyngenfjord
Karasjok
Tromsø
FINNMARKSVIDDA
Andenes
TROMS
Kautokeino
RUSSLAND
Vesterålen
Harstad
FINNLAND
Raftsund
Stamsund
Narvik
Lofoten
Svolvaer
Hamarøy
Skutvik
Reine
Mo i Rana
Okstinden
Vestfjord
Syv Søstre
Mosjøen
SCHWEDEN
Bodø
Saltstraumen
Fauske
NORDLAND
Svartisen
Polarkreis
Saltfjell
Rørvik
Mo i Rana

Vorwort

Keine Palmen, kein subtropisches Klima, keine himmelsstürmenden Berge – und doch zieht das kleine Königreich zwischen Nord- und Ostsee Jahr für Jahr Millionen von Besuchern in seinen Bann. Man fragt sich unwillkürlich, was die Gründe dafür sind, daß die meisten von ihnen sich so wohl fühlen in Dänemark, daß sie zu Fans werden und immer wiederkommen. Sicher ist die unwiderstehliche Faszination, die vom Wasser ausgeht, ein Grund. Und Wasser hat das Land reichlich zu bieten. Wo immer man geht oder fährt, kommt man innerhalb kürzester Zeit irgendwo ans Wasser. Das dänische Festland zwischen Nord- und Ostsee ist schmal – die Grenze zu Deutschland nur 68 Kilometer lang – und dazu noch zerfurcht von vielen Fjorden. Süßwasserseen und -teiche in den Mulden, die von den Gletschern der Eiszeit ausgewaschen wurden, verstärken den Eindruck, daß Wasser allgegenwärtig ist.

Küstenlänge: 7300 Kilometer – eine kaum noch vorstellbare Distanz, die einem Siebtel des Erdumfangs entspricht. Es sind vor allem die über vierhundert Inseln des dänischen Territoriums, die dieses erstaunliche Längenmaß zusammenbringen. Da braucht der Urlauber auch in der Hochsaison nicht zu befürchten, daß es am Wasser zu eng wird.

Die vorwiegend sanft gewellte Landschaft wirkt eher dünn besiedelt, denn von den rund 5,2 Millionen Dänen drängen sich etwa zwei Millionen auf der Insel Seeland mit der Landeshauptstadt Kopenhagen zusammen. In vielen Kleinstädten und Dörfern scheint die Zeit stehengeblieben zu sein. Sorgfältig gepflegte Fachwerkhäuser und geduckte Fischerkaten, oft unter dicken reetgedeckten Dächern an kopfsteingepflasterten Gassen, lassen an Puppenstuben denken. Alles wirkt so blankgeputzt und frisch gefegt, daß man fast auf Zehenspitzen gehen möchte, um nichts zu beschmutzen. Die Atmosphäre von Ruhe und Frieden scheinen auch die Tiere zu empfinden. Würde sonst ein Storchenpaar im Herzen der Stadt Ribe mit immerhin 18 000 Einwohnern auf einem nicht einmal sehr hohen Backsteinstaffelgiebel gleich neben dem romanischen Dom sein Nest bauen und den Nachwuchs ausbrüten?

Daß sich das Agrarland Dänemark, in dem etwa siebzig Prozent der Flächen für Ackerbau und Viehzucht genutzt werden, in den letzten Jahrzehnten zu einem Industriestaat gewandelt hat, fällt dem Urlaubsreisenden im Lande kaum auf. Die Umstrukturierung war bitter nötig, denn aufgrund von Mechanisierung und Rationalisierung sind nur noch etwa 5,7 Prozent der Arbeitnehmer in der Landwirtschaft beschäftigt. Da auch der Fischfang, das zweite traditionelle Standbein des Landes, durch Überfischung der Gewässer starke Einbußen erlitt, konzentrierte man sich verstärkt auf den Ausbau der Industrie, die etwa 28 Prozent der Arbeitnehmer aufnimmt. Im Vordergrund stehen die Nahrungsmittel- und die Textilindustrie. Da es dem Land an Rohstoffen für die Schwerindustrie fehlt, fallen die zumeist relativ kleinen Unternehmen der sogenannten Nischenindustrie optisch in der dänischen Landschaft kaum unangenehm auf.

Im Tourismus, einer wichtigen Einnahmequelle, konzentrieren sich die Aktivitäten wie in kaum einem anderen Land auf das Vermieten von Ferienhäusern. Das traute Heim auf Zeit am Meer oder im Grünen bietet oft auch dem fremden Gast »hygge«, diese Mischung aus Geborgenheit, Wärme und Gemütlichkeit, die den Dänen so viel bedeutet und dem Urlauber auch dann Glücksgefühle schenken kann, wenn das nicht subtropische Klima ihn von Zeit zu Zeit von Strand und Wasser vertreibt.

4 Auf einem kleinen See bei Jelling in Südjütland ist dieses nachgebaute Wikingerboot verankert. Bei Jelling befinden sich auch Dänemarks älteste Königsgräber aus dem 10. Jahrhundert.

Sozusagen vor den Augen Ihrer Majestät Königin Margarete II. gehen jährlich rund hunderttausend Gäste aus aller Welt in *Kopenhagen* an Land, denn von den königlichen Gemächern in *Schloß Amalienborg* fällt der Blick auf den *Hafen* und die Liegeplätze der schmucken Kreuzfahrtschiffe. Weil Dänemarks Hauptstadt berühmt ist für ihre schönen Bauten, für Kunst und Kultur und für ihre unvergleichlich eigenwillige Atmosphäre, kommen durchschnittlich zweihundertfünfzig Musikdampfer mit neugierigen, erwartungsfrohen Passagieren an Bord in die zu Recht gepriesene Metropole. Hollywood-Star Danny Kaye machte in den frühen Nachkriegsjahren mit seinem Hit *»Wonderful Copenhagen«* die Schönheiten der vom Krieg verschonten Stadt weltweit populär. Der Hit ist zum Evergreen geworden und hat seine Werbewirksamkeit nicht verloren.

Von den Schiffen aus erreicht man zwei der beliebtesten Attraktionen mit je einem kurzen Spaziergang: den Wachwechsel der königlichen Leibgarde auf dem *Schloßplatz*, der täglich um 12 Uhr mittags stattfindet, und die *Kleine Meerjungfrau*, Kopenhagens Symbolfigur, die am Ende des Kais in verträumter Pose auf einem Granitblock kauert.

Die königliche Residenz Schloß Amalienborg

Kein mit Stacheln bewehrter, unüberwindlicher Zaun hindert den Gast daran, den weiten, achteckigen Platz zu betreten, an dem die vier schmucken Palais der königlichen Residenz *Amalienborg* liegen. Während der Regentschaft von König Frederik V. wurden die Palais in der Zeit von 1749 bis 1760 nach den Plänen des Hof- und Stadtbaumeisters Nicolai Eigtved im anmutigen Stil des Rokoko erbaut. Da die finanziellen Mittel des Königs für die Realisierung seiner Baupläne nicht ausreichten, bediente er sich einer List: Den reichen Adelsfamilien Moltke, Brockdorff, Løvenskjold und Levetzau bot er die Grundstücke kostenlos und gewährte ihnen vierzig Jahre Steuerfreiheit. Zur Bedingung machte er nur, daß Eigtveds Pläne für die Palais im Herzen des neuen Viertels *Frederiksstad* eingehalten wurden. Als im Jahre 1794 die königliche Residenz, das prunkvolle *Barockschloß Christiansborg* auf der *Insel Slotsholmen*, abbrannte, verloren die Adelsfamilien ihre Palais, weil der König sie zu seiner neuen Residenz umwidmete. Sie blieben Residenz bis auf den heutigen Tag.

Flattert der *Danebrog*, Dänemarks Nationalflagge mit dem weißen Kreuz im roten Feld, über dem südöstlichen, dem Hafen zugewandten Palais, dann ist die Königin zu Hause und die Leibgarde in ihren attraktiven Uniformen mit den gekreuzten weißen Schulterriemen und den hohen Bärenfellmützen marschiert mit Musik zum Wachwechsel. Da haben auch Nicht-Royalisten einen Ausdruck der Rührung im Gesicht. Klanglos und damit weniger feierlich läuft das Spektakel ab, wenn Margarete II. nicht in Kopenhagen weilt.

Weshalb der Anführer der Leibgarde mit dem Bajonett seines Gewehrs zur Kontrolle in jedes Schilderhaus sticht, erklärt Stadtführerin Sonja den erstaunten Gästen: Es ist in der Vergangenheit vorgekommen, daß ein Gardist seine Herzliebste in einem Schilderhaus verbarg, um der Langeweile während der Wache abzuhelfen. Weil das auf keinen Fall sein darf, sticht tagein tagaus die Bajonettspitze ins mögliche Versteck. Solange kein spitzer Schrei ertönt, ist die Welt der Leibgarde in Ordnung. Sonja weist auch ausdrücklich darauf hin, daß sich die Monarchin und ihre Familie bei den Untertanen großer Beliebtheit erfreut, so daß kaum ein Däne über das Herrscherhaus witzelt oder spottet. Und da sich

Vorhergehende Abbildung:

5 Wachwechsel vor der Residenz von Königin Margarete II., Schloß Amalienborg, der täglich um 12 Uhr mittags stattfindet: Und es vergeht kaum ein Tag, an dem nicht Scharen von Zuschauern das malerische Spektakel miterleben.

6 Die Kleine Meerjungfrau, Kopenhagens zierliche Symbolfigur, hockt trauernd auf einem Granitblock an der Langenlinie, dem Kai für die großen Fahrgastschiffe, die Besucher aus aller Welt in die dänische Metropole bringen.

Folgende Abbildung:

7 Bei Rundfahrten in offenen Ausflugsbooten durch Kopenhagens Häfen und Kanäle sieht der Gast die schönsten und romantischsten Seiten der Stadt, hier den Nyhavn, in dem nur alte, aus Holz gebaute Segelschiffe Liegerecht haben.

NY
BORN

P915
100.- PASS.
NORREBRO

8–10

auch die Kosten für die Aufrechterhaltung der Monarchie im Staatshaushalt auf niedrigem Niveau bewegen, trägt die Bevölkerung die Abgaben, die jeder einzelne dafür zu entrichten hat, ohne Murren. Die Verbundenheit mit der Monarchin zeigt sich besonders deutlich an deren Geburtstag. Dann stehen die Menschen auf dem Schloßplatz dicht gedrängt und fordern im Chor: »Königin, Königin komm heraus.« Und Jubel brandet auf, wenn sie erscheint und ihrem Volk zuwinkt – sagt Sonja.

Rund um die Kleine Meerjungfrau

Ein kleines Beispiel für das ausgeprägte Nationalbewußtsein der Dänen ist der *Amaliehavn*, ein schmaler Park zwischen dem *Schloß* und dem *Oslokai*, den der Großreeder A. P. Møller im Jahre 1983 auf eigene Rechnung von ausländischen Künstlern gestalten ließ, um ihn dann der Stadt zu schenken. Die Kopenhagener mieden ihn lange Zeit und verübelten dem hochherzigen Mäzen, daß er keine dänischen Künstler engagiert hatte.

Die starke Verbundenheit der Bevölkerung mit ihren Symbolen zeigte sich 1964: Als bekannt wurde, daß Vandalen der geliebten *Kleinen Meerjungfrau* an der *Langenlinie* den bronzenen Kopf abgesägt hatten, ging ein Aufschrei durch das ganze Land. Zum Glück gab es noch die Originalgußformen der Figur, die der Brauereibesitzer und Mäzen Carl Jacobsen im Jahre 1913 stiftete, nachdem er 1909 die Uraufführung des Balletts nach Hans Christian Andersens Märchen über die unglückliche Liebe der kleinen Nixe zu einem Prinzen im *Königlichen Theater am Kongens Nytorv* miterlebt hatte. Die schöne Primaballerina Ellen Price sollte dem Bildhauer Edward Eriksen seinerzeit nackt Modell sitzen, doch das lehnte die Tänzerin ab. Und so kam es, daß nur der Kopf der kleinen Bronzefigur der Ballerina nachgebildet wurde. Für den nackten Nixenkörper saß schließlich die junge Frau des Brauereibesitzers Modell. Im Laufe der Zeit wurde das zierliche Geschöpf am Meer zum beliebtesten Fotomotiv Kopenhagens. Ein weiterer Angriff auf die Kleine Meerjungfrau in jüngster Vergangenheit zerstörte einen Arm. Aber auch der konnte dank der vorhandenen Formen schnell ersetzt werden.

Daß in unmittelbarer Nähe von Kopenhagens trauernder Nixe eine *holländische Windmühle* auf den Wallanlagen des *Kastells* ihre Riesenflügel in den Himmel reckt, ist darauf zurückzuführen, daß König Frederik III. den holländischen Baumeister Henrik Rüse ins Land rief, der von 1662 bis 1663 die von König Christian IV. angelegte *St.-Annæ-Schanze* umbaute und mit einem doppelten Wallgraben versah. Die Mühlenflügel drehen sich nur noch einmal im Jahr zum Geburtstag der Zitadelle. Früher aber kam aus dieser Mühle das Mehl für die Bäckerei, die das Brot für die in der Festung stationierten Soldaten lieferte.

Heute befinden sich in dem Komplex das *Livjäger-Museum* und die *Königliche Garnisons-Bibliothek*, aber auch die *Hauptwache* und das *Gefängnis*, in dem im 18. Jahrhundert Johann Friedrich Graf von Struensee gefangensaß. Der Graf zählt zu den berühmtesten Persönlichkeiten Dänemarks, weil er, seiner Zeit weit voraus, zahlreiche liberale Reformen durchführte. Im Jahre 1769 war er Leibarzt des schwachsinnigen Königs Christian VII. geworden. Zwischen dem Arzt und Königin Caroline Mathilde entwickelte sich ein Verhältnis, das es ihm ermöglichte, Macht auf den dänischen Hof auszuüben. Nachdem sein Einfluß übermächtig geworden und die Affäre mit der Königin ans Licht gekommen war, erwirkten seine Gegner beim König einen Haftbefehl. Nur drei Monate nach seiner Verhaftung wurde der Graf auf

8–10 Am Nyhavn reihen sich auf der Sonnenseite Restaurants, Cafés und Kneipen dicht an dicht. Die besondere Atmosphäre an dieser Hafenzeile lockt Einheimische und Fremde, Jung und Alt.

brutale Art hingerichtet: »Die rechte Hand wird bei lebendigem Leibe abgehauen und dann der Kopf, der Körper wird zerteilt und auf Pfahl und Rad gelegt, aber Kopf und Hand werden auf einen Staken gesetzt.« Über dreitausend Kopenhagener Bürger sollen am 28. April 1772 das schaurige Spektakel miterlebt haben. Ein finsteres Kapitel in der Geschichte von *»Wonderful Copenhagen«*.

Von der Residenz nur einen kurzen Spaziergang entfernt liegt das bezaubernde *Wasserschloß Rosenborg*, das König Christian IV. zu Beginn des 17. Jahrhunderts im Stil der niederländischen Renaissance als Lustschloß erbauen ließ. In seinen *Kellergewölben* sind die *Reichsinsignien* und andere kostbare Schätze des Königshauses sicher verwahrt und zur Schau gestellt. Vierundzwanzig edel ausgestattete Räume im Schloß stehen Besuchern offen. Der große *Schloßpark*, zeitgleich mit der Erbauung von Rosenborg angelegt, ist der älteste Park in Kopenhagen.

Im historischen Stadtkern

Die Entfernungen zwischen den wichtigsten Sehenswürdigkeiten in Kopenhagens Stadtmitte sind nicht groß: Nur etwa vier Quadratkilometer umfaßt das Innenstadtareal, für fußgesunde Touristen kein Problem. Das eigene Auto dagegen kann zu einem ernsten Problem werden aufgrund der drastisch eingeschränkten Parkmöglichkeiten. Zu empfehlen ist die *»Copenhagen Card«* für einen, zwei oder drei Tage. Der Pauschalpreis umfaßt freie Fahrt beliebig oft in allen öffentlichen Verkehrsmitteln der Hauptstadt und in Nordseeland einschließlich Fahrten zu den Städten *Roskilde* und *Køge*. Eingeschlossen sind auch freier Eintritt in fast hundert Museen, Schlösser und Vergnügungsparks, großzügige Rabatte bei Stadtrundfahrten und Bootstouren durch die Kanäle und vieles mehr.

Zu Füßen der beiden *Lurenbläser*, eines Denkmals des Bildhauers Siegfried Wagner, das 1914 neben dem *Rathaus* aufgestellt wurde, beginnen die organisierten Stadtrundfahrten, eine informative und bequeme Art, sich mit den Sehenswürdigkeiten vertraut zu machen. Eine ganze Reihe von Originalluren, gebogenen Hörnern aus Bronze, die während der Bronzezeit als heilige Musikinstrumente galten, sind im *Nationalmuseum* ausgestellt.

Das imposante *Rathaus* mit seinem schlanken, hohen Turm, der allen Tüchtigen, die vor dreihundert Stufen Aufstieg nicht zurückschrecken, herrliche Aussicht bietet, ist schon das fünfte. Die Vorgängerbauten wurden fast alle Opfer verheerender Stadtbrände, die mehrfach in Kopenhagen wüteten, vor allem im 18. Jahrhundert. Bischof Absalon, Gründer der Stadt im 12. Jahrhundert, bekam in Gestalt einer *vergoldeten Statue* einen würdigen Platz an der *Rathausfassade*. Er hatte von König Waldemar dem Großen Mitte des 12. Jahrhunderts den unbedeutenden Fischerhafen *»Havn«* geschenkt bekommen und ließ sehr bald auf der kleinen *Insel Slotsholmen* eine Festung bauen, um die Überfälle der aggressiven Wenden, die über die Ostsee kamen, besser abwehren zu können. Die Siedlung, die nach und nach rund um Slotsholmen entstand, nannte er *»Købmandenes Havn«*, Kaufmannshafen.

Knapp zweihundert Jahre später erteilte Erik VII. von Pommern dem aufstrebenden Ort königliche Handelsprivilegien. Dieser entwickelte sich zum wichtigsten Handelszentrum des seit 1397 aus Dänemark, Norwegen und Schweden bestehenden Großreichs, das während der Regentschaft von Königin Margarete durch den in Kalmar geschlossenen Vertrag vereint worden war. Im Jahre 1445

11 Die vier kupfernen Drachen, die ihre Schwänze zu einem spitzen Turm zusammenringeln, sind ein Wahrzeichen der dänischen Hauptstadt. König Christian IV. ließ den schönen Renaissancebau im 17. Jahrhundert von holländischen Baumeistern errichten.

12 | 13

12–14 Der Stadtteil Christianshavn auf der Insel Amager ist von vielen Kanälen durchzogen und erinnert an holländische Städtebilder, denn Baumeister aus den Niederlanden planten und bauten hier für ihre Landsleute, die König Christian IV. nach Dänemark rief, damit sie die Garten- und Landbautechniken ihrer Heimat auf Amager einführten.

Christian
firtal

wurde Kopenhagen Residenzstadt, und bereits 1449 wurde in ihr erstmals ein König gekrönt, Christian I. von Oldenburg.

Holländischer Einfluß

Drastische Veränderungen erlebte Kopenhagen während der sechzig Jahre dauernden Herrschaft von Christian IV. Stadtführerin Sonja faßt knapp und anschaulich zusammen: »Er war der baufreudigste König Dänemarks. Er liebte alles Holländische und holte deshalb holländische Baumeister ins Land. Er führte viele Kriege und verlor sie alle. Zu Beginn seiner Regentschaft war Dänemark reich, bei seinem Tode verarmt. Trotz allem ist er der populärste König geblieben.« Ab 1618 entstand ein ganzer Stadtteil nach holländischem Muster mit rechtwinkligen Straßen und Kanälen, dessen Bausubstanz alle Stadtbrände größtenteils überdauert hat: *Christianshavn*. Auf der *Insel Amager* im Øresund, heute von den südöstlichen Stadtteilen Kopenhagens und dem Flughafen Kastrup eingenommen, führten seinerzeit holländische Experten ihre besonderen Techniken des Gemüseanbaus ein. Neben *Schloß Rosenborg* gehört die *Börse* zu den markantesten Bauwerken im Stil der niederländischen Renaissance, die von den Brüdern Lorenz und Hans van Steenwinckel im Namen des Königs realisiert wurden. Die vier *kupfernen Drachen*, die über dem weit ausladenden Kupferdach mit seinen schönen Giebeln ihre Schwänze zu einem spitzen Turm zusammenringeln, sind zu einem unverkennbaren Wahrzeichen von Kopenhagen geworden. Auch an der gegenüberliegenden *Holmens Kirke*, in der Königin Margrethe II. getraut wurde, waren die holländischen Baumeister maßgeblich beteiligt. Sie schufen die beiden Kreuzarme aus rotem Backstein.

15 Blick vom Amagertorv auf den Turm der Nikolaikirche. Der schöne Platz, auf dem in früheren Zeiten die niederländischen Bauern von der Insel Amager ihre landwirtschaftlichen Produkte verkauften, ist heute beliebtester Treffpunkt in Kopenhagens Fußgängerzone Strøget.

Schloß Christiansborg

Besonders bewegt ist die Geschichte von *Schloß Christiansborg* auf *Slotsholmen*, der kleinen Schloßinsel, in dem seit 1918 der *Folketing*, das Dänische Parlament, tagt. Die königlichen *Audienzräume*, der *Gerichtshof* und das *Außenministerium* sind in dem Komplex ebenfalls untergebracht. Das heutige vierflügelige Schloß mit seiner Fassadenverkleidung aus Bornholmer Granit und dem auffallend hohen Turm ist bereits die sechste Version eines Herrschersitzes.

Die Geschichte des Ortes begann im Jahre 1167 mit Bischof Absalons Burg. Sie wurde im 13. Jahrhundert von den Wenden und im 14. Jahrhundert von den Lübeckern zerstört. Im Jahre 1733 war Baubeginn für ein prunkvolles Königsschloß mit 348 Räumen, in das 1740 der König einzog, obwohl der Bau noch nicht vollendet war. Das Schloß war noch immer nicht fertiggestellt, als es im Jahre 1794 abbrannte. Über den Ruinen errichtete Baumeister C. F. Hansen ein klassizistisches Schloß, das auch keine hundert Jahre alt wurde: 1884 rafften die Flammen es hinweg. Nur die *Schloßkirche* blieb erhalten. In der Zeit von 1907 bis 1928 nahm die derzeitige Version unter Leitung von Thorvald Jørgensen Gestalt an. Die dänische, die norwegische und die schwedische Krone schmücken die Spitze des neunzig Meter hohen Turms zur Erinnerung an die *»Kalmarer Union«*. Stadtführerin Sonja kommentiert: »Wir Dänen sind gar nicht böse, daß die schwedische Krone die kleinste ist. Immerhin hat es zwischen unseren Ländern zwanzig Kriege gegeben. Aber wir freuen uns, daß wir seit langem gute freundschaftliche Beziehungen zu unseren Nachbarn haben. Nur bei Fußballspielen gegen Schweden tritt die Erbfeindschaft wieder zutage.« Zu den mit gebeugten Rücken schwer schleppenden *Atlanten über dem Portal*

meint Sonja: »Wir dänischen Steuerzahler identifizieren uns mit diesen atemlos ächzenden Figuren.«

Ungewöhnlich erscheint dem fremden Besucher das Verhältnis der Kopenhagener zu ihrem größten Friedhof, dem *Assistens Kirkegård,* der zugleich öffentliche Parkanlage ist. Bei schönem Wetter ist das Familienpicknick auf dem grünen Rasen bei den Gräbern ebenso selbstverständlich wie das Sonnenbad oder das Spielen mit den Kindern. Auf Anordnung des Königs wurde die riesige Anlage im Jahre 1757 eröffnet. Während der katastrophalen Pestepedemie des Jahres 1711 hatte sich gezeigt, daß die alten Friedhöfe für die akut steigende Zahl der Toten nicht ausreichte. Heute ist der Assistens Kirkegård an der *Nørrebrogade* auch Pilgerziel für die Verehrer des Märchendichters Hans Christian Andersen oder des Philosophen Søren Kierkegaard. Immergrüne Büsche beschatten den schlichten Grabstein des Dichters, ein reichverziertes Eisengitter schützt die Ruhestätte vor zu großer Zudringlichkeit. Eine ganze Reihe berühmter Persönlichkeiten ist in der gepflegten, weitläufigen Parkanlage beigesetzt worden.

Fast zwei Kilometer Flaniermeile

Fünf Straßen im Herzen der Stadt bekamen 1962 einen neuen Gemeinschaftsnamen: *Strøget,* der »Strich«. Er wurde Europas längste und wohl auch berühmteste *Fußgängerzone.* Vom *Rathausplatz* – dem verkehrsreichsten – bis hinunter zum *Kongens Nytorv* – dem größten Platz der Metropole – kann man auf 1800 Metern Innenstadtstraße ungestört flanieren, konditern, einkaufen, den Straßenkünstlern zusehen. Hier haben berühmte Modehäuser ihre Läden, wechseln sich teure Restaurants mit Galerien, Juwelieren, Boutiquen und Buchhandlungen ab. Aber auch internationale Fast-food-Ketten und unfaßbar viele Wechselstuben haben sich in den letzten Jahren massiv ins Bild gedrängt. Und zahlreiche Opfer der allgemeinen wirtschaftlichen Depression, die besonders den Großraum Kopenhagen mit hoher Arbeitslosigkeit belastet, treffen sich hier in der »guten Stube« gern mit Schicksalsgenossen, um Kummer und Hoffnungslosigkeit hinunterzuspülen.

Auf dem schönen *Amagertorv* zwischen *Østergade* und *Hyskenstræde* wurden vom Mittelalter an bis Mitte des 19. Jahrhunderts die landwirtschaftlichen Produkte der Bauern und Gärtner von der *Insel Amager* verkauft. Heute präsentiert *Royal Copenhagen,* eine Fusion der Königlichen Porzellanmanufaktur mit der Silberschmiede Jensen und den Holmegaard-Glaswerken, seine weltweit bekannten Produkte im Haus des ehemaligen Bürgermeisters Mathias Hansen aus rotem Backstein im Stil der niederländischen Renaissance am Amagertorv Nr. 6. Beliebter Treffpunkt ist der *Storchenbrunnen,* um den herum traditionsgemäß einmal im Frühling die Kopenhagener Hebammen nach bestandenem Examen Freudentänze aufführen. Was da am Ostende der *Østergade* fast so aussieht wie ein Schloß an der Loire, ist Kopenhagens größtes und feinstes Kaufhaus.

Überquert man das weite Oval des *Kongens Nytorv,* vorbei am *Königlichen Theater,* ist man schnell am *Nyhavn,* dem romantischen Hafen, der Besucher und Einheimische gleichermaßen magisch anzieht. Dem Märchendichter Hans Christian Andersen erging es anscheinend nicht anders. Er wohnte dort gleich dreimal: in den Häusern Nr. 18, Nr. 20 und Nr. 67. In den Jahren 1671 bis 1673 wurde das Hafenbecken ausgehoben. Heute haben darin nur noch Museumsschiffe aus Holz Liegerecht. Auf der Sonnenseite am Wasser reihen sich Restaurants, Cafés und Kellerlokale dicht aneinander. Leider ha-

16 Das von einem herrlichen Park umgebene Schloß Rosenborg ließ sich König Christian IV. als Lustschloß in dem von ihm so geliebten Stil der niederländischen Renaissance erbauen. Heute sind darin die Kronjuwelen und Reichsinsignien sicher verwahrt. Seit dem Jahr 1833 ist das Schloß als Museum der Öffentlichkeit zugänglich.

Folgende Abbildung:

17 Von Anfang Mai bis Mitte September tauchen allabendlich Tausende von bunten Glühbirnen Kopenhagens traditionsreichen Vergnügungspark Tivoli in märchenhaftes Licht. Seit seiner Eröffnung im Jahre 1843 haben sich in diesem acht Hektar großen Freizeitparadies im Herzen der Stadt zwischen Hauptbahnhof und Rathaus schon fast 300 Millionen Besucher vergnügt.

ben Pizza & Co. auch hier so manches typisch dänische *»Kolde Borde«* mit seinen köstlichen Fischspezialitäten verdrängt.

Publikumsmagnet Tivoli Park

Als Georg Carstensen im August 1843 seinen acht Hektar großen, phantasievollen *Vergnügungspark* in den ehemaligen Wallanlagen zwischen dem Rathausplatz und dem heutigen Hauptbahnhof eröffnete und seine ersten Gäste begrüßte, konnte er nicht ahnen, daß sein Werk auch nach über einhundertfünfzig Jahren Besucher in hellen Scharen begeistern würde. In der Nähe des Haupteingangs an der *Vesterbrogade* steht er, in Bronze gegossen, mit Zylinder und Stock und heißt ein internationales Publikum willkommen. Keine andere Sehenswürdigkeit in Kopenhagen wurde weltweit so berühmt wie der *Tivoli*. Die Zahl der Besucher steuert auf die 300 Millionen zu. Wie am ersten Tag mischen sich hier Menschen aller Gesellschaftsschichten, denn der Tivoli ist Vergnügungspark, Rummel und Kulturzentrum in einem. Attraktionen vom Riesenrad bis zum Gruselkabinett, von der Achterbahn bis zum fliegenden Teppich faszinieren wie eh und je. Pantomime, Theater und Klassikkonzerte befriedigen den Anspruchsvollen. Die kulinarische Spannbreite reicht vom heißen Würstchen bis zur Haute Cuisine. Über hunderttausend Glühlampen in bunten Farben erhellen die Zauberwelt. Wen wundert es, daß der *Chinesische Turm* mit seinen geschweiften Dächern, die sich malerisch im Wasser spiegeln, Hans Christian Andersen zu einem Märchen inspirierte. Die Tradition wird in Ehren gehalten. Verpönt sind moderne Beleuchtungskörper wie Neonröhren. Der Kopenhagener Tivoli hat mit dem namensgebenden italienischen Tivoli bei Rom, einer Sommerfrische mit herrlichen Wasserspielen, nur eines gemeinsam, die unwiderstehliche Anziehungskraft.

Ein reichhaltiges Besuchsangebot

Die zahlreichen interessanten Museen, die Meisterwerke moderner Architektur, die großen Brauereien, die man besichtigen kann, die romantischen Bootsfahrten durch Hafen und Kanäle, die man machen könnte – bei jedem Aufenthalt in Kopenhagen wird vieles offenbleiben für den nächsten Besuch.

Der Abschiedsblick vom *Rundetårn*, dem 35 Meter hohen *astronomischen Turm*, wird dem Gast leicht gemacht: König Christian IV., berühmt für seine außergewöhnliche Baufreudigkeit, ließ den Turm mit einem 209 Meter langen *stufenlosen Spiralgang* ausstatten, damit die gewichtigen astronomischen Geräte problemlos nach oben geschafft werden konnten. Angeblich ritt Zar Peter der Große bei seinem Besuch im Jahre 1716 auf einem Pferd nach oben, und angeblich folgte ihm die Zarin in einer mit Pferden bespannten Kutsche. Belegt ist, daß im Jahre 1902 zum ersten Mal ein Auto den Spiralgang hinauffuhr. Mitte des 17. Jahrhunderts ließ Frederik III. die *Trinitatiskirche* erbauen und den astronomischen Turm in den Sakralbau einbeziehen. Im Dachboden der Kirche richtete man die *Universitätsbibliothek* ein, der Turm blieb Observatorium. Erst Mitte des 19. Jahrhunderts wurde die Bibliothek verlegt, und das astronomische Gerät fand einen neuen Platz auf dem *Østervold*. Selbst wenn die Beine des Besuchers vom Rundgang durch die Metropole bleischwer sind, schafft er dank der stufenlosen Schnecke noch den Aufstieg zur obersten Plattform. Herrlich ist die Aussicht von dort über die Innenstadt mit ihren vielen kupfergedeckten Dächern und Türmen. Ein idealer Platz für den Abschied von »Wonderful Copenhagen«.

18 An den Park von Schloß Rosenborg schließt sich westlich der Botanische Garten an. Mittelpunkt der herrlichen Anlage ist das reich verglaste Palmenhaus mit seinen tropischen und subtropischen Pflanzen. Eine breite Freitreppe führt zum runden Zentralbau hinauf.

Der Mythologie zufolge verdankt die *Insel Seeland* ihre Entstehung der Göttin Gefion. Angeblich schickte Göttervater Odin sie nach Schweden, um neues Land zu beschaffen. Es heißt, sie habe ihre von einem Riesen gezeugten vier Söhne in Stiere verwandelt und vor einen Pflug gespannt. In einer einzigen Nacht sollen sie den Boden in der Größe der heutigen Insel Seeland umbrochen haben. Schwedens König Gylfe schenkte Göttin Gefion den riesigen, frisch gepflügten Acker, und ihre vier Söhne zogen ihn hinaus ins Meer, wo er noch heute liegt und Seeland heißt. Das nach dem Entfernen des Ackers auf dem schwedischen Festland entstandene riesige Loch füllte sich mit Wasser und bekam den Namen *Vänersee*. Der Bildhauer Anders Bundgaard machte im Jahre 1908 die Sage anschaulich im *Gefion Springvandet*, einem von der Carlsberg-Brauerei gestifteten Brunnen, der mit seinen herrlichen Wasserspielen von Mitte April bis Ende Oktober die Besucher des heutigen *Churchillparks* in Kopenhagen beeindruckt.

Landschaftlich reizvolle Passagen hat der Südosten zu bieten, wo die weit ausladende Fakse-Bucht nach Süden hin ihre Fortsetzung in der Insel Møn findet. Einen dramatischen Akzent setzt am nördlichen Ende der Bucht die kleine Kirche von *Højerup*, die ein aus Seenot geretteter, dankbarer Schiffer bei *Stevns Klint* erbauen ließ. Ihr Chor stürzte schon 1928 ins Meer, nachdem hohe Wellen den Grund ausgewaschen hatten. Kirchenschiff und Turm bekamen einen soliden Betonsockel und trotzen seitdem den zerstörerischen Kräften der Brandung.

Die »dänische Riviera« nördlich von Kopenhagen

Dem gefräßigen altorientalischen Gott Moloch gleich verschlingt die Hauptstadt Kopenhagen mehr und mehr vom Territorium der Insel Seeland. Gierig greift sie nach Norden. Immer dichter stehen die Häuser entlang der *dänischen Riviera*, dem malerischen Küstenstreifen in Richtung *Helsingør*. Und an den Stränden bis hinauf zum nördlichsten Inselzipfel bei *Gilleleje* hat man in der Ferienzeit und an Schönwetter-Wochenenden das, was im allgemeinen in Dänemark untypisch ist: Gedränge, Menschenmassen, Hektik. Aber von den Urlaubern aus den Nachbarländern, die nach Ferien im Sinne der guten alten Sommerfrische trachten, werden sich ohnehin nur wenige die Insel Seeland als Ziel aussuchen. Was hier lockt, sind vor allem die Hauptstadt und die historisch faszinierenden Plätze, die international berühmten Museen, die *königlichen Schlösser*. An der Küstenstraße in Richtung Norden reihen sie sich auf wie die Perlen an einer Schnur. Am schnellsten und bequemsten erreicht man sie mit öffentlichen Verkehrsmitteln, die zügig verkehren und auch am preisgünstigsten sind, besonders dann, wenn man im Besitz der *Copenhagen Card* ist, die auch in allen öffentlichen Verkehrsmitteln in der Nordhälfte der Insel benutzt werden kann.

Auf den Spuren von Kunst und Literatur am Øresund

Charlottenlund Slot, das eher zierliche ehemalige Lustschloß aus dem 18. Jahrhundert, liegt unmittelbar am Nordrand der Metropole in einem weitläufigen Park, der erst am *Øresund* endet: ein Naherholungsgebiet par excellence für genervte Großstädter. Das *Aquarium* im Park ist zusätzliche Attraktion. Auch das *Wildgehege Dyrehave* und der riesige *Vergnügungspark Bakken* liegen nur gut zehn Kilometer außerhalb der Stadt. Bei ausgedehnten Spaziergängen im Wald des Geheges kann man leicht auf ein Rudel Rotwild stoßen, das deswegen nicht

Vorhergehende Abbildung:

19 Die formschöne Farøbrücke, eine Autobahnbrücke, verbindet die beiden Inseln Seeland und Falster miteinander.

20 Kleine romanische Kirchen wie hier in Holting an der Fakse-Bucht, weiß gekalkt und mit den typischen Staffelgiebeln am Turm, findet man in vielen dänischen Orten.

21 Die Kreidefelsen von Stevns Klint am nördlichen Kap der Fakse können sich an Höhe und Schönheit nicht mit den Kreidefelsen auf der Insel Møn messen.

Folgende Abbildung:

22 Der Fischerort Gilleleje mit seinem malerischen Hafen liegt am nördlichsten Zipfel der Insel Seeland. Der Ort ist aber auch Seebad und Sommerfrische. Der Philosoph Søren Kierkegaard soll hier der erste Sommerfrischler gewesen sein.

TIL
SALG
GILLELEJE

GILLELEJE

23 Schloß Frederiksborg, eine auf drei kleinen Inseln bei Hillerød erbaute Anlage, hat eine wechselvolle Geschichte. Der ursprüngliche Bau wurde 1562 begonnen. König Christian IV. ließ ihn abreißen und im Stil der niederländischen Renaissance wiedererbauen. Heute ist er Museum.

kopflos flüchtet, weil es sich an die Spaziergänger gewöhnt hat. Im *Bakken* dagegen geht es hoch her. Über hundert Attraktionen sollen den Gast amüsieren. Unter Ausländern weiß kaum jemand, daß dieser Vergnügungspark älter ist als der Tivoli im Herzen der Stadt zwischen Hauptbahnhof und Rathausplatz.

Rungsted: Das Stationsschild der Küstenbahn weckt Assoziationen. Hier wurde Karen Blixen geboren, die Autorin des autobiographischen Romans »Afrika, dunkel lockende Welt«, der unter dem Titel *»Jenseits von Afrika«* verfilmt und mit mehreren Oscars ausgezeichnet wurde. Mit ihrem Mann, dem Baron Bror von Blixen-Finecke, verbrachte sie Jahre auf einer Kaffeefarm in Kenya. Die große Liebe ihres Lebens, der Engländer Denys Finch Hatton, stürzte im Jahre 1931 mit einem Flugzeug ab. Im selben Jahr kehrte sie in ihr Elternhaus am Øresund zurück. Dort lebte sie als freie Schriftstellerin bis zu ihrem Tode im Jahre 1962 und schrieb ihre erfolgreichen Werke. Erst 1992 konnte das *Herrenhaus von Gut Rungsted* als *Museum* eröffnet werden und ist seitdem Pilgerstätte für die Liebhaber ihrer Bücher.

Wer sich vorstellt, daß die Küste in Richtung Norden mehr oder weniger zubetoniert sein müßte, der irrt zum Glück. Irgendwie hat man es geschafft, Eisenbahn und Hauptverkehrsstraße so geschickt zu verlegen, daß die wasserseitige Idylle kaum beeinträchtigt wird. Da existieren nach wie vor kleine reetgedeckte Fischerhäuser neben pompösen Villen aus der Belle Epoque.

Humlebæk: Die Bahnstation läßt alle Zugpassagiere aus erkennbar fernen Ländern erwartungsfroh von den Sitzen aufspringen. Humlebæk ist gleichbedeutend mit *Louisiana*, dem einmalig schönen *Zentrum für moderne Kunst*, das der Industrielle Knud Jensen seit August 1958 geschaffen hat. Er erfüllte sich einen Traum, der mit dem Erwerb einer etwas abgewirtschafteten Sommervilla am Meer begann. In sechs Baustufen realisierte er Schritt für Schritt sein *Kunstmuseum*, das auf der Welt seinesgleichen sucht. Kunst und Natur vereinen sich in Louisiana in vollendeter Harmonie. Darin mag der Grund liegen, daß Besucher immer wiederkommen, um diese Harmonie stets aufs neue zu erleben. Humlebæk, das ist ein Tagesprogramm. Es wäre ein Fehler zu glauben, die ganze »Riviera« an einem Tag schaffen zu können. Übrigens ist dieser Kunstpark zum meistbesuchten Museum Dänemarks aufgerückt.

Nicht weniger zeitaufwendig ist *Helsingør* mit dem weltweit wohl berühmtesten Schloß in Dänemark, *Schloß Kronborg*, weil Shakespeare dieses zum Schauplatz seiner Tragödie »Hamlet« machte. Der mächtige Renaissancebau steht an der engsten Stelle des *Øresund*. König Erik von Pommern führte hier im Jahre 1429 den sogenannten Øresundzoll ein. Er wurde von allen Schiffen erhoben, die die schmale Meerenge durchfuhren. Eine äußerst lukrative Finanzquelle für den König und Helsingør, ein Stein des Anstoßes für alle, die zahlen mußten. Niederländische Baumeister schufen das Schloß in seiner jetzigen Form unter der Herrschaft von Frederik II. In den Sommermonaten wird Shakespeares Tragödie in der von ihm gewählten Kulisse, dem Innenhof des Schlosses, aufgeführt. Ein eindrucksvolles Erlebnis, auch wenn der historische Dänenprinz nie in Kronborg gelebt hat. Das ganz mit schwedischem Sandstein verkleidete vierflügelige Schloß mit großem Innenhof wurde im Jahre 1629 durch einen Brand stark zerstört. König Christian IV. beauftragte danach seinen bevorzugten Baumeister Hans van Steenwinckel, es originalgetreu wieder aufzubauen. Das eindrucksvolle Schloß mit den schönen, grün oxidierten Kupferdächern wurde im Jahre 1785 zur Kaserne

herabgewürdigt. Bis 1922 mußte es diese profane Nutzung erdulden, dann standen die Mittel für eine gründliche Restaurierung bereit, die von 1925 bis 1932 durchgeführt wurde. Das darin heute untergebrachte *Handels- und Seefahrtsmuseum* beansprucht mit seinem umfangreichen Dokumentationsmaterial über die dänische Kolonialgeschichte und die Geschichte des Schiffbaus und der Leuchtfeuer siebenundzwanzig Räume. Die Einrichtungsgegenstände in den königlichen Gemächern des Nordflügels sind nicht mehr original, sondern stammen aus dem 17. Jahrhundert. Der große Brand verschonte die *Schloßkirche* im Südflügel mit ihrer schönen Ausstattung im Stil der Renaissance. Es lohnt sich, dem Altarrelief aus Alabaster besondere Aufmerksamkeit zu schenken. Der *Rittersaal* über der Kirche ist der größte in ganz Skandinavien.

Ein Reigen von Schlössern

Mit der roten Küstenbahn weiter zu zuckeln, von Seebad zu Seebad: ein nettes Erlebnis, auch ohne sommerlichen Badespaß. Möchte man landeinwärts den Sommersitz der Königin besuchen, muß man auf den Überlandbus umsteigen. Das schöne *Barockschloß Fredensborg* am *Esrum See* ist zwar für Besucher nicht zugänglich, der riesige Park drumherum steht aber jedem frei zum Spazierengehen oder Joggen. Angeblich soll der historische Prinz Hamlet im Schloßgarten begraben sein.

Möchte man von *Fredensborg Slot* weiter nach *Frederiksborg Slot* in *Hillerød*, ist wieder der Überlandbus gefragt. Direkt von Kopenhagen geht es erheblich schneller mit einer im Jahre 1968 eröffneten S-Bahn-Linie. Der baufreudige König Christian IV. ließ das mächtige Renaissanceschloß zu Beginn des 16. Jahrhunderts erbauen. 1859 brannte das Hauptgebäude bis auf die Grundmauern nieder. Der Brauereibesitzer und eifrige Mäzen J. C. Jacobsen finanzierte zum Teil die Wiederherstellung und schlug vor, das Schloß zum *Nationalhistorischen Museum* zu machen. Die Sammlungen verteilen sich auf siebzig Säle: ein Tagesprogramm.

Roskilde – Bestattungsort der dänischen Könige

Lange bevor Roskilde die Stadt der Könige wurde, siedelten hier am Ende des Fjords bereits die Wikinger. Im Jahre 1957 machten die Unterwasserarchäologen des dänischen Nationalmuseums einen sensationellen Fund: Sie entdeckten fünf *Wikingerschiffe*, die irgendwann zwischen 1000 und 1050 im Fjord versenkt und mit Steinen bedeckt worden waren, um zum Schutze ihrer Siedlungen eine Barriere zu schaffen. Im Jahre 1962 legten die Wissenschaftler das gesamte Gebiet des Schiffsfriedhofs trocken, um die stark zerfallenen Wasserfahrzeuge zu bergen. Bald danach begann man mit dem Bau einer großen Halle am Ufer des Fjords, in der die Schiffe nach der mühseligen und teuren Restaurierung aufgestellt wurden und seit 1969 für die Öffentlichkeit zugänglich sind. Das *Kriegsschiff*, das von vierundzwanzig Männern gerudert werden mußte, aber auch mit Segeln bespannt werden konnte, mißt achtzehn Meter. Ein sogenanntes *Langschiff* kommt sogar auf 28 Meter. Auch wenn diese Schiffe keine Kunstwerke sind, tragen sie doch dazu bei, die Seefahrtsgeschichte der Wikinger anschaulicher zu machen. In dem modernen Museum ist auch eine Dauerausstellung mit allgemeinen Dokumenten über das Leben dieses Volkes untergebracht. Außerdem läuft im Museumskino mehrmals täglich ein Dokumentarfilm über die Bergung und Restaurierung der Schiffe.

Wer sich für die Wikinger und ihre Ge-

24 Der Dichter William Shakespeare erkor das Schloß Kronborg in Helsingør zum Schauplatz seiner Tragödie »Hamlet« und machte es damit weltweit wohl zum bekanntesten Schloß auf dänischem Boden.

Folgende Abbildungen:

25 Blick vom Hafen auf den alten Stadtkern von Helsingør. Hier hat der Øresund, die Wasserstraße zwischen Dänemark und Schweden, ihre schmalste Stelle.

26/27 In Humlebæk an der dänischen Riviera verwirklichte sich der Industrielle Knud Jensen einen Traum: Das Museum für moderne Kunst Louisiana. Es entwickelte sich zu einer der erstklassigsten Sammlungen der internationalen Moderne und zum berühmtesten Museum Dänemarks.

25

26 | 27

28 Seit mehr als fünfhundert Jahren werden im Dom von Roskilde auf der Insel Seeland alle dänischen Könige beigesetzt. Der rote Backsteinbau zeigt romanische und gotische Stilelemente. Die zahlreichen Grabkapellen wurden im Lauf der Zeit angebaut.

29 Abendstimmung im Fischerhafen von Hornbæk bei Helsingør an der nordseeländischen Küste. Das Fischerdorf hat sich in den letzten Jahrzehnten zu einem beliebten Seebad entwickelt.

30 Fischer bei der Arbeit.

29 | 30

31 | 32

31 **Der Gänseturm in Vordingborg, einer Stadt im Südwesten der Insel Seeland, ist das einzige Überbleibsel einer Verteidigungsanlage aus dem 12. Jahrhundert.**

32 **Ein häufig wiederkehrendes Bild: Reiter auf romantischen Wegen zwischen alten Alleebäumen.**

schichte interessiert, der sollte auf jeden Fall nach *Slagelse* fahren, eine Stadt nahe der seeländischen Westküste, die übrigens Hans Christian Andersen in den Dokumenten über sein Leben in seinem Geburtshaus in Odense als langweilig und öde beschreibt. Er lebte dort einige Jahre, um sein Wissen und seine Bildung in der dortigen Gelehrtenschule zu verbessern. Nur sieben Kilometer westlich der Stadt liegt eine *Wikingerfestung*, die entweder Ende des 10. oder zu Beginn des 11. Jahrhunderts errichtet wurde: Ein kreisrunder Wall umschließt vier gleichgroße Felder mit neunzehn Häusern. Im Bereich der Vorburg liegen weitere Wohnstätten und ein Gräberfeld. Außerhalb der freigelegten und teilweise restaurierten Anlage hat man ein Wikingerhaus aus Eichenbalken mit Holzschindeldach rekonstruiert. Die gut erhaltene Burg ist volkskundlich wichtig, weil sie beweist, daß die Wikinger nicht – wie es das weit verbreitete Klischeebild ihnen nachsagt – als obdachlose räuberische Horden durch die Lande zogen, sondern in festen Heerlagern lebten.

Will man den Besuch auf Seeland nach Kopenhagen und den zahlreichen Schlössern noch mit einem Highlight beenden, sollte man *Roskilde* an den Schluß setzen. Die kleine Stadt am Ende des *Roskilde Fjords* ist für alle Dänen der bedeutendste Ort. Hier wurde schon zur Zeit von König Harald Blauzahn, also im ausgehenden 1. Jahrtausend, die erste Holzkirche errichtet. Im Jahr 1170 wurde mit dem Bau des *romanischen Doms* begonnen. Seit vierhundert Jahren werden alle dänischen Monarchen in diesem Dom beigesetzt. Das *Königsportal* zwischen den Türmen wird nur dann geöffnet, wenn ein Begräbnis ansteht. Besucher werden nur durch einen Nebeneingang in die dreischiffige Basilika eingelassen. Bis heute sind achtunddreißig Könige und Königinnen im Dom zur letzten Ruhe gebettet worden – eine Zahl, die Ehrfurcht einflößt. Die kostbaren Kunstwerke im Dom, unter anderem ein prunkvolles geschnitztes Chorgestühl und ein großer vergoldeter Flügelaltar, können danach nicht mehr besonders beeindrucken.

Køge – Hafenstadt mit altem Kern

Während sich an der »dänischen Riviera« nördlich von Kopenhagen lohnende Sehenswürdigkeiten aneinanderreihen wie die Perlen an einer Schnur, findet man an der Küste im Süden der Metropole nur hier und da einen Solitär. Der historische Stadtkern von *Køge* ist einer davon. Zahlreiche gut erhaltene *Fachwerkhäuser* aus dem 16. und 17. Jahrhundert machen den besonderen Reiz aus. Das älteste in der Store Kirkestræde wurde schon 1527 erbaut. Wenn mittwochs und samstags auf dem *Torvet* Markt abgehalten wird, dann ist das Bild so bunt, so lebhaft, so fröhlich, daß man sich nicht vorstellen kann, daß es auf diesem schönen Platz im 17. Jahrhundert noch Hexenprozesse gegeben hat, denen fünfzehn Frauen zum Opfer fielen. Der *Kaufmannshof Oluf Jensens Gård* in der Brogade ist ein Musterbeispiel für den Baustil vieler Kaufmannshöfe. Køge verdankte seinen Wohlstand einem lebhaften Kornhandel, einer ertragreichen Heringsfischerei und der Kunst des Bierbrauens. Vom Turm der sehenswerten gotischen *St. Nikolai Kirke* soll König Christian V. die Seeschlacht beobachtet haben, die im Jahre 1677 in der Bucht von Køge tobte, und in welcher der Seeheld Niels Juel zahlreiche schwedische Schiffe versenkte. An dieses historische Ereignis erinnert auch das Siegesmonument am *Hafen*, ein neun Meter hoher *Granitobelisk*, in welchen die Namen des Seehelden und seines Kampfgefährten Ivar Huitfeldt eingraviert sind.

Møn – Falster – Lolland

Møn – ein enger Nachbar Seelands

Vor den senkrecht abstürzenden weißen Kreidewänden an *Møns* malerischer Ostküste kollern die vom Wasser glattgeschliffenen Zeugen von Jahrmillionen Entwicklungsgeschichte der Erde in der schäumenden Brandung. Gewöhnliche Kieselsteine möchte man meinen. Doch der Fossiliensammler mit geschultem Blick sieht sofort, welche Schätze da mit jeder Welle auf dem Strand vorwärts und rückwärts rollen: versteinerte Seeigel und Austern, Kieselschwämme, Belemniten, Ammoniten. Dem Sammler schlägt das Herz schneller. Er braucht sich nur zu bücken und hält Schätze in Händen, nach denen er in so manchem Steinbruch mit Hammer und Meißel und unter schweißtreibenden Mühen stundenlang suchen muß. Auf Møn nimmt das Meer dem Sammler die Arbeit ab. Bei jedem Sturm nagen hohe Wellen an der weichen Kreide und befördern lange verborgene Fossilien ans Licht. Beim Spaziergang am Strand lassen sie sich sofort erkennen, von Eingeweihten, die wie beim Pilzesammeln im Wald den Blick einfach nicht vom Boden heben können, ebenso wie von »Normalstrandläufern«, die vielleicht nicht einmal wissen, was ein Fossil ist.

Wirklich spektakulär sind diese Kreidewände, die im *Dronningestolen*, dem »Thron der Königin«, mit 128 Meter Höhe gipfeln. Leider wurde die *»Sommerspiret«*, ein malerischer Kreidefelsen, der wie ein Finger gen Himmel zeigte, im Jahre 1988 Opfer der zerstörerischen Kraft der Wellen. Zwei steile Treppen in *Jydelege* und *Storeklint* führen vom Plateau zum Meer hinunter. Nicht ganz so hoch, aber nicht weniger schön sind übrigens auch die Formationen von *Stevns Klint* an der zu Seeland gehörigen Fortsetzung der *Fakse Bucht* nach Norden hin. Der Sage nach herrschte der Riese Upsal, der Klippenkönig, über das Reich an der Küste. Er beschützte seine Insel, indem er die Schiffe von Angreifern an den Steilwänden zerschellen ließ.

Vor rund 75 Millionen Jahren entstanden die riesigen Kalkablagerungen, die alle Lebewesen erstickten und zu Fossilien zusammenpreßten. Da es in den Urmeeren Unmassen von einfachen Tieren gab, brauchen die Fossiliensammler unserer Zeit nie lange zu suchen, bis sie fündig werden. Auch schöne anthrazitfarbene Feuersteinknollen bildeten sich in der Kreidezeit. Zwischen den gewaltigen Eiszeitgletschern, die vor etwa 20 000 Jahren den nordeuropäischen Raum bedeckten, wurden manche Kalklager hochgedrückt. Auf diese Weise entstanden die Klippen von Møn, aber auch weiter südöstlich die Kreidefelsen von Rügen. Nicht von ungefähr ist die Ähnlichkeit zwischen dem *Dronningestolen* hier und dem Königsstuhl dort so groß: In grauer Vorzeit waren die Inseln miteinander verbunden. Und an klaren Tagen kann man vom höchsten Standort auf Møn das Kap Arkona auf Rügen sehen. Nur 60 Kilometer beträgt die Entfernung zwischen beiden Inseln.

Bei der Anreise von Kopenhagen aus überquert man die *Brücke* über den schmalen *Ulvsund*. Seit die *Autobahnbrücke* über den *Storstrømmen*, die Wasserstraße zwischen den Inseln *Falster* und *Seeland*, fertiggestellt ist, hat sich die Zahl der Tagesgäste auf Møn beträchtlich erhöht. Der Abstecher über die *Insel Bogø*, die über einen Damm mit der Südspitze Møns verbunden ist, bietet sich an. Nur noch schwer vorstellbar ist, daß das kleine Eiland Bogø einst als »Insel der Windmühlen« galt, denn heute streckt nur noch eine einzige ihre Flügel in den Wind; alle anderen sind verschwunden.

Romantischer als der Landweg allerdings ist die Passage mit der Fähre von *Stubbekøbing*, auch wenn sie nur etwa zwölf Minuten dauert. Obwohl Møn eine

Vorhergehende Abbildung:

33 Die steilen, weißen Kreidefelsen an der Ostküste der Insel Møn erheben sich über hundert Meter hoch über den Saum des Meeres. Sie zählen zu den schönsten Schöpfungen der Natur in ganz Dänemark.

34 Der schmale Strand zu Füßen der malerischen Kreidefelsen auf der Insel Møn ist eine Fundgrube für Fossiliensammler. Bei jedem Sturm wäscht die Brandung Versteinerungen aus der weichen Kreide.

35 **Das Lustschlößchen Liselund liegt im Osten der Insel Møn in unmittelbarer Nähe der Kreideklippen. Inselvogt Antoine Bosc de la Calmette ließ es Ende des 18. Jahrhunderts für seine Frau Lise errichten.**

ganze Reihe interessanter Sehenswürdigkeiten zu bieten hat, sind die Kreideklippen doch immer das erste, das beliebteste und oft auch das einzige Ziel der Besucher. Außergewöhnlich schön ist der Herbst, wenn sich das Laub der lichten Buchenwälder verfärbt hat und an sonnigen Tagen das Gold und Braun der Blätter mit dem Grünblau des Meeres und dem Reinweiß der Klippen wetteifert.

Wo sich auch Andersen inspirieren ließ

Niemanden wird es wundern, daß es Dänemarks reisefreudigen Märchendichter Hans Christian Andersen zu den Schönheiten der Insel Møn zog. Er lebte eine Weile im sogenannten *»Schweizer Haus«* im Park des *Schlosses Liselund* nördlich von *Møns Klint* und schrieb dort sein Märchen »Das Feuerzeug«, in welchem er einen einfachen Soldaten mit Hilfe des Feuerzeugs einer Hexe zum König macht. Das Lustschloß Liselund ist noch immer ein beliebter Anziehungspunkt. Antoine Bosc de la Calmette, ein aus Frankreich emigrierter Kammerherr, der zum Vogt der Insel ernannt wurde, ließ es für seine Frau Lise im Stil eines reetgedeckten Bauernhauses erbauen. Besonders liebevoll gestaltete er den Park mit Seen und Kanälen und schmückte ihn mit einem *Teepavillon* und dem schon erwähnten Schweizer Haus.

Südlich der Straße bei *Magleby* liegt noch ein *Schloß*, das im Stil der Neorenaissance erst 1875 errichtet wurde. Ein Wanderweg verläuft durch den Park zur Steilküste und weiter bis zum kleinen Fischerhafen *Klintholm Havn*, in dem auch Segler Liegeplätze für ihre Boote finden.

Die Geschichte von *Stege*, der kleinen Inselhauptstadt, beginnt mit einer Burg. König Waldemar I. ließ sie im 12. Jahrhundert bauen, um die Insel und sein Reich vor den über die Ostsee anrückenden Feinden zu schützen. Im 15. Jahrhundert bekam Stege eine *Stadtmauer* mit drei Toren und dazu noch einen schützenden *Wassergraben*. Nur eins der *Stadttore* blieb bis auf den heutigen Tag erhalten. Die ursprünglich romanische Kirche wurde im baufreudigen 15. Jahrhundert um einen dreischiffigen Chor erweitert und mit herrlichen Fresken ausgeschmückt.

Dank ihrer Größe ist die Insel Møn prädestiniert zum Radfahren und Wandern. So richtet man weniger Schaden an, als wenn man mit dem Auto unterwegs wäre, und übersieht nicht die kleinen Schönheiten am Wegesrand. Seltene Sumpf- und Wasservögel leben noch auf der *Halbinsel Ulvshale*, Dänemarks ältestem Naturpark mit einem echten Urwald, der nie forstwirtschaftlich genutzt worden ist. Am Saum der Halbinsel gibt es auch ein paar reizvolle, wenig besuchte Strände: ein ideales Fleckchen Erde für die Individualisten unter den Urlaubsreisenden, die ohne organisierten Rummel und Vergnügungseinrichtungen die Natur genießen können.

Dem Naturfreund steht noch ein weiteres Paradies offen: die kleine *Insel Nyord*, die mit Ulvshale über eine Brücke verbunden ist. Hier sind überhöhte Aussichtsplattformen zur Beobachtung der Vogelwelt angelegt worden.

Neolithische Gräber und spätgotische Malereien

Im flachen, fruchtbaren Westteil von Møn stehen einige beeindruckende Zeugen aus der Jungsteinzeit: große, gut erhaltene *Kammergräber*. Der Sage nach gehörten sie zum Reich des grünen Riesen, des »Grønjæger«, des Beherrschers des fruchtbaren Westens. Das nach ihm benannte *Dolmengrab Grønjægers Høj* im Süden der Insel ist ein Dreikammergrab, eingefaßt von 140 hohen Steinen. *Klekkende Høj* dagegen ist ein neun Me-

ter langes Ganggrab, und die Grabkammer von *Kong Asker Høj* mißt zehn Meter. In gebückter Haltung mit eingezogenem Kopf kann man die steinzeitlichen Totenstätten betreten.

In der Geschichte der mittelalterlichen Kunst nimmt der sogenannte *Meister von Elmelunde* einen hohen Rang ein. Er schmückte auf Møn mehrere schlichte Landkirchen mit phantasievollen Fresken in leuchtenden Farben. Die dargestellten biblischen Szenen aus dem Alten und dem Neuen Testament sind so gut erhalten, wirken so heiter und frisch, zeigen so viele volkstümliche Elemente, daß die Gläubigen im Mittelalter die biblische Botschaft wohl verstanden haben dürften, auch wenn sie weder lesen noch schreiben konnten. Die *Kirche* in *Elmelunde* ist eine der ältesten auf Møn. Sie wurde zu Beginn des 12. Jahrhunderts erbaut und im 15. Jahrhundert erweitert. Die einmalig schönen *spätgotischen Wandmalereien* in dieser Kirche haben dem Künstler den Namen »Meister von Elmelunde« eingetragen. Er malte das Jüngste Gericht, den Einzug in Jerusalem, Petrus mit dem Himmelsschlüssel, Paulus mit dem Schwert und andere Szenen, die er mit Sternen, Blumen, Vögeln und Ranken umrahmte. Noch älter sind die *Fresken im Chor* der *Keldby-Kirche* an der Hauptstraße von *Stege* in Richtung Osten. Sie wurden bereits im 13. Jahrhundert gemalt. An den *Fresken im Gewölbe* aber ist deutlich die Handschrift des Elmelunde-Meisters zu erkennen. Im Stall zu Bethlehem läßt er Vater Josef für das neugeborene Jesuskind Grützbrei kochen. Auch das Langhaus der zwölf Kilometer weiter südwestlich gelegenen *Fanefjord-Kirche* wurde von ihm ausgemalt. In insgesamt sieben Gotteshäusern auf Møn und auf Falster findet man seine Meisterwerke. Fährt man von Møn aus auf der Autobahn zur *Insel Falster*, kann man gleich an der ersten Abfahrt die Reise auf den Spuren des Elmelunde-Meisters fortsetzen. In der gotischen Kirche von *Nørre Alslev* schuf er im Gewölbe des Langhauses einen Totentanz und einen Fries mit Wappenfiguren.

Brücken zum Kontinent

Falster und *Lolland* haben vieles gemeinsam: Flach, grün und fruchtbar liegen sie da und bilden zusammen eine Brücke hinüber nach Seeland, der größten und bedeutendsten dänischen Insel mit der – nicht zuletzt als Standort der Hauptstadt Kopenhagen – höchsten Bevölkerungsdichte. So erweist sich hier der starke Verkehr als großes Problem. Der kürzeste Weg zum mitteleuropäischen Festland führt über die beiden Inseln Falster und Lolland, die damit eine verbindende Funktion haben. Vor dem Bau der imposanten Brücken über die großen Wasserstraßen waren die Fähren das einzige Bindeglied und auch ein glänzendes Geschäft – neben dem Fischfang und der Landwirtschaft eine wichtige Einnahmequelle. Die Herrscher erhoben willkürlich Zölle und stationierten in den Häfen Soldaten zur Überwachung der »Grenzstationen«. Es ist schriftlich belegt, daß schon König Waldemar II. zu Beginn des 13. Jahrhunderts für das Übersetzen von Passagieren von der *Insel Falster* nach Deutschland Abgaben eintreiben ließ. Im heutigen *Gedser* gab es bereits Mitte des 16. Jahrhunderts Spezialschiffe, die ausschließlich Fährdienst betrieben. Auf der benachbarten *Insel Lolland* sah es ähnlich aus. Von *Rødby* fuhren regelmäßig Schiffe zum Festland hinüber. Aus finanziellen Gründen wagten die armen Fährleute die Überfahrt bei jedem Wetter, während sich die Wohlhabenden nur mit zahlungskräftigen Kunden bei glatter See auf das Geschäft einließen. Bis zum Ausbau der *Vogelfluglinie* zwischen *Puttgarden* und *Rødby* war *Gedser* an der Süd-

36 Auf der Insel Møn ist der Fischfang neben der Landwirtschaft und dem Tourismus die wichtigste Erwerbsquelle der einheimischen Bevölkerung.

37 | 38

spitze der Insel *Falster* lange Jahre der wichtigste Fährhafen.

Die Dänen nennen Lolland und Falster, die bei flüchtiger Betrachtung eine Einheit zu bilden scheinen, scherzhaft gern »Südseeinseln«. Durch den Fährverkehr wurden sie für den Tourismus erschlossen. Zwei moderne Eisenbahn- und Straßenbrücken über den schmalen *Guldborg Sund* haben das trennende Element Wasser ausgeschaltet. Auf *Lolland* liegen die schönsten Badestrände fast alle an der *Südküste* zwischen *Maglehøj* und *Drummesholm*. Mehrere gut erhaltene *romanische Kirchen* mit sehenswerten Fresken, die zum Teil während der Gotik erweitert wurden – in *Tirsted*, *Ostofte* und *Løjtofte* –, lohnen einen Besuch. Das gilt auch für das steinzeitliche *Ganggrab Kong Svends Høj*. Eine beliebte Attraktion ist der *Museumszug*, der während der Sommermonate zwischen den Ortschaften *Maribo* und *Bandholm* verkehrt. Südlich der letzteren liegt der 600 Hektar große Herrenhofpark von *Gut Knuthenborg*. Seit 1970 ist er Freigehege für europäisches und afrikanisches Großwild wie Elefanten, Giraffen, Zebras, Nashörner und viele andere Tiere.

Die hübsche Stadt *Maribo* am *Sønder-See* verdankt ihre Entstehung Königin Margarete, die Anfang des 15. Jahrhunderts das *Kloster Maribo* stiftete. Vom Kloster ist nur eine Ruine geblieben, die ehemalige *Klosterkirche*, der heutige *Dom von Maribo*, aber ist sehenswert. Leonora Christina Ulfeldt, Tochter König Christians IV., die lange in Maribo gefangengehalten wurde, ist im Dom beigesetzt. Das *Freilichtmuseum* am Stadtrand von Maribo vermittelt interessante Einblicke in die bäuerliche Kultur auf den Inseln Lolland und Falster. Und in den herrlichen Parks der Herrenhöfe *Engestofte* und *Søholt* darf auch der Fremde spazierengehen.

Das fruchtbare Ackerland, auf dem in unserer Zeit sehr viel Zuckerrüben angebaut werden, machte die Großgrundbesitzer in den vergangenen Jahrhunderten so reich, daß sie sich prunkvolle Herrenhäuser bauen lassen konnten. Das *Renaissanceschloß Berritsgård*, Schloß *Orebygård* und der *Herrenhof Krenkerup* sind beeindruckende Beispiele des einstigen Reichtums.

Die größte Fabrik ganz Skandinaviens zur Verarbeitung der Zuckerrüben befindet sich in *Nakskov*. Die am Nordwestende der Insel im Schutz des *Nakskov-Fjords* gelegene Stadt ist zwar heute von Industrie und einer Werft geprägt, weist aber noch Stadtviertel auf, die ihr enges mittelalterliches Gassennetz bewahren konnten, und deren Höfe – vor allem im Abschnitt zwischen Hafen und dem Marktplatz *Axeltorv* – die Blütezeit des Ortes im 16. Jahrhundert aufschimmern lassen. Am Handel war damals nicht nur die »christliche Seefahrt« beteiligt, sondern es gab seit dem 17. Jahrhundert auch jüdische Kaufleute; und so beherbergt Nakskov außer der gotischen *St.-Nikolai-Kirche* mit sehenswertem Schnitzaltar und barocker Kanzel auch eine ehemalige *Synagoge*, die heute jedoch als Geschäftshaus fungiert.

Nysted, eine der kleinsten und reizvollsten Städte Dänemarks, hat sich im 12. Jahrhundert an der Küste im Süden rund um das *Schloß Ålholm* entwickelt. König Christoffer II. verpfändete sein Schloß an einen holsteinischen Grafen. Ende des 19. Jahrhunderts wurde es im Stil einer Ritterburg umgebaut. Die hohen steuerlichen Lasten zwingen die Besitzer, neue Einnahmequellen zu erschließen. Eine umfangreiche *Oldtimer-Sammlung* mit Modellen ab 1896, eine *Modelleisenbahn*, die durch eine italienisch-schweizerische Landschaft fährt, und ein *Dampfzug*, der zwischen dem Schloß und dem Strand verkehrt, tragen zur Deckung der Kosten bei.

37 Bei Majbølle auf der Insel Lolland reckt diese Windmühle ihre Flügel in den Wind. Getreide wird allerdings schon längst nicht mehr mit Windkraft zu Mehl gemahlen.

38 Die Insel Møn ist berühmt für besonders schöne, naive Kalkmalereien in den kleinen Kirchen, die den Gläubigen die biblischen Geschichten nahebringen. Herausragendes Beispiel ist die Kirche von Elmelunde.

Fünen, Langeland und Ærø

Fünen

Sie wird gerühmt als die Schönste im Land – *Fünen*, die Insel der Herrenhöfe, Burgen und Wasserschlösser. Tatsache ist, daß auf keiner anderen dänischen Insel so viele eindrucksvolle Bauten dieser Art so dicht beieinanderliegen; und noch dazu aus verschiedensten Stilepochen, vom Mittelalter bis zum Spätbarock. Über hundert zählt man auf Fünen und ihren kleinen Nachbarn. Sie ist aber auch die Insel der majestätischen Alleen, der Parks und blühenden Gärten. Die prächtige *Stockrose*, die man fast als die Nationalblume Dänemarks bezeichnen möchte, gedeiht hier noch prächtiger als anderswo im Land. Die meisten Dänen scheinen ihrer Schönheit verfallen zu sein. Selbst auf kleinsten Fleckchen Erde an Hauswänden wird sie gehegt.

Der fruchtbare Boden und die großen Wälder erlaubten auf Fünen schon früh eine dichte Besiedlung. Aufsehenerregende Anlagen aus vorgeschichtlichen Perioden – aus der Stein-, der Bronze- und der Wikingerzeit – sind in die Landschaft der Insel eingebettet, interessante Ausgrabungsfunde in zahlreichen *Museen* wohlverwahrt. Landwirtschaft, Obst- und Gemüsebau und der Fremdenverkehr sind heute die wichtigsten Einnahmequellen der zweitgrößten dänischen Insel, die sich mit 3482 Quadratmetern Fläche breit und behäbig zwischen das jütländische Festland und das mächtige Seeland, die größte von allen Inseln, schiebt. Flach wie ein Tisch präsentiert sich Fünens *Nordhälfte*, während die von Eiszeitgletschern zusammengeschobenen Moränenketten den *Süden* zu einer lieblichen Hügellandschaft machen. Ironie und Humor standen wohl Pate bei dem Begriff *»Fünensche Alpen«*. Vielleicht führt auch die Sehnsucht von Flachländern nach schwindelerregenden Gipfeln zu Übertreibungen solcher Art. Viele kleine Seen und Teiche steigern den Liebreiz des Hügellandes. So steht hier auch oft die *weiße Margerite auf braunem Grund* am Straßenrand, ein touristisches Hinweisschild, das den Reisenden landesweit den Weg weist zu besonders schönen Routen abseits der Hauptverkehrsadern.

Zwischen Großem und Kleinem Belt

Fähren und Brücken – ohne sie wäre eine Insel verloren. Die Territorien an den schmalsten Stellen der Wasserstraßen waren im Laufe der Geschichte deshalb oft heiß umkämpft. Um die Überfahrt nach Fünen zu sichern, ließ König Frederik III. schon Mitte des 17. Jahrhunderts an der jütländischen Seite des *Kleinen Belts*, da, wo sich die Küsten am nächsten kommen, eine *Festung* bauen. Hinter dem Bollwerk legte Baumeister Gottfried Hoffmann eine Siedlung mit rechtwinkligem Straßennetz an: *Fredericia*, ein sicherer Brückenkopf für zweihundert Jahre. Nach der Belagerung und Beschießung durch preußisch-österreichische Truppen während des deutsch-dänischen Krieges im Jahre 1864 verlor die Festung ihre Bedeutung und wurde geräumt. Die Bollwerke wurden allerdings erst 1909 geschleift, weil die sich mehr und mehr ausdehnende Stadt dringenden Platzbedarf hatte.

Nur gut eineinhalb Jahrzehnte später überspannte eine imposante Konstruktion aus Stahl und Beton den *Kleinen Belt*. Dänemark hatte seine erste *Hängebrücke*, und Fünen rückte dem Festland mit der schnellen, sicheren Verbindung näher. Dänemarks Jahrhundertbauwerk nimmt ebenfalls in Fünen seinen Ausgang: die *längste Brücke der Welt*, die in Kombination mit einem Tunnel die beiden größten Inseln verbinden soll. Die 6,6 Kilometer lange Brücke, die sich auf allmählich ansteigenden Stelzen von *Nyborg* über den *Großen Belt* zur kleinen *Insel Sprogø* schwingt, ist fertig. Der Bau-

Vorhergehende Abbildung:

39 Einsames Gehöft auf der Insel Ærø, größte Insel der »dänischen Südsee«, die bei Urlaubern besonders beliebt ist wegen ihrer schönen Strände und malerischen Ortschaften mit gut erhaltener alter Bausubstanz.

40 Schloß Egeskov, das berühmteste Wasserschloß auf der Insel Fünen, wurde im 16. Jahrhundert im Stil der Renaissance erbaut. Es ist von einem herrlichen Park umgeben und steht Besuchern zur Besichtigung offen.

Folgende Abbildung:

41 Fischerboote im Hafen von Bagenkop im Süden der Insel Langeland. Von hier verkehren regelmäßig Fähren zwischen Langeland und Kiel.

STENDAL

SG 112

Cafe Le Monde

abschluß des *Tunnels* von Sprogø hinüber zum seeländischen *Halskov* läßt noch auf sich warten. Steht man bei *Nyborg* irgendwo am Ufer, kann man nicht umhin, dieses gigantische Werk der Brückenbauer zu bewundern. Ökologen betrachten es eher mit Mißtrauen, denn die vielen Pfeiler im Wasser könnten die Strömungsverhältnisse ändern, zum Nachteil der Ostsee, die von der Nordsee aus durch die engen dänischen Wasserstraßen mit Salz und Sauerstoff versorgt wird. Details über die insgesamt achtzehn Kilometer lange Verbindung erfährt man im *Ausstellungszentrum Großer Belt* in *Nyborg* mit Hilfe von Videos und Modellen

Nyborg und Odense

Verändern wird sich mit Sicherheit die Bedeutung des *Hafens Nyborg*, über den jahrhundertelang der gesamte Schiffsverkehr zwischen Fünen und Seeland abgewickelt wurde. Deshalb ließ der König dort schon Ende des 12. Jahrhunderts eine *Schutzburg* errichten. Nyborg erhielt im Jahre 1271 Stadtrechte, und 1282 wurde die erste dänische Verfassung in dieser Festung vom Herrscher unterzeichnet. Die jährliche Versammlung der Mächtigen beim König, der *Danehof*, fand bis zu Beginn des 15. Jahrhunderts in Nyborg statt. Im 17. Jahrhundert wurde die Burg während eines Krieges gegen Schweden schwer beschädigt und wenig später teilweise abgerissen. Erst in diesem Jahrhundert, nämlich zwischen 1917 und 1923, ging man daran, den Königsflügel zu restaurieren, so daß der Besucher von heute den historisch so bedeutungsvollen *Reichsratssaal* besichtigen kann.

Bis 1857 mußte für jede Schiffspassage durch den *Großen Belt* Zoll entrichtet werden. In Nyborg stationierte Wachtschiffe sorgten dafür, daß niemand »ungeschoren« durchkam. Nach dem Krieg gegen Schweden ließ Frederik III. Wall- und Festungsanlagen verstärken. Einige *Bastionen* und das einzige *Stadttor* zur Landseite hin sind noch erhalten. Sehenswerte gotische Bauten wie die *Liebfrauenkirche* und der *Korsbrødregård* überstanden alle Zerstörungen und Brände.

Ein Zwei-Kilometer-Abstecher nach Süden, und man kann das prächtige *Renaissanceschloß Holckenhavn*, eines der schönsten in Dänemark, bewundern. Allerdings lassen die Besitzer nur an Dienstagen und Sonnabenden nachmittags Besucher in ihren Park hinein.

Doch zurück zur Inselmitte, zur *Hauptstadt Odense*. Auf der schnurgeraden Autobahn, die Fünen von West nach Ost in zwei Hälften zerschneidet, braucht man dafür von Nyborg aus nicht einmal eine halbe Stunde. Viele Odenser sind stolz darauf, in Dänemarks drittgrößter Stadt mit ihren rund 180 000 Einwohnern zu leben, aber noch stolzer sind sie darauf, daß Dänemarks berühmtester Dichter, *Hans Christian Andersen*, in ihrer Stadt geboren wurde. Sein *Geburtshaus* im einstigen Armenviertel zieht Ströme von Besuchern aus vielen Nationen an. Ein Scherenschnittporträt des Dichters mit hohem Zylinder, in vielen vergrößerten Exemplaren über der *Overgade* von Haus zu Haus aufgehängt, weist wortlos den Weg zum bescheidenen Fachwerk-Eckhaus in der *Hans Jensens Stræde*, in dem Hans Christian Andersen als Sohn einer Waschfrau und eines Schuhmachers am 2. April 1805 geboren wurde. Neben dem Geburtshaus steht auch das benachbarte Ensemble von winzigen Arme-Leute-Häusern unter Denkmalschutz und wurde so fein herausgeputzt, daß man unwillkürlich an Puppenstuben denkt. Anhand der zahlreichen Dokumente im winzigen Geburtshaus und im angrenzenden modernen Erweiterungsbau kann man den beschwerlichen, dornenreichen Weg aus der Armut zu den Höhen des Ruhms nachempfinden und mag nicht glauben,

42 Die Hans Jensens Stræde im herausgeputzten ehemaligen Armenviertel der Stadt Odense auf Fünen führt zum Geburtshaus des Märchendichters Hans Christian Andersen.

43 Der Stadtkern von Odense rund um Rathaus und Dom wurde zur Fußgängerzone umgestaltet. Seitdem können Besucher auf dem Flakhavn vor dem Rathaus in Straßencafés ungestört konditern.

was der Dichter in seiner Autobiographie sagt: »Mein Leben ist ein hübsches Märchen, ... reich und glücklich.« Auch die *Wohnung* in der Nähe des Doms, *Munkemøllestræde* Nr. 3–5, in die Andersens Eltern zogen, als er zwei Jahre alt war, wurde schon 1930 als *Museum* eingerichtet. Weil er sich in seiner Heimatstadt nicht verstanden fühlte, ging er schon mit vierzehn Jahren nach Kopenhagen, um dort sein Glück zu versuchen. In seinem Märchen »Das häßliche junge Entlein« schrieb er sich später die Erfahrungen seiner Kindheit von der Seele.

Leicht gerät man in Odense in den Bann des großen Märchenerzählers und vergißt, daß die Stadt viele andere Attraktionen zu bieten hat. Am Anfang ihrer Geschichte scheint eine Kultstätte des nordischen Göttervaters Odin zu stehen. Von Odin soll sich der Name Odense ableiten. Historisch belegt ist, daß schon im Jahre 988 Kaiser Otto III. dem damaligen Bischof von Odense einen Schutzbrief für die Stadt gewährte, und daß sie zum Ziel von Pilgern wurde, nachdem der Papst den 1086 in Odense ermordeten König Knud zum Heiligen erhoben hatte. Der *gotische Dom* mit seinen sehenswerten Kunstschätzen ist letzterem geweiht.

Alle Besucher der Stadt, die in ihrer Kindheit unbedingt Lokomotivführer werden wollten, sollten dem gut ausgestatteten *Eisenbahnmuseum* mit seinen Loks und Waggons ab Baujahr 1847 ihre Aufmerksamkeit widmen. Seit der Eröffnung des *Kulturzentrums »Brandts Klædefabrik«*, eines früheren Textilwerks, im Jahre 1987, jagt eine Kunstausstellung die andere. Rund 1600 Quadratmeter Ausstellungsfläche stehen den Betreibern zur Verfügung. Restaurants, Cafés, Geschäfte, ein Fotokunstmuseum und hörenswerte Konzerte tragen zur Attraktivität des Kulturzentrums bei. Und nur etwa vier Kilometer in Richtung Süden, vom Zentrum aus gesehen, liegt *»Den Fynske Landby«*, ein *Freilichtmuseum* mit Originalhöfen, Werkstätten, einer Schule, einem Gasthaus, einer Wassermühle und sogar einer Ziegelei, die in verschiedenen Ortschaften der Insel abgebaut und hier wiedererrichtet wurden.

Mehr als nur Badestrand

Sonne-Sand-Strand-Urlaub auf Fünen – dafür bieten sich einige schöne Küstenabschnitte an: Über *Otterup* im Norden der Insel kommt man zum längsten Strand, der sich über vierundzwanzig Kilometer erstreckt. Die schmale Landzunge am südöstlichen Ende bis hinunter zum *Kap Enebæodde* ist für den motorisierten Verkehr gesperrt. Auf dem rund dreihundert Hektar großen Zipfel, der zum *Gut Hofmansgave* bei *Hasmark* gehört, liegt Fünens größtes Heidegebiet, und natürlich hat auch der Herrenhof seinen Park für Besucher geöffnet. Kenner preisen die *Halbinsel Hindsholm* mit ihren vielen hübschen Sommerhäuschen nördlich des Fischerortes *Kerteminde* als Badeparadies. Aber auch Monumente aus grauer Vorzeit, wie das *Ganggrab Mårhøj* bei *Martofte* und das *Häuptlingsgrab* bei *Ladby*, wollen beachtet werden.

Zu ausgedehnten Fahrrad- und Wandertouren lädt Fünen geradezu ein. Das Radwegenetz ist gut ausgebaut, und auf vielen kleinen Landstraßen wird man vom motorisierten Verkehr wenig gestört. Für Besichtigungstouren zu den schönsten Burgen, Schlössern und Herrenhöfen gibt es in den lokalen Touristenbüros detaillierte Vorschläge. *Schloß Egeskov*, das schönste von allen, im Stil der Renaissance erbaut, von einem Wassergraben und herrlichen Parkanlagen umgeben, mit *Oldtimer- und Landwirtschaftsmuseum* in den riesigen Nebengebäuden, mit faszinierendem Irrgarten und Kinderspielplätzen, sollte niemand versäumen.

44/45 Zwei typische Bilder, die sich auf der beliebten Ferieninsel Ærø südlich von Fünen wiederholen: Malerische Strandhäuschen in lebhaften Farben und romantische Straßenzüge mit vielen gut erhaltenen Fachwerkhäusern.

Folgende Abbildung:

46 Die Insel Langeland trägt ihren Namen zu Recht: Schmal ist sie und rund 50 km lang. Die einsame Kirche im blühenden Rapsfeld ist nur ein Beispiel für die intakte Landschaft dieser idyllischen Insel.

Ærø, Langeland und der südfünische Inselgürtel

Von der Hafenstadt *Fåborg* im Süden gibt es regen Fährverkehr zu den Inseln *Lyø*, *Avernakø* und *Ærø*, der südlichsten und größten im *südfünischen Inselgürtel*, den man auch gern *»dänische Südsee«* nennt. Die sechs malerischen Ortschaften des letztgenannten Eilandes scheinen Andersens Märchen unmittelbar entstiegen zu sein. Früher lebten hier fast ausschließlich Seeleute, die nach großer Fahrt in den anheimelnden Dörfern mit den puppigen Häuschen Behaglichkeit und Geborgenheit – ihre »hygge« – fanden, um sich seelisch aufzurüsten für die nächste risiko- und entbehrungsreiche Seefahrt. Ein kleines *Museum für Nautik* in *Marstal*, eine schöne Sammlung von Buddelschiffen in *Ærøskøbing* erinnern an Seefahrerzeiten. Heute leben etwa 9000 Einwohner auf Ærø. Die besten Badestrände findet man am nördlichen und östlichen Küstenabschnitt. Im *Hafen* von *Marstal* liegen heute die Schiffe der Freizeitsegler dicht an dicht. Über Jahrhunderte aber war er einer der bedeutendsten dänischen Häfen für die große Fahrt. Die schönen Schiffsmodelle in der *Kirche* erinnern an diese Zeit. Und weil die Kapitäne auf der Empore des Gotteshauses ihre Stammplätze hatten, nannte man sie Kommandobrücke. *Ærøskøbing* erhielt schon 1398 Stadtrechte. Das wunderschön geschlossene Stadtbild mit vielen Fachwerkhäusern aus dem 17., 18. und 19. Jahrhundert wird gehegt und gepflegt. Mehr als dreißig dieser Juwele, darunter auch das älteste Postamt Dänemarks aus dem Jahre 1749, stehen unter Denkmalschutz. Die *mittelalterlichen Dorfkirchen* in *Bregninge*, *Store Rise* und *Tranderup* haben sehenswerte Kalkmalereien. Die unvergleichliche Atmosphäre in der Miniaturwelt Ærø zieht den Besucher nachhaltig in ihren Bann.

Etwas größer, etwas länger, aber auch irgendwie puppenhaft ist *Langeland*. Von *Marstal* hält eine Fähre die Verbindung nach *Rudkøbing*. Von *Fünen* aus kommt man über zwei *Brücken* hinüber. Die erste schlägt den Bogen von der Hafenstadt *Svendborg*, wo Bertolt Brecht von 1933 bis 1939 als Emigrant lebte und einige seiner bekanntesten Werke schrieb, über den *Svendborg-Sund* zur *Insel Tåsinge*, die man nicht wieder verlassen sollte, ohne einen Abstecher nach *Valdemarsslot* gemacht zu haben. Das schöne spätbarocke Schloß ließ Christian IV. für seinen Sohn Valdemar Christian bauen. Heute ist es ein *Herrenhofmuseum*, das man in der schönen Jahreszeit täglich besichtigen kann. Eine *Damm-Brücken-Konstruktion* von 1962 stößt bei *Rudkøbing* auf Langeland.

Von Nord nach Süd mißt die Insel etwa fünfzig, an ihrer breitesten Stelle kommt sie auf neun Kilometer. Lichte Buchenwäldchen im Inselinneren, ein paar steile Klippen bei *Bagenkop*, malerische Ortschaften mit Häuschen zum Verlieben und viele kleine Badebuchten machen den Reiz der Insel aus.

Ein Langeländer brachte es zu Weltruhm. In der schönen alten *Apotheke* in *Rudkøbing*, die heute *Museum* ist, wurde 1777 Hans Christian Ørsted geboren. Als Physiker stellte er einen Meilenstein auf: die Lehre vom Elektromagnetismus. Die Flügel der restaurierten *Kornmühle* von *Gut Skovsgård* treiben einen stromerzeugenden Generator an, was das romantische Bild nicht stört. *Schloß Tranekær*, das unübersehbar auf einer Anhöhe thront, war im Mittelalter Königsburg. Seit dem Umbau von 1863 ist von der ursprünglichen Bausubstanz nur noch wenig zu sehen. Das *Mühlenmuseum* in der alten *Schloßmühle* informiert über die Geschichte der Windkraftnutzung, die auf Langeland eine wichtige Rolle gespielt hat.

47 Romantischer Winkel in Ærøkøbing, dem Hauptort auf der Insel Ærø, der schon 1398 das Handelsrecht erhielt und in dem heute zahlreiche Häuser unter Denkmalschutz stehen.

MANDØ BUSSEN

ømø, Mandø und Fanø

Mit dem Bau des *Danewerks*, das König Godfred zu Beginn der *Wikingerzeit* im 9. Jahrhundert errichten ließ, begann die Absperrung der schmalen *jütländischen Halbinsel* zwischen Nord- und Ostsee gegen Mitteleuropa, wo Karl der Große sein Reich mehr und mehr auszudehnen versuchte. Damals genügten noch Erdwälle, mit Palisaden bestückt, und Wassergräben, um den Feind auf Distanz zu halten. Dieser Schutzwall erstreckte sich in *Schleswig* zwischen *Schlei* und *Treene*, gut dreißig Kilometer südlich der heutigen Grenze zwischen Dänemark und Deutschland. Im Laufe der Geschichte verschob sich die Grenze mehrfach, mal nach Norden, mal nach Süden. Die heutige, nur 68 Kilometer lange Grenze zwischen den beiden Ländern wurde im Jahre 1920 gezogen, nach einer Volksabstimmung in *Nordschleswig*, mit der sich die dänische Bevölkerungsmehrheit in diesem Gebiet für die Zugehörigkeit zu Dänemark entschied.

Rømø

Zum Glück müssen Mitteleuropäer nicht mehr über Palisaden klettern, um das gelobte Urlaubsland zwischen den Meeren zu besuchen. Und wer unter Urlaub vor allem Wasser, Traumstrand und Inselidylle versteht, der hält sich nach dem Passieren der Grenzstation *Padborg* am besten scharf links. Nach gut siebzig Kilometern liegt sie da, die größte dänische Nordseeinsel, *Rømø*, breit und behäbig, am Ende eines kilometerlangen schmalen Dammes. Nur ein paar Quadratkilometer größer ist sie – und doch so ganz anders – als ihre deutsche Nachbarin Sylt. Von der Südspitze aus kann man Sylts »Ellenbogen« – die schmale, gekrümmte Landzunge im Norden – gut sehen, und von *Havneby* aus braucht das Fährschiff eine Stunde bis nach *List*. Der herrliche breite Strand von Rømø, der bei Ebbe bis zum Horizont zu reichen scheint, ist flach, glatt und so fest, daß man mit dem Auto gefahrlos darauf fahren kann. Umweltbewußte sehen das mit zwiespältigen Gedanken. Die Freunde des Windsurfens auf dem Wasser und auf dem Strand, die Strandsegler und Paraglider wissen zu schätzen, daß sie ihr schweres Gerät mit dem Auto auf den Strand transportieren und bequem zu Plätzen mit den besten Windverhältnissen wechseln können. Für die Anhänger der genannten Sportarten ist Rømø ein Paradies. Die vielen flitzenden bunten Segel ergeben wunderschöne Urlaubsbilder, die auch die Gemüter von Spaziergängern und trägen Sonnenanbetern aufhellen. Die Schattenseiten der Autofreiheit am Strand aber sind nicht zu übersehen. Große parkende Pulks, lautstarke Vergnügungen von Autobesitzern und Beifahrern empfinden viele Urlauber als ausgesprochenes Ärgernis.

Der größte Teil der Ferienhäuser ist harmonisch eingebettet in den Grüngürtel hinter den Dünen. Kleine Wälder, Heide, Moore und alle Ortschaften bis auf eine, den Badeort *Lakolk*, drängen sich am Ostrand der Insel zusammen. In der ursprünglich gotischen, mehrfach umgebauten *Kirche* in *Kirkeby* hängen fünf sehenswerte Windjammermodelle von der Holzbalkendecke herab, Votivgaben für den heiligen Clemens, Schutzpatron der Seeleute, dem das Gotteshaus geweiht ist. In ihnen drückt sich auch ein Stück Inselgeschichte aus. Rømø lebte über Jahrhunderte von der Seefahrt und vor allem vom Walfang. Die Bitte um Schutz vor Beginn der gefährlichen Fahrten und der Dank nach geglückter Heimkehr wurden oft durch Weihgaben unterstrichen. Die Kapitäne der Walfangschiffe bezeichnete man als Kommandeure. Daß sie oft wohlhabend und mächtig waren, zeigen ihre erhalten gebliebenen Häuser. Ein besonders schönes in *Toftum*, der *Kommandørgården*, steht als

Vorhergehende Abbildung:

48 Zwischen den großen Inseln Rømø und Fanø vor der südjütländischen Westküste erscheint die kleine Sandinsel Mandø wie ein Sandauge im Meer. Sie ist Vogelschutzgebiet. Von der Küste aus bringt ein spezielles Beobachtungsfahrzeug die Vogelfreunde zur Insel.

49–51 In der Vergangenheit brachten die Handelsseefahrt mit großen Windjammern und der Walfischfang den Bewohnern der Insel Rømø beachtlichen Wohlstand, der sich noch heute in den erhalten gebliebenen Höfen mit prachtvollen Portalen spiegelt.

49–51

52–54 Drei typische Urlaubsvergnügungen auf Rømø, Dänemarks südlichster nordfriesischer Insel: das Sonnenbad in den Dünen, das Bad in der Brandung und die Jagd auf Plattfische von der Mole aus.

Heimatmuseum zur Besichtigung offen. Der Fischfang hat zwar für Rømø immer noch eine gewisse Bedeutung, was man an der Zahl der Boote im Hafen von *Havneby* ablesen kann, aber das Geschäft mit Urlaub und Freizeit dürfte wohl den größeren Teil der Einnahmen sichern.

Fanø

Geschichte und Entwicklung sind auf der benachbarten Insel Fanø ähnlich verlaufen. Sie liegt sozusagen quer vor der Hafeneinfahrt des größten dänischen Nordseehafens, *Esbjerg*, eines relativ jungen Hafens, der erst nach dem im Wiener Frieden von 1864 verfügten Verlust der Herzogtümer Schleswig, Holstein und Lauenburg geschaffen wurde. Import, Export, Fischerei und *Fährbetrieb* nach *Harwich*, nach *Newcastle* und zu den *Färöer Inseln* haben Esbjerg schnell wachsen lassen, für den neugierigen Reisenden aber gibt es nicht viel zu sehen, mit Ausnahme einiger *Museen* wie das *Esbjerg-Museum* mit einer großen Bernsteinausstellung oder das *Fischerei- und Seefahrtsmuseum*. Der Urlauber besteigt zumeist gleich nach der Ankunft die Fähre und ist fünfzehn Minuten später auf *Fanø*, einer Ferieninsel wie aus dem Bilderbuch: breiter, feinsandiger, kilometerlanger Strand, schöne Dünen, reetgedeckte Fischerhäuser, malerische Dörfer, Kiefern- und Birkenwäldchen, die sich aus den mühsamen Aufforstungen zum Schutz gegen Treibsand seit Anfang unseres Jahrhunderts entwickelt haben. Zur selben Zeit begann auch die Geschichte der Insel als Sommerfrische für erholungsbedürftige Städter. Der Urlaubs- und Badebetrieb erlebte einen rasanten Aufschwung. Etwa 2500 Ferienhäuser, neun Campingplätze, diverse Appartementanlagen und Hotels nehmen den Strom der Gäste auf. Wie auf Rømø kann der Autobetrieb auf den herrlichen Stränden auch lästig werden, vor allem während der Hochsaison. Da der Walfischfang und die Seefahrt mit Windjammern auf Fanø eine ebenso große Bedeutung hatte wie auf der Nachbarinsel, ergeben sich viele Ähnlichkeiten zwischen beiden: gut erhaltene *Fischerhäuser* mit Reetdächern und traditionelle *Gasthäuser*, die *Kros*, in denen man noch die typisch dänischen Fischspezialitäten und *Smørrebrød* in zahlreichen Varianten bekommt. In den *Kirchen* hängen schöne Schiffsmodelle als Votivgaben. Im *Fanø-Museum* in *Nordby* stehen einige Nachbildungen von bedeutenden Handelsschiffen und maritime Ausstellungsstücke zur Veranschaulichung von Fanøs Seefahrts- und Fischfanggeschichte. Deren Entwicklung ist auch im *Skipperhus* gut dokumentiert. Außerdem gibt es darin eine Sammlung der inseltypischen Trachten zu sehen. Die Fanniker, die Einheimischen der Insel, halten ihre Traditionen dadurch lebendig, daß sie zu bestimmten Festen ihre Trachten tragen. Und im malerischen *Sønderho* im Süden mit den schmalen Gassen im gut erhaltenen Ortskern lohnt der Besuch im *Hannes Hus* wegen der alten Möbel und der handgemalten Fliesen an den Wänden.

Mandø

Wimmelt es auf den beiden großen Inseln von Sommerfrischlern, so wimmelt es auf *Mandø*, einem großen Sandauge im Wattenmeer, von *Wat- und Wasservögeln*: Austernfischer, Seeschwalben, Strandläufer, Enten verschiedenster Art brüten auf der Insel. Besucher können nur bei Ebbe mit einem sogenannten *Traktorbus* von *Vester Vedsted* hinüber und dürfen zum Schutze der Vögel nur auf markierten Beobachtungswegen wandern. Im *Mandø-Center* gibt es im Sommer auch Ausstellungen zu den Themen Wattenmeer, Natur- und Vogelschutz.

55 Das Zisterzienserkloster Løgum, knapp 20 Kilometer nördlich der Stadt Tonder gelegen, wurde schon Mitte des 12. Jahrhunderts gegründet. Die gut erhaltene Klosterkirche beeindruckt durch ihre frühgotische Spitzbogenarchitektur und schöne Pfeiler.

Das südjütländische Festland

Die Dünen der *Halbinsel Skallingen* scheinen von *Fanø* aus fast zum Greifen nahe, doch der Weg dahin ist weit, führt zurück ans Festland über *Esbjerg* und *Oksbøl*, wo man eine Pause einlegen sollte: In der *romanischen Kirche* zeigen gut erhaltene *Wandmalereien* aus dem 13. Jahrhundert Bilder aus dem Leben des heiligen Nikolaus. Nach weiteren fünfzehn Kilometern in südwestlicher Richtung ist man an Dänemarks westlichstem Zipfel *Blåvands Huk* angelangt, wo ein *Leuchtturm* den Schiffen den Weg weist. Nach Süden erstreckt sich die *Halbinsel Skallingen*, ein Vogelparadies, das unter Schutz steht. Nach Norden hin dehnt sich feinsandiger Strand scheinbar endlos aus bis hin zum vielbesuchten Seebadeort *Henne Strand*, und er setzt sich weiter nach Norden fort auf der schmalen Nehrung *Holmsland Klit* vor dem riesigen *Ringkøbing-Fjord*. Dieser Küstenabschnitt ist berühmt für seine schönen Dünen. Die *Wanderdüne Blåbjerg* türmt sich 64 Meter hoch auf. Von ihrem »Gipfel« hat man den schönsten Blick auf dieses Nordsee-Sand-Strand-Badeparadies. Bei *Hvide-Sande* zerschneidet eine schmale, von Menschenhand geschaffene Fahrrinne mit Schleuse die Nehrung, damit Schiffe in die weite Bucht hineinfahren und den Fischerhafen *Ringkøbing* erreichen können, dessen natürliche Wasserstraße schon im 17. Jahrhundert zu versanden begann. Über die gesamte Länge der Nehrung von *Nymindegan* im Süden bis zum Seebadeort *Søndervig* führt eine schmale, etwa fünfzig Kilometer lange Straße zwischen Dünen am Wasser entlang. Reiter und Strandwanderer haben schier unbegrenzte Möglichkeiten. Die Schönheiten dieser herben Landschaft hat der in *Hvide Sande* geborene Maler Svend Lodberg in zahlreichen Bildern festgehalten, die in einer ständigen Ausstellung in *Ringkøbing* zu sehen sind. Darüber hinaus hat die letztgenannte traditionsreiche Kleinstadt, die schon im 15. Jahrhundert verschiedene Privilegien besaß, Sehenswürdigkeiten für ein Tagesprogramm zu bieten, wie den *Markt* mit dem *Bürgermeisterhof* im Stil des Empire, um nur eins von den vielen ehrwürdigen Gebäuden zu nennen. Unter den zahlreichen Sammlungen in den *Museen* fällt eine aus dem üblichen Rahmen: Erinnerungsstücke an den *Polarforscher Ludwig Mylius-Erichsen*, der 1906 zu einer Grönland-Expedition aufbrach und nicht mehr zurückkehrte.

Von *Ringkøbing* aus möchte ich eine willkürliche Trennungslinie in Richtung Osten ziehen zur Stadt *Herning* und dann weiter in Richtung Südosten zur Stadt *Vejle* und damit den geographischen Rahmen dieses Kapitels nach Norden hin abstecken. Auf zwei kleine Abstecher nördlich von meiner »Grenze« möchte ich aber nicht verzichten. In *Hee*, unmittelbar im Norden von Ringkøbing, steht die interessanteste *Granitquaderkirche* Jütlands, die schon im 12. Jahrhundert erbaut wurde. Kunsthistorisch gesehen ist sie ein Juwel mit vielen ungewöhnlichen Details wie den Doppellöwen im Tympanonfries des Westportals. Der zweite Abstecher – nach nur wenigen Kilometern auf der Hauptstraße – gilt der *Kirche* im Dorf *Ølstrup*. Emil Nolde malte für sie einen Christus in Emmaus, der in das Hauptfeld des Renaissancealtars eingefügt wurde. Daß die Kirche zu einem echten Nolde kam, lag daran, daß ein Onkel von des Malers Frau Pfarrer in Ølstrup war.

Da auch das kleinste Dorf in Dänemark meistens irgendeine interessante Sehenswürdigkeit zu bieten hat, muß man von Zeit zu Zeit Riesensprünge vollziehen, um in angemessener Zeit wenigstens die bedeutendsten zu schaffen. Die moderne Stadt *Herning* fällt durch mei-

56 Stadtfest in Esbjerg, Dänemarks bedeutendstem Nordseehafen, der erst in der zweiten Hälfte des 19. Jahrhunderts gebaut wurde. Fischfang und Fischverarbeitung, Import und Export und der Fährverkehr nach England und zu den Färöer Inseln spielen hier die wichtigsten Rollen.

DEN DANSKE BANK
Carlsberg

57 | 58

57–59 Auf dem Strand und auf dem Wasser beherrschen auf Rømø weiße und bunte Segel das Bild: Segler, Windsurfer und Strandsegler haben hier ihr Paradies.

TAMA
Arne Østergaard
DRUM CITY

nen Raster, trotz ihres berühmten *Fotomuseums* und beachtenswerter *Sammlungen moderner Kunst.*

Vejle schmiegt sich am Ende des breiten *Vejle-Fjords* an die Hänge bewaldeter Hügel. Eine große *Fußgängerzone* im Zentrum macht das Flanieren zum Vergnügen. Den Besuchern der *St. Nikolai Kirke* geht es meistens nicht um die gotische Architektur, sondern um eine Leiche im Glassarg. Etwa 2500 Jahre alt ist die Dame, die da gut konserviert hinter Glas zu sehen ist. Sie wurde im letzten Jahrhundert in einem Moor gefunden. Von Vejle aus ist der Abstecher nach *Jelling* ein Muß. Hier stand im 10. Jahrhundert der erste Königshof des von König Gorm geeinten Reiches Dänemark. Neben der weiß gekalkten *Kirche* erheben sich zwei *Grabhügel* aus der Wikingerzeit. In dem kleineren wurden wahrscheinlich König Gorm und seine Frau Thyra bestattet. Wichtig sind vor allem die beiden vor der Kirche aufgerichteten *Runensteine*, der kleinere von König Gorm zum Gedenken an seine Frau, der größere von seinem Sohn und Nachfolger Harald Blauzahn gestiftet. In den Inschriften kommt zum erstenmal der Begriff Dänemark vor, weshalb man die Steine auch als die Taufurkunden des Landes bezeichnet.

Nur etwa 20 km südwestlich von Vejle liegt *Egtved*, ein Ort, der Schlagzeilen machte, als dort in einem *Bronzezeitgrab* ein 3500 Jahre altes »junges« Mädchen gefunden wurde, das in seinem eichenen Baumsarg außergewöhnlich gut erhalten geblieben war: selbst die Kleidung, eine Kurzarmjacke und ein knielanger Rock, war nicht vermodert. Man muß allerdings nach Kopenhagen reisen, will man die außergewöhnlichen Fundstücke sehen.

Ein weiter Sprung nach Nordwesten, und wir sind im modernen Märchenland der Plastikbausteine, im *Legoland* in *Billund.* Am Anfang der Geschichte steht ein arbeitsloser Tischlermeister namens Ole Kirk Christiansen. In seiner unfreiwilligen Freizeit entwickelte er zusammensetzbares Holzspielzeug und gründete 1932 eine Fabrik dafür. Als in den fünfziger Jahren das Plastikzeitalter begann, wurden die Spielzeugbausteine aus dem neuen Material produziert und erwiesen sich innerhalb weniger Jahre als weltweiter Renner. Lego trat einen unaufhaltsamen Siegeszug an. Die für Spielzeugmessen zusammengesetzten phantasievollen Bauten und Figuren fanden so großen Anklang, daß man auf die Idee kam, in Billund einen Park mit Lego-Bauten zu schaffen. Im Jahre 1968 wurde er eröffnet. Heute kommen jährlich über eine Million Besucher in die Spielzeugwelt, die man in wenigen Sätzen nicht beschreiben, die aber groß und klein einen ganzen Tag lang fesseln kann.

Von Legoland zurück ins Mittelalter mit einem Riesensatz nach Südwesten: *Ribe*, eine der ältesten Städte des Landes, kann oder sollte man nicht auslassen bei einer Reise durch den Süden Jütlands. Der hamburgisch-bremische Erzbischof Ansgar baute hier im Jahre 860 die erste Kirche, und knapp hundert Jahre später wurde Ribe schon Bischofssitz. Der *Dom* ist auch heute der wichtigste Anziehungspunkt. Allerdings handelt es sich nun um ein romanisches Bauwerk aus dem 12. Jahrhundert, das später im jeweiligen Stil der Zeit umgebaut und erweitert wurde. Um 1200 residierten auch die dänischen Könige in Ribe. Intensiver Handel machte die Stadt während des Mittelalters wohlhabend und mächtig. Der Niedergang begann mit der Reformation. Wenn in den Sommermonaten ein Wächter seinen Abendrundgang macht und sein Lied über die Geschichte der Stadt singt, wirken die schmalen Gassen und verwinkelten Fachwerkhäuser wie Kulissen zu einem Stück aus der Vergangenheit.

60/61 Die malerische Kleinstadt Ribe in Südjütland zählt zu den ältesten Städten des Landes. Ihre Geschichte begann mit dem Bau einer Kirche durch den hamburgisch-bremischen Erzbischof Ansgar im Jahre 860. Die Innenstadt ist heute größtenteils Fußgängerzone und beliebtes Ausflugsziel.

Tønder und Løgumkloster

Der 3. Januar 1976 wird alteingesessenen Bewohnern von *Tønder* noch lange in schlimmer Erinnerung bleiben. Damals war der nur knapp hinter der deutsch-dänischen Grenze gelegene Ort zum wiederholten Male Opfer einer Sturmflut geworden: er und seine Umgebung mußten schließlich überstürzt evakuiert werden, nachdem die Deiche zur Nordsee hin gebrochen waren. Solche Schutzwälle gegen die Meeresfluten waren hier schon im 16. Jahrhundert unter Herzog Johann dem Älteren errichtet worden. Sie dürften damals nicht uneingeschränkten Beifall gefunden haben, da sie den freien Schiffsverkehr auf der *Vidå*, einem wasserreichen Fluß, über welchen Tønder seinerzeit mit der Nordsee in Verbindung stand, beeinträchtigen. Als durch die Dammbauten die Stadt schließlich gänzlich vom Meer abgeschnitten war, gelangte der Küstenort *Højer* nordwestlich davon zu einer gewissen Blüte als Ersatzhafen, hauptsächlich für die Ausfuhr des wichtigsten Wirtschaftgutes der Region – von Vieh. Die beeindruckende *romanische Kirche* und eine dreißig Meter hohe *Windmühle* aus der Mitte des letzten Jahrhunderts sind die herausragenden Sehenswürdigkeiten Højers. Nachdenklich stimmt die Säule an der *Schleuse*, an welcher die Höchstwasserstände aller lokalen Sturmfluten, darunter auch derjenigen von 1976, markiert sind.

Nicht nur der Damm, sondern – in unserem Jahrhundert – auch die Politik schnitten Tønder von seiner natürlichen Umgebung ab. Im Lauf seiner wechselvollen Geschichte war der Ort einmal unter deutscher, ein andermal unter dänischer Herrschaft gestanden. Der wirtschaftlichen Entwicklung schien das lange kaum Abbruch zu tun, gehandelt wurde mit den norddeutschen Hafenstädten ebenso wie mit den holländischen. Im 17. und 18. Jahrhundert spielte dabei vor allem auch die Spitzenklöppelei eine nicht unbedeutende Rolle. Selbst als deren Bedeutung schwand, blieb der Viehhandel als wichtigster Wirtschaftsfaktor. Als aber 1920 als Folge des Versailler Vertrages nach einer Volksabstimmung Nordschleswig an Dänemark fiel und die Grenze zu Deutschland knapp südlich von Tønder gezogen wurde, verlor der Ort sein gesamtes südliches Hinterland. Skurrile Folgen hatte diese Grenzziehung für *Rudbøl*, wo die Trennlinie zwischen den Staaten entlang der Hauptstraße mitten durch den Ort verläuft.

Die *Kirchen* der Region verdienen entweder aufgrund architektonischer Besonderheiten oder wegen ihres Inventars Erwähnung. So beherbergt das Gotteshaus in *Møgeltønder* unweit westlich von Tønder eine der ältesten *Orgeln* des Landes. Bedeutendster Sakralbau in *Tønder* selbst ist die spätgotische *Christuskirche*. Das aus Backsteinen errichtete Langhaus stammt aus dem Jahre 1591, der Turm mit achteckiger Spitze sogar von einem früheren Bau. Zur prunkvollen Innenausstattung zählen neben Altar, Kanzel und Taufbecken auch die Grabmäler der Klöppelspitzenhändler und ihrer Familien. Die Bestattungen erinnern an die Glanzzeit des Ortes, aus welcher sich auch noch einige *Wohnhäuser der Kaufleute* erhalten haben, wie das *Deichgrafenhaus* in der Vestergade und die *Apotheke* in der Østergade mit ihrem barocken Sandsteinportal.

Das nach Tønder zweitwichtigste Zentrum der Spitzenklöppelei lag dereinst in *Løgumkloster*, rund 18 Kilometer weiter im Norden. Wie der Ortsname unschwer erkennen läßt, bildete ein Kloster, und zwar eine *Zisterzienserabtei*, den historischen Kern der Ansiedlung. Die Mönche hatten ihr Refugium im Jahre 1144 in einer unbewohnten Gegend gegründet. Von den alten Bauten haben sich jedoch

62/63 Im Flußhafen von Ribe machen während der Sommermonate viele Freizeitkapitäne fest. Der abendliche Rundgang mit dem Nachtwächter in seiner traditionellen Tracht ist für die Urlauber ein besonderes Erlebnis.

Folgende Abbildung:

64 Die Türme der Domkirche von Ribe überragen noch die Dächer der umliegenden Häuser, obwohl der sumpfige Untergrund, auf dem der Dom steht, im Laufe der Jahrhunderte bereits 1,5 Meter abgesunken ist. Auf dem schiffbaren Fluß Ribe Å können Boote bis in die Stadt hineinfahren.

OVERDAMMENS
IDE BUTIK
RIBE

65 **Malerischer Winkel in der Innenstadt von Ribe mit Blick auf den Dom. Vom Stadtturm, dem Stormklokketårn, hat man herrliche Aussicht bis auf das Wattenmeer.**

nur Teile des Ostflügels mit Bibliothek, Kapitelsaal und Sakristei sowie die zwischen 1230 und 1330 in frühgotischem Stil errichtete *Klosterkirche* mit sehenswerter Innenausstattung und grandioser Raumwirkung erhalten. Heute dient der Komplex als christliche Begegnungsstätte mit Veranstaltungsprogramm.

Kolding

Längst hat *Kolding* an der Ostküste Jütlands Tønder in der Rolle als Dänemarks größter Viehexportmarkt abgelöst. Die Hafenstadt am gleichnamigen Fjord hat sich um ein hier im Jahre 1248 durch den dänischen König angelegtes Schloß, *Koldinghus*, entwickelt. Was sich heute inmitten der Stadt am Rand eines Sees, des *Slotsøen*, erhebt, ist jedoch der 1890 begonnene und erst vor wenigen Jahren abgeschlossene Neubau des Herrschersitzes. Er war notwendig geworden, nachdem die alte vierflügelige Anlage, erklärter Lieblingssitz des dänischen Königshauses, 1808 durch dort einquartierte napoleonische Hilfstruppen in Brand gesteckt worden war. Heute ist im restaurierten Nordflügel ein *Museum* untergebracht. Der Viehhandel spielte in Kolding schon im 16. und frühen 17. Jahrhundert eine wichtige Rolle, als der Ort unmittelbar nördlich der Zollgrenze zum Herzogtum Schleswig lag; und entsprechend seiner Grenzlage wurde er im Zuge kriegerischer Auseinandersetzungen mehrfach von den Deutschen besetzt und vor allem im 17. Jahrhundert stark in Mitleidenschaft gezogen. Dennoch sind einige wenige alte Häuser erhalten geblieben, wie das *Borchs gård*, ein Fachwerkhaus aus dem Jahre 1595, das sich schräg gegenüber dem neuromanischen *Rathaus* auf dem *Marktplatz* befindet. Den Freunden zeitgenössischer dänischer Kunst stehen gleich zwei Anlaufstellen zur Verfügung. Seit wenigen Jahren verfügt Kolding über das auch architektonisch interessante *Kunstmuseet Trapholt*, nördlich der Stadt am Fjord in einem Park gelegen. Und in *Vejen*, westlich von Kolding, sind ebenfalls Skulpturen und Zeichnungen der Gegenwart zu sehen. Bleibt abschließend noch der Hinweis auf den *Skamlingsbanken*, den mit 113 Metern höchsten Punkt Südjütlands, südlich von Kolding, der eine reizvolle Aussicht auf das Umland gewährt.

Zankapfel der Anrainer

Von *Ribe* südwärts bis zur Grenze hat es im Laufe der Geschichte zahlreiche Auseinandersetzungen um Besitzrechte gegeben. Als Teil des Herzogtums Schleswig gehörte die Region mal zu Preußen, mal zu Dänemark, dann wieder zu Deutschland und nach der Volksabstimmung von 1920 wieder zu Dänemark. Deshalb haben fast alle Ortschaften in dieser Region zwei Namen, einen dänischen und einen deutschen. Während der kriegerischen Auseinandersetzungen wurde viel wertvolles Kulturgut zerstört, auf dem Festland ebenso wie auf der *Insel Als*. Der Höhenzug *Düppeler Schanzen* gegenüber der Insel auf dem jütländischen Festland war 1864 Schauplatz der Entscheidungsschlacht zwischen Dänen und Preußen. Die rekonstruierte Düppeler *Mühle* und die *Kanonen* von einst sind heute Mahnmale für den Frieden. In einem 1992 eröffneten *Geschichtszentrum* lebt der Horror des Krieges in Multivision wieder auf. Fährt man die landschaftlich reizvollen Strecken von *Augustenborg* mit seinem *Rokokoschloß*, das heute als Krankenhaus genutzt wird, bis *Nordborg* oder auf dem Festland von *Kliplev* über *Åbenrå*, das romantische, von Wäldern umschlossene Ostseebad, bis hinauf nach *Haderslev*, fällt es schwer, sich vorzustellen, daß es um dieses schöne Stück Erde soviel Streit gegeben hat.

Nordjütland mit den Inseln

Anholt und Samsø

Ålborg und der Limfjord

Jens Bang war ein mächtiger Mann, zu Beginn des 17. Jahrhunderts wohl der reichste Kaufmann in *Ålborg*, eine barocke Figur mit stark ausgeprägtem Hang zur Selbstdarstellung. Er setzte sich zu Lebzeiten selbst ein Denkmal: *Jens Bangs Stenhus*, das größte und prächtigste *Renaissancebürgerhaus* in ganz Dänemark. Sein König Christian IV. war der Schönheit der niederländischen Renaissance verfallen und hatte Baumeister aus den Niederlanden nach Dänemark geholt. Jens Bang strebte ihm nach, nur baute er sein Haus fünf Stockwerke hoch, höher als das königliche Schloß, und ließ es mit Sandsteinornamenten reich verzieren. Doch die Ålborger Bürger mißtrauten dem mächtigen Mann und wählten ihn nie in den Stadtrat. Gekränkt und erbost ließ er sich mit ausgestreckter Zunge in Sandstein porträtieren und ließ die *Skulptur am Giebel* seines Statussymbols anbringen. Seit mehr als dreieinhalb Jahrhunderten streckt Jens Bang dem Rathaus die Zunge heraus. Und er hat erreicht, daß sein Ruhm nicht vergangen ist. Kein anderes Haus in Ålborg wird mehr besucht, mehr bewundert und mehr im Bilde festgehalten als sein *Stenhus*. Doch dieses architektonische Meisterwerk ist bei weitem nicht alles, was Dänemarks viertgrößte Stadt mit rund 150 000 Einwohnern am größten Fjord des Landes, dem Limfjord, dem Touristen zu bieten hat. Ein weiterer Superlativ geht ins 6. Jahrhundert zurück: In der Eisenzeit begannen die Siedler, ihre Toten auf einem bewaldeten Hügel, der *Lindholm Høje* am jenseitigen Ufer des Fjords, zu bestatten. Und das wurde über Jahrhunderte bis in die Wikingerzeit beibehalten. Bis heute ist dieser *Totenhügel* das größte Gräberfeld in ganz Skandinavien. Rund siebenhundert Grabstätten, die von dicken Flugsandschichten bedeckt waren, wurden in den Jahren zwischen 1952 und 1959 freigelegt. Runde, rechteckige, ovale und schiffsförmige Steinsetzungen markieren die Gräber, in denen die Toten auf Holzstößen niedergelegt und verbrannt wurden. Starken Eindrücken kann man sich nicht verschließen, wenn man von der Höhe über die Symbole der Vergänglichkeit des Menschen hinweg auf die geschäftige Großstadt hinunterblickt. In einem modernen *Museum* am Fuße des Gräberfeldes sind die Bestattungsbräuche anschaulich dargestellt und durch zahlreiche Ausgrabungsfunde dokumentiert.

Wie eine Oase wirkt die kleine *Insel Egholm* mitten im *Limfjord*. Sie ist ein einziges *Freilichtmuseum* mit zwanzig Bauernhöfen, die an verschiedenen Plätzen in Nordjütland abgebaut und auf dem Eiland originalgetreu wieder aufgebaut wurden. Ein beschauliches, idyllisches Museum, abgeschieden von der Großstadthektik, zu dem in regelmäßigen Abständen Fähren hinüberfahren.

Den Ålborgern von heute sagt man nach, sie seien lebenslustiger als andere Dänen. Vielleicht liegt es an dem berühmten Elixier, das in der Stadt gebrannt wird und ihren Namen weltweit bekannt gemacht hat. Die auffallend große Zahl von gemütlichen Kneipen und Restaurants läßt zumindest darauf schließen, daß die Bewohner dieser Stadt gern ausgehen und die Geselligkeit lieben. Einen Anlaß zum Feiern gab es 1992: 650 Jahre zuvor hatte man die Stadtrechte verliehen bekommen. Als Handels- und Hafenstadt wurde der Ort sogar schon im 11. Jahrhundert schriftlich erwähnt. Bereits 1534 wurde *Ålborg* Bischofssitz, entwickelte sich zum reichen Handelsplatz. Ein schwerer Rückschlag kam mit dem Ausbruch des Dreißigjährigen Krieges, von dem sich die Stadt erst mit dem Beginn der Industrialisierung langsam erholte. Um großen Schiffen die

Vorhergehende Abbildung:

66 Der Leuchtturm von Nørre Lyngvig auf der schmalen Nehrung Holmsland Klit ist 38 Meter hoch. Ein Aufstieg lohnt sich, denn er gewährt weite Sicht auf den Ringkøbing Fjord und die Nordsee.

67/68 In der Hjerl Hede, einem 1000 Hektar großen Naturschutzgebiet am Flynder-See südwestlich von Skive, gibt es ein Freilichtmuseum mit den typischen Bauten eines dänischen Dorfes mit Kirche, Kaufmannsladen, Gasthof, Schmiede, Spritzenhaus und Windmühle. Hier wurden aber auch ein steinzeitlicher Wohnplatz rekonstruiert und außerdem je ein Haus der Eisen- und Bronzezeit.

67 | 68

69 **Das Schloß Gammel Estrup, ein Herrensitz, der um 1500 errichtet und hundert Jahre später im Stil der Renaissance umgebaut wurde, liegt etwa 15 Kilometer östlich der Stadt Randers an der Nationalstraße 16.**

Zufahrt zum Hafen zu ermöglichen, wurde sogar die Fahrrinne im Limfjord vertieft. Große Unternehmen verschiedener Industriezweige sichern der Stadt heute den Wohlstand: Schiffbau, Eisenindustrie, Papierverarbeitung, Zementproduktion, Holz, Glas, Tabak dominieren in der Wirtschaft. Dieser Entwicklung hat man die Zeugen der Vergangenheit nicht geopfert. Der barocke Turmhelm des *gotischen Doms* auf *romanischen Grundmauern* gilt als Wahrzeichen von Ålborg. Die Renaissance kam bei der schönen Empore zum Zuge. Ein Rundgang durch das *Historische Museum* an der *Algade* gibt Schätze aus verschiedenen Jahrhunderten preis, darunter das berühmte *Ålborg-Zimmer* von 1602, das ganz im Stil der Renaissance ausgestattet ist. Das *Heiliggeisthaus* am *Obelsplads* wurde schon 1431 als soziale Einrichtung eingeweiht und ist bis heute Pflegeheim geblieben. Das Gebäude fällt auf durch seinen schönen Staffelgiebel. Die Kunstschätze im Inneren kann man nur im Rahmen einer Führung sehen. Am Altmarkt, dem *Gammel Torv*, steht das *Rathaus*. Von dem bedeutendsten Platz, auf dem auch angeprangert und gerichtet wurde, werden bis in unsere Zeit die Straßen vermessen, die von der Stadt ausgehen. Im ehemaligen *Schloß* wird Verwaltungsarbeit geleistet. Wallanlagen und Schloßhof aber stehen Besuchern offen. Vergnügungsfreudige Bürger amüsieren sich im *Tivoliland*, für das der Kopenhagener Tivoli Pate stand. Selbst ein *Chinesischer Turm* ist vorhanden. Für den Urlauber, der vielleicht die herrlichen Strände der »Sandkiste«, der *Halbinsel Vendsyssel*, ansteuert oder an den Ufern des weit verzweigten Limfjords ruhige Ferien verbringen möchte, lohnt sich ein ausgedehnter Aufenthalt in dieser geschichtsträchtigen und zugleich quicklebendigen, modernen Stadt.

Freizeitkapitäne, die von Ålborg aus westwärts durch den breiten *Limfjord* schippern, kommen bei *Løgstør* an seine schmalste Stelle. Seit 1942 führt hier eine *Brücke* von Ufer zu Ufer, und im *Haus* des überflüssig gewordenen *Kanalvogts* sind Sammlungen zu den Themen Fährwesen, Fischerei und Schiffahrt zu besichtigen. Nach Løgstør dehnt sich das Gewässer weit wie ein Meer, und bei stürmischem Wetter ist dem Kleinbootfahrer anzuraten, sich in Ufernähe aufzuhalten. Landschaftliche Schönheiten, Schutzgebiete für Fauna und Flora, historische Bauten, romantische Häfen und Dörfer – am Fjord und auf den Inseln im Fjord sind sie Legion, so daß sie in diesem Rahmen unmöglich im einzelnen erwähnt werden können. Auf der *Insel Mors* sollte man aber den riesigen *Blumenpark* südlich von *Nykøbing* mit über 500 000 Pflanzen nicht auslassen.

Holstebro, Viborg und Randers

An der Westküste südlich des Fjords wiederholen sich die Bilder, die man schon von der »Sandkiste« kennt: Traumstrände, hohe Dünen, Schutzwäldchen zur Bekämpfung der Flugsandprobleme, kleine Fischerhäfen und Marinas für Segler – und keine Menschenmassen, selbst nicht in der Hauptsaison. Der Autoreisende, der durch Nordjütland bummelt, wird sicher in Städten wie *Holstebro*, *Viborg* und *Randers* haltmachen. In der erstgenannten wird mancher staunen über die auffallend vielen Werke moderner Kunst und über die zahlreichen *Brunnen* in den Fußgängerzonen der *Altstadt*. Ein modernes *Kunstmuseum* mit angeschlossenem *Skulpturenpark* wurde erst 1992 eröffnet.

Auch Nordjütland hat seinen Heidedichter. In den Wäldern und Heidelandschaften rund um *Viborg*, eine der ältesten Städte des Landes, kann man den Spuren von Steen Steensen Blicher folgen. Schon in vorchristlicher Zeit existierte eine *Kultstätte*, wo sich heute Vi-

borg ausbreitet. Nach der Christianisierung stieg Viborg zur Hauptstadt Jütlands auf und wurde Bischofssitz. Bis zum Jahre 1340 wurden in ihr die dänischen Könige gewählt. Doch der Glanz dieser bedeutenden Stadt ging buchstäblich im Feuer unter. Große Brände im 16. und 18. Jahrhundert vernichteten den größten Teil der historischen Bauten. Der ursprünglich im 12. Jahrhundert erbaute romanische *Dom* wurde Ende des 19. Jahrhunderts erneuert.

Auch die Stadt *Randers* kann mit einem Superlativ aufwarten: Sie liegt an Dänemarks längstem Fluß, der *Gudenå*, die in den schmalen, tief ins Land einschneidenden *Randers-Fjord* mündet. Auf diese Weise hat die Stadt direkten Zugang zum *Kattegat* und erlebte dank der geschützten Lage schon ab dem 11. Jahrhundert eine blühende Entwicklung. Eine königliche Münze, Kirchen und Klöster wurden gegründet. König Waldemar IV. baute am Rande der Stadt eine *Burg*. Nach der Säkularisierung wurde aus dem *Franziskanerkloster* ein königliches *Schloß*. Wallenstein mit seinen Truppen richtete während des Dreißigjährigen Krieges große Schäden an. Seuchen und Brände schmälerten den Wohlstand. Trotz allem ist noch viel Sehenswertes geblieben: die *gotische St.-Martin-Kirche* oder das *Heiliggeisthaus* und außerhalb das *Renaissance-Wasserschloß Gammel Estrup*, das seit Anfang dieses Jahrhunderts *Jütisches Herrensitz-Museum* ist. Liebhaber von Schloßkonzerten kommen in *Schloß Clausholm* zu ihrem Recht. Um das Gebäude rankt sich eine königliche Skandalgeschichte. Das Barockschloß wurde für den Großkanzler Conrad Reventlow gebaut. Frederik IV. hatte mit dessen Tochter ein Verhältnis. Er heiratete sie, bevor die Königin starb. Der Bigamist machte das Schloß deshalb zum Wohnsitz für die Nebenfrau.

Die *Halbinsel Djursland* östlich von Randers zählt zu den schönsten und beliebtesten Feriengebieten Jütlands. Das Seebad *Grenå* ist auch Fischerei- und Fährhafen. Schöne alte *Fachwerkhäuser* am *Markt* und in den engen Gassen schaffen heimelige Atmosphäre. Und das außerhalb gelegene *Djurs Sommerland* erfüllt fast alle Kinderferienträume mit Cowboy-Spielen, Goldwaschen, Wildwasserrutschen und Schwebebahn. Von Grenå verkehren auch die Fähren zur winzigen *Insel Anholt*, die auf halbem Wege zwischen Dänemark und Schweden liegt: ein Eiland für Individualisten. Ein *Vogelschutzgebiet* im Nordwesten, ein *Robbenschutzgebiet* im Osten, eine von Wind und Wellen geschaffene Flugsandwüste, etwa hundertfünfzig Bewohner sowie an die dreißig Ferienhäuser und ein Campingplatz für Gäste: Das ist Anholt, eine Insel für Menschen, die die Einsamkeit suchen.

An der *Südküste* von Djursland schieben sich drei Halbinseln wie ausgestreckte Finger ins Meer. Malerischer kann eine Küste kaum sein. Und *Ebeltoft* wird oft als Dänemarks schönster Hafen gepriesen. In dem Städtchen mit dem romantischen Ortskern haben sich Künstler und Kunsthandwerker angesiedelt. Aber auch die moderne Technik hat sich hier im Zeichen des Umweltschutzes ein Denkmal gesetzt: die größte *Windenergie-Konverteranlage* des Landes auf einer achthundert Meter langen Mole.

Århus

Daß *Århus*, Dänemarks zweitgrößte Stadt, mit ihrem umfangreichen kulturellen Angebot und ihren vielen Sehenswürdigkeiten so nahe liegt, erhöht noch die Attraktivität der Urlaubszentren am grünen Küstensaum der *Århus Bugt*, wo auch Königin Margarete Ferien macht in ihrem *Schloß Marselisborg* im Süden der Stadt. Nur wenige Kilometer weiter süd-

70 Den Gamle By, ein Kleinstadt-Freilichtmuseum inmitten von Dänemarks zweitgrößter Stadt Århus, gehört zu den meistbesuchten Sehenswürdigkeiten. Rund 75 alte Häuser aus allen Teilen Dänemarks wurden hier originalgetreu wiedererrichtet.

J. Petersen

71 | 72

/72 Zwei male-
che Winkel mit
en Fachwerkhäu-
n und Windmühle
Freilichtmuseum
en gamle By« in
hus.

Der Park von
loß Rosenholm
f der Halbinsel
rsland nordöstlich
n Århus ist für
s Publikum frei-
geben.

gende Abbildung:

Das Wasser-
loß Rosenholm,
Herrensitz im
der Renaissance,
r sich seit Jahr-
nderten im Besitz
r Familie Rosen-
ntz befindet,
nn man besich-
en. Zu den
mmlungen ge-
ren sehenswerte
nische und
urische Möbel,
belins und Gold-
ertapeten.

75|76

75 Die spätgotische Wasserburg Spøttrup am Südufer des Limfjords bei Rødding war schon stark verfallen, als der dänische Staat sie zu Beginn des 19. Jahrhunderts übernahm und restaurieren ließ. Im April ist sie nur an Sonntagen, von Mai bis Oktober täglich zur Besichtigung geöffnet.

76 Dänemark ist ein Idealland für Radfahrer. Ein gut ausgebautes Radwegenetz macht sicheres, problemloses Radeln in den schönsten Landesteilen möglich.

lich, inmitten eines herrlichen Buchenwaldes, befindet sich das phantastische *Prähistorische Museum* im ehemaligen Herrensitz *Moesgård*, wo Dänemarks Vorgeschichte von der Steinzeit bis zur Wikingerzeit lebendig wird. Gut konserviert präsentiert sich das Prunkstück des Museums: der sogenannte *»Grauballemann«*, eine über 2000 Jahre alte Moorleiche.

Moesgård entwickelt sich vollends zum Mekka der Wikingerfans, wenn dort alljährlich am letzten Juli-Wochenende das *Vikingertræf* stattfindet. Obgleich dabei auch Szenen aus dem Alltag der Altvorderen, wie beispielsweise die Rückkehr der Drachenboote von einem Raubzug, möglichst authentisch nachgespielt werden, so ist diese Freiluftveranstaltung am Strand in erster Linie ein feucht-fröhliches Fest von Gleichgesinnten ohne strengen wissenschaftlichen Anspruch, das auch von einem Markt, dem Olafsmarkt, begleitet wird.

Sehenswürdigkeit Nummer eins im Herzen von Jütlands Metropole ist unangefochten *»Den gamle By«*, die alte Stadt, ein *Freilichtmuseum* mit fünfundsiebzig Kleinstadthäusern aus allen Teilen Dänemarks, die unmittelbar am *Botanischen Garten* originalgetreu wiederaufgebaut wurden: eine kleine Stadt, in der alle früher üblichen Gewerbe zu finden sind, vom Schuhmacher bis zum Kerzenzieher, vom Böttcher bis zum Seifensieder, von der Brauerei bis zur Tabakmanufaktur. Und in den meisten Häusern wird ganzjährig richtig gearbeitet, so daß der Besucher ein unverfälschtes Bild bekommt.

Die Geschichte der Stadt Århus, in der heute etwa eine Viertelmillion Menschen leben, beginnt, wie so oft in Dänemark, mit der Christianisierung und der Gründung eines Bischofssitzes. Landwirtschaft und ausgedehnter Handel mit den Nachbarländern sicherten jahrhundertelang gute Einkünfte. Prachtvolle *Renaissancebauten* bezeugen den einstigen Reichtum. Der Dreißigjährige Krieg brachte auch für Århus schwere Einbrüche. Doch heute blüht die Stadt wie keine zweite. Sie ist das wichtigste Kultur- und Bildungszentrum Jütlands. Die Vielfalt der Industrie ist Garant für florierende Geschäfte. Ein hochmodernes *Kongreßzentrum* wurde vor kurzem fertiggestellt. Universität, Technikum, Konservatorium: Århus hat alles. Und die gewinnträchtige Wirtschaft ist die Basis für das lebhafte kulturelle Leben mit einem reichen Programm an Konzerten, Opernaufführungen und Theatervorstellungen. Mit einem *Kulturfestival* hat sich Århus auch international einen guten Ruf erworben. Jedes Jahr im September findet die *Århuser Festwoche* statt. Die Programme wechseln, aber die hohen Qualitätsansprüche ändern sich nicht.

Die Insel Samsø

Der Abstecher nach *Samsø* beginnt in *Hov*, einem Fährhafen etwa fünfzig Kilometer südlich von Århus. Eine Stunde und fünfzehn Minuten braucht das Schiff. Ein *Naturreservat* in der Inselmitte, schöne Strände, reetgedeckte Häuser und *vorgeschichtliche Grabhügel* zählen zu den Attraktionen. Der größte Inselort *Tranebjerg* war einmal *Thingplatz*, also Versammlungsort der alten Germanen und Wikinger, und natürlich gibt es dort heute ein *Inselmuseum*, in dem alle Epochen durch Sammlungsbestände vertreten sind. *Onsbjerg*, ein kleiner Ort nordwestlich von Tranebjerg, verwahrt in seiner Kirche noch ein um 1200 entstandenes romantisches Kruzifix. Im Park des *Herrenhauses Brattingsborg*, entstanden im letzten Viertel des vorigen Jahrhunderts, dürfen im Sommer auch Fremde spazierengehen. Wer von stillen, erholsamen Ferien träumt, sollte an Samsø denken.

er Insel Læsø im Kattegat

Auf dem nördlichsten Parkplatz des dänischen Festlandes, auf der schmalen, flachen Landzunge *Grenen*, wartet der »Sandwurm«, ein knallrot gestrichener Ausflugswagen auf Gummirädern, der an einen PS-starken Traktor gekoppelt ist. *»Sandormen«* nennen die Dänen das Gefährt, das ehrgeizige Gäste transportiert, die um jeden Preis einmal auf dem allerletzten Sandzipfel Dänemarks, an der Scheide zwischen den Randmeeren *Skagerrak* und *Kattegat,* stehen wollen. Es gibt dort nichts Sensationelles zu sehen. Die Spitze an sich ist die Attraktion. In den besuchsstarken Sommermonaten kann es durchaus zu Standnot auf dem angestrebten Landzipfel kommen. Zu Fuß erreicht man das Landende vom Parkplatz aus in etwa einer Viertelstunde. Damit die Situation auf letzterem nicht zu Hoffnungslosigkeit führt, sind Gebühren nach Standzeit zu entrichten.

Fasziniert vom »hohen Licht«

Das einzigartige Licht und die Strenge der Landschaft mit ihren Sanddünen, Moor- und Heideflächen lockte im 19. Jahrhundert eine kleine Gruppe von Malern in den Fischerort *Skagen*. Sie hat dazu beigetragen, daß die Kunde von den herben Reizen der Landschaft im hohen Norden weit über Dänemark hinausdrang. Sie hat aber auch in der dänischen Kunstgeschichte unübersehbare Spuren hinterlassen. Die Künstler verfielen dem »hohen Licht«, wie sie die außergewöhnlichen nordjütländischen Verhältnisse nannten. Berühmte Kunstauktionshäuser erzielen heute für ihre Werke zum Teil phantastische Preise. Zahlreiche *Bilder der Skagen-Maler* sind im *Skagen-Museum* ausgestellt, andere hängen in den zur Besichtigung freigegebenen ehemaligen Wohnhäusern von Malern wie Anna und Michael Anchers. Auch das Haus des Schriftstellers Holger Brachmann steht Besuchern offen. Als letzte Ruhestätte wählte er, den man den »Sänger der Meere« nennt, einen einsamen Platz zwischen den Dünen von *Grenen*.

Den frühen Malern, die für Jütlands hohen Norden Pionierarbeit leisteten, folgten Scharen von Kunsthandwerkern, in deren Objekten aus Ton, Glas, Holz und vielen anderen Materialien auch die Formen und Farben der strengen Natur zum Ausdruck kommen. Bernsteinschleifer, Silberschmiede, Kerzenzieher, sie alle lassen sich in ihren Werkstätten gerne einmal über die Schulter schauen. Liebhaber von Unikaten können hier nach Schätzen graben.

Ein wahres Schmuckkästchen ist der Ort *Skagen*. Kaum ein altes Haus, das nicht liebevoll restauriert und herausgeputzt wäre. Als Farbe dominiert so auffallend das Schönbrunner Gelb, daß man sich unwillkürlich nach dem Zusammenhang fragt. Auffallend und schmuck sind auch die an den Kanten weiß abgesetzten roten Ziegeldächer. Trotz des rauhen Klimas schaffen die meisten Hausbesitzer es offensichtlich, auch aus dem kleinsten Garten ein botanisches Juwel zu machen. Und schaut man beim abendlichen Bummel durch die meist unverhüllten Fenster in die guten Stuben, dann versteht man den typisch dänischen Begriff »hygge«, der behagliche Wärme und stimmungsvolle Gemütlichkeit einschließt. Weil »hygge« den Dänen sehr viel bedeutet, haben zum Beispiel die Kerzenzieher zu allen Jahreszeiten Hochkonjunktur. Man sagt den Dänen nach, sie hielten den Weltrekord im Verbrauch von Kerzen.

Wasser, Wind und Sand

Sturm, Wind und hohe Wellen machen den Menschen im hohen Norden oft das Leben schwer. Hoch aufgetürmte *Dünen* wandern und begraben gnadenlos die spärliche Vegetation und manchmal auch

Vorhergehende Abbildung:

77 Auch Dänemarks nördlichste Stadt Skagen hat ihr eigenes Freilichtmuseum mit schönen alten Bauten wie die Windmühle und das reetgedeckte Haus auf diesem Bild.

78 Die Maler der Künstlerkolonie in Skagen haben den Turm »Lange Maren«, der 3 km südlich der Stadt in den Dünen steht, oft als Motiv gewählt. Die im 14. Jahrhundert erbaute Laurentiuskirche, zu der der Turm gehörte, versandete im 18. Jahrhundert und mußte deshalb abgerissen werden.

Folgende Abbildung:

79 Der malerische Fischerhafen von Skagen in Nordjütland ist ein beliebtes Touristenziel. In den alten Häusern gibt es eine ganze Reihe von Ferienwohnungen.

Anne Marie
Jyllinge

Gebäude, die auf ihrem Wege stehen. Viel Mühe und hohe Summen kosten die Versuche, die Dünen durch Begrünung mit genügsamen Pflanzen zum Stillstand zu bringen. Die mächtige *Råbjerg Mile* an der *Westküste* südlich von Skagen ist eine etwa 35 Meter hohe und zwei Kilometer lange Düne, die Jahr für Jahr acht bis zehn Meter in Richtung Osten wandert. Sie steht seit langem unter Naturschutz, das Betreten ist aber nicht verboten. Nur drei Kilometer südlich von Skagen an der *Ostküste* begrub eine Düne die im 14. Jahrhundert erbaute *Laurentiuskirche*. Sie mußte im Jahre 1795 geschlossen werden, das Kirchenschiff wurde 1810 abgerissen, nur der Turm, heute vom Volksmund »Lange Maren« genannt, blieb stehen und reckt sich zwischen hohen Sandbergen einsam gen Himmel. Touristenattraktion und Fotomotiv, das sind seine Rollen heute.

An den endlos scheinenden Stränden des hohen Nordens flattert zumeist die blaue Umweltflagge als Garant für sauberes Badewasser. Die mit Tourismus und Umweltschutz befaßten Stellen versichern, ihr Bestes zu tun, um die Gewässer sauber zu halten, angefangen beim kleinsten Bach bis hin zum weit ausladenden *Limfjord*, einem Bindeglied zwischen *Skagerrak* und *Kattegat*. Ein gut ausgebautes Fahrrad- und Wanderwegenetz lädt den Urlauber ein, das Auto stehenzulassen, sich umweltfreundlich mit Körperkraft fortzubewegen. Von den rund eineinhalbtausend *Windrädern*, die in Dänemark in jüngster Vergangenheit gebaut wurden, um die abgasfreie Stromerzeugung zu forcieren, drehen sich besonders viele an Nordjütlands Westküste, an der es jahrein, jahraus fast immer kräftig bläst. Wenn ein Sturm den Meeresboden aufgewühlt und allerlei Strandgut an die Küste geschwemmt hat, stellen sich regelmäßig zahlreiche Glücksritter ein, die sich geduldig nach jedem gelben Steinchen bücken, in der Hoffnung, einmal ein gutes Stück *Bernstein*, das »Gold des Nordens«, in Händen zu halten.

Frederikshavn und Læsø

Die größte Stadt nördlich des *Limfjords*, *Frederikshavn*, ist mit ihren rund 35 000 Einwohnern doch eher eine geruhsame Kleinstadt mit einem recht lebhaften Hafen, der schon im Mittelalter als Fischerhafen Bedeutung hatte. Während des Dreißigjährigen Krieges wurde er sogar zur Festung ausgebaut. Die Zitadelle gibt es seit über hundert Jahren nicht mehr. Nur ein mächtiger runder *Pulverturm* ist erhalten geblieben. In ihm wurde ein *militärhistorisches Museum* eingerichtet. Sehenswert ist auch die von Wallensteins Truppen gebaute nördliche *Schanze*. Vor der Verleihung der Stadtrechte durch König Frederik VI. im Jahre 1818 hieß der Fischerort *Fladstrand*.

Fischfang und Fischverarbeitung spielen in der Wirtschaft der Stadt Frederikshavn heute noch eine wesentliche Rolle. Vom Hafen aus verkehren aber auch die großen *Fähren* nach *Göteborg*, *Larvik*, *Moss* und *Oslo* und zur dänischen *Insel Læsø* im *Kattegat*. Letztere lockt während der Sommermonate vor allem die großen Individualisten und Liebhaber der Einsamkeit an. Ungewöhnlich sind die mit Seetang gedeckten alten Katen, deren Dächer an bemoostes Urgestein erinnern, zur Freude von Malern und Fotografen. Ihre Entstehungsgeschichte aber ist ganz und gar prosaisch: Jahrhundertelang lebten die Inselbewohner zum großen Teil von der Salzgewinnung. Sie plünderten hemmungslos ihre Wälder, um mit dem Holz die Siedekessel zu heizen, und sie bemerkten zu spät, daß sie eine Umweltkatastrophe heraufbeschworen. Nachdem die Wälder vernichtet waren, versandete die Insel so sehr, daß die Insulaner nicht einmal mehr das Reet für

80 Im Hafen von Skagen: Seebär mit Rauschebart.

die Dächer ernten konnten. Die Not zwang sie, als Ersatz Seetang aus dem Meer zu verwenden. Als sie viel zu spät ihre Fehler erkannten, begann die mühselige Arbeit der Aufforstung. *Læsø* ist heute wieder mit Wäldern gesprenkelt, und die Inselbesucher finden die Dächer der Not romantisch.

Mit zahlreichen Liegeplätzen für Freizeitkapitäne lockt *Frederikshavn* auch viele Gäste an, die ihren Urlaub auf eigenen Booten verbringen und nur zu Besichtigungen an Land gehen. Man findet die Besucher im alten Stadtteil *Fiskerklyngen* mit seinen schönen Häusern aus dem 17. Jahrhundert oder auf *Sognefogedgården*, einem in ursprünglicher Form erhaltenen *Schulzenhof* aus dem 18. Jahrhundert, oder in den *Eisenzeitkellern* am *Gærumvej*. Lohnendes Ziel ist auf alle Fälle das *Herrenhaus Bangsbo*, in einem riesigen Wald- und Parkgelände nur drei Kilometer südwestlich von Frederikshavn gelegen. Das dreiflügelige Gebäude ist *Museum* und beherbergt Galionsfiguren, Schiffsmodelle, Gemälde mit maritimen Motiven und als Hauptattraktion das *»Ellingåschiff«*, ein mittelalterliches Handelsschiff, das sein Vorbild, die Wikingerschiffe, nur unschwer verleugnen kann. In *»Boolsens Steingarten«* nahe beim Herrenhaus wurden behauene Steine aus verschiedenen Epochen der Geschichte zusammengetragen: Grenzsteine, Mahlsteine, Taufsteine und andere – über tausend Exemplare insgesamt.

Vier Kilometer südwestlich außerhalb Frederikshavns erhebt sich der 58 Meter hohe besteigbare *Cloosturm.* Einen prachtvollen Ausblick auf Frederikshavn und dessen Umland sowie das Meer gewähren auch die *Pikkerbakken,* die »Pickerhügel«, die sich unweit südlich des Herrenhauses Bangsbo erheben. Hier kann man, nach der Fülle musealer Eindrücke, seine Gedanken ordnen und das zuvor Gesehene im Geiste verarbeiten.

Zwischen Kattegat, Skagerrak und Limfjord

Bevor man quer durch die Landschaft *Vendsyssel*, die man auch Dänemarks »Sandkiste« nennt, zu den breiten Stränden der *Jammerbucht* fährt, sollte man am *Kattegat* den Fischer- und Badeort *Sæby* nicht auslassen. Man fragt sich verwundert, wie ein so kleiner Ort zu einer so prachtvollen *gotischen Kirche* mit Kreuzgewölben und herrlichen *Fresken* aus dem 16. Jahrhundert kommt. Die Antwort: St. Marien gehörte zu einem Kloster, das nicht mehr existiert.

Auf dem Weg zur Skagerrakküste ist die Stadt *Hjørring*, Hauptort der »Sandkiste«, nahezu ein Muß für den Besucher. Fast vier Jahrhunderte lang wurden auf dem Hügel im Ortskern Thing-Versammlungen abgehalten. Die drei mittelalterlichen *Kirchen* sind Zeugen der einstigen Bedeutung, die reich verzierten *Fachwerkhäuser* lassen Wohlstand erkennen. Die Hafenstadt *Hirtshals* dagegen hat fast gar keine Geschichte. Mit dem Bau des *Hafens*, von dem aus *Fähren nach Kristiansand* in Norwegen verkehren, wurde erst im Jahre 1919 begonnen.

So breit und fest ist der Strand zwischen den beliebten Badeorten *Løkken* und *Blokhus* am *Skagerrak*, daß man auf ihm mit dem Auto fahren kann und darf. In der als Schiffsfriedhof berüchtigten *Jammerbucht* schoben sich in grauer Vorzeit riesige Nadelholzwälder weit ins Meer hinaus. So kommt es, daß bis in die Gegenwart noch reichlich zu Bernstein mutiertes Baumharz an Land gespült wird. Die Probleme in dieser Bucht haben vor allem einen Namen: Flugsand. Wer diese Widrigkeiten verstehen möchte, findet Anschauungsmaterial im ehemaligen Leuchtturm auf dem Steilufer *Rubjerg Knude*, der selbst Opfer des Problems ist. Im nahen Hinterland der beliebten Seebäder lohnen sich die Abste-

81/82 Dünenlandschaft auf der Halbinsel Grenen, Dänemarks nördlichstem Zipfel zwischen Skagerrak und Kattegat. Für Radfahrer gibt es im hohen Norden viele gut ausgebaute Wege.

Folgende Abbildungen:

83 Südlich des Fischerortes Lønstrup, an der Nordseeküste der Landschaft Vendsyssel, liegt die hohe Wanderdüne Rubjerg Knude.
Im ehemaligen Leuchtturm ist ein Museum eingerichtet, das über Ursachen und Folgen von Flugsandbewegungen informiert.

84 Fischer bei der Arbeit.

85 Fischerkate am Ringkøbing Fjord.

86 Zum Trocknen aufgehängte Plattfische.

81 | 82

87 | 88

87 Auf Dänemarks nördlichster Insel Læsø im Kattegat sind die Dächer vieler alter Häuser mit Seetang gedeckt. In zwei Naturschutzgebieten finden zahlreiche Seevögel Ruhe und Sicherheit für die Aufzucht ihrer Jungen.

88 Die kleine Insel Frederiksø gehört zur Inselgruppe »Ertholmene« nordöstlich von Bornholm. Im »Lille Tårn«, dem »Kleinen Turm«, ist heute ein Museum untergebracht.

cher zu den *Hügelgräbern* in der Umgebung von *Brønderslev*, etwa sechzig an der Zahl; oder zum ehemaligen *Prämonstratenserkloster Borglum*, das bis ins 12. Jahrhundert Königshof war und im 18. Jahrhundert zu einem *Barockschloß* umgebaut wurde. Weiter südlich, in *Fjerritslev*, kann ein *Museum der Braukunst* in den Gebäuden einer alten Brauerei die Freunde des Gerstensaftes fesseln. Hier beginnt aber auch eine landschaftlich reizvolle Strecke zu mehreren kleinen Binnenseen bis hinunter zur *Bucht von Thisted* am *Limfjord*. Einer der bedeutendsten Schriftsteller Dänemarks, Jens Peter Jacobsen, wurde 1847 in der Stadt Thisted geboren. Auf dem alten *Friedhof* neben der Kirche liegt er begraben.

Der *Limfjord*, der sich von West nach Ost über 180 Kilometer erstreckt, ist berühmt für seine landschaftliche Schönheit. Malerische Inseln, ruhiges Wasser, gut ausgestattete *Yachthäfen* haben das Gewässer vor allem für Segler zur Attraktion gemacht. Schmal sind die Einfahrten, im *Osten* bei *Hals* ebenso wie im *Westen* bei *Thybøren*. Deiche und Buhnen schützen die *Landzunge von Agger* vor dem »Blanken Hans«.

Der Ort *Vestervig*, nur wenig östlich von Agger, ist ein Opfer der Kräfte der Natur geworden: Schon im ausgehenden Mittelalter – kein Einzelfall in dieser Region, die dem ständigen Wechselspiel von Verlandung und Erosion ausgesetzt ist – versandete der lebensnotwendige Hafen. Im 11. Jahrhundert residierte hier, wo heute gerade einmal knapp tausend Leute leben, der Bischof, der für alle Seelen der gesamten Halbinsel Vendsyssel zuständig war. Nur noch die für das Dorf vermeintlich viel zu groß geratene *Kirche* erinnert an die einstige Blütezeit. In den zwanziger Jahren befreite man die *dreischiffige Basilika* im Zuge gründlicher Restaurierungen von den zahlreichen Umbauten, die sie im Lauf der Jahrhunderte erfahren hatte. Unter den *romanischen Grabsteinen*, die sie in ihrem Inneren beherbergt, findet sich auch der älteste inschriftlich datierte Dänemarks aus dem Jahr 1210.

Bizarre Moränenlandschaften, von Eiszeitgletschern zernagte steile Felsabstürze, lauschige Dörfer mit architektonischen Meisterwerken: Es gibt viel zu sehen am und im Fjord, den im übrigen auch unzählige Wat- und Wasservögel für ihr Paradies zu halten scheinen.

Von den vielen Inseln im Fjord ist *Mors* die mit Abstand größte. Wer sie nicht mit einer Fähre wahlweise über den *Feggesund* oder den *Neessund* erreichen will, kann auch eine der beiden Brücken, im Norden über den *Vilsund* und im Süden über den *Sallingsund*, benutzen. An letzterem liegt auch der Hauptort *Nykøbing Mors*, Geburtsort des Schriftstellers Aksel Sandemose. Über die Inselgeschichte informiert am raschesten das in einem restaurierten Flügel des ehemaligen *Johanniterklosters Dueholm* untergebrachte *Historische Museum von Mors*. Die eindrucksvollsten Naturschönheiten (was aber keine Abwertung des sehenswerten *Jesperhus Blomsterparks* unweit südlich von Nykøbing mit über 500000 Pflanzen und einem exotischen Aquarium bedeuten soll) konzentrieren sich im Norden des Eilandes: die 65 Meter hohe, steil zum Meer abfallende und fossilienreiche Felsformation des *Hanklit* und – auch zum Gruseln – der *Feggeklit*, an der nördlichsten Spitze von Mors: denn der Sage nach tötete dort der Wikingerprinz Hamlet seinen Stiefvater, König Fegge.

Auf der Landzunge, die sich zwischen *Klitmøller* und der *Vigsø-Bucht* in die Nordsee vorschiebt, öffnet sich noch ein Tor zur Welt: *Hanstholm*, Fähr- und Fischerhafen, wo die Passagen zu den *Shetlands*, den *Färöern* und nach *Island* beginnen und die Hochseetrawler ihre Beute aus fernen Gewässern anlanden.

Drik
Coke
Drik
Coca-Cola
REG. VAREMÆRKE
Drik
Coke
Drik
Coca-Cola
Drik
Coke
Coca-Cola
Coke
Coke

INDGANG

Der Hamburger Dichter Hans Henny Jahnn, der sechzehn Jahre lang auf *Bornholm* gelebt hat, Dänemarks östlichster Insel, die wie ein isolierter Mikrokosmos im scheinbar grenzenlosen *Mare Baltico* schwimmt, beschreibt das Verhältnis zwischen Wasser und Land mit den folgenden Worten: »Das Meer wird zur zweiten Landschaft, es liegt tief unter den Hügeln.« Wo immer man auf dieser Insel an der Küste in die Ferne schaut, breitet sich diese zweite Landschaft bis zum Horizont vor den Augen aus – blaugrün, grau oder weiß schäumend, je nach Wetter. Nur im Norden gibt es ein paar Ausnahmen: In nordöstlicher Richtung sind drei kleine Inseln, die *Ertholmene*, die »Erbseninseln«, mit einigen Schären und Klippen verankert. Und von den höchsten Punkten fällt der Blick bei ganz klarer Sicht auf die schwedische Küste, die nur etwa vierzig Kilometer entfernt liegt. Von dort aus drohte der Insel im Lauf der Geschichte am häufigsten Gefahr. Die *Burg Hammershus*, die im 13. Jahrhundert auf einem hohen Felsplateau am Nordzipfel gebaut wurde, war für die jeweils Herrschenden das Bollwerk gegen die Angreifer von See. Erst seit 1660 gehört Bornholm unverändert zu Dänemark. Die feste Burg wurde mehrfach zerstört und wiedererrichtet. Übrig blieb nur eine Ruine, Ausflugsziel fast aller Bornholm-Urlauber.

Im Spätfrühling, wenn sich zur Zeit der Rapsblüte die sanft gerundete Landschaft mit leuchtend goldgelben Tüchern bedeckt, kann man sich wohl am ehesten in Bornholm verlieben. Dann strahlt der riesige Granitbrocken, der in grauer Vorzeit vom schwedischen Festland getrennt wurde, fast südländische Heiterkeit aus und zieht seine Anhänger nach der Winterpause wieder in Scharen an. Das ungewöhnlich *milde Mikroklima* trägt mit dazu bei, daß sich Bornholm als Urlaubsinsel so großer Beliebtheit erfreut. Erst wenn man die *Feigenbäume* und *Rebstöcke* mit eigenen Augen gesehen hat, wird man überzeugt, daß die Sonne es mit Bornholm besonders gut meint und die Fröste im Winter weniger Biß haben als anderswo üblich am fünfundfünfzigsten Breitengrad. Zugegeben, die für südlichere Breiten typischen Pflanzenkinder werden von den Inselbewohnern an besonders geschützten Stellen gehätschelt. Einem Glas Bornholmer Spätlese aber kann man die Achtung nicht versagen, sollte man das Glück haben, von Einheimischen einmal zur Weinprobe eingeladen zu werden.

Inselhauptstadt Rønne

Der größte Strom der Besucher aus Deutschland und den benachbarten Ländern schwappt mit den Fähren aus Travemünde in der Lübecker Bucht und Saßnitz auf Rügen in den *Hafen* von *Rønne*, der Inselhauptstadt. Sie hat zwar den größten Fährhafen, aber nichts Weltstädtisches; nur gut 15 000 Einwohner leben in ihr. Die Atmosphäre ist eher kleinstädtisch beschaulich. Im Stadtkern dominieren *Fachwerkhäuser* an kopfsteingepflasterten Straßen das Bild.

Die Wunden, die Rønne am Ende des Zweiten Weltkrieges durch Bomben geschlugen wurden, sind vernarbt. Auf rund tausend Jahre Geschichte kann der Ort zurückblicken. Sie begann mit einer Fischersiedlung; und der Fischfang war über Jahrhunderte eine der wichtigsten Einahmequellen der Bewohner. Im 16. Jahrhundert machten ihnen die Schiffe der mächtigen Hanse das Leben schwer, und die Lübecker warfen sich schließlich sogar fünfzig Jahre lang zu Herren auf. Mit dem Zusammenbruch des Ostseehandels verlor auch Rønne an Bedeutung, die erst im 18. und 19. Jahrhundert nach der Einführung von Keramik- und Uhrenherstellung wieder an-

Vorhergehende Abbildung:

89 In dieser Räucherei im Fischerort Svaneke an Bornholms Ostküste verwandeln sich silbrige Heringe in goldene »Bornholmer«.

90 Blick auf den Hafen und die Kirche von Rønne, der größten Stadt auf Bornholm, die zugleich Inselhauptstadt ist. Von hier fahren Fähren nach Travemünde und Saßnitz auf Rügen.

91 Erholung bietet der Balka-Strand auf Bornholm.

90|91

92 Die Insel Bornholm ist berühmt fü ihr mildes Mikroklima, das eine üppige Vegetation zuläßt wie in diese Garten in Melsted.

93/94 In allen Küstenorten auf Bornholm sieht ma Bilder wie diese: Fischerboote im Hafen und Fischer bei der Arbeit.

93 | 94

stieg. Mit der wechselhaften Geschichte kann der Besucher sich im kleinen *Verteidigungsmuseum* bekanntmachen. Das *Ganggrab* aus der *Jungsteinzeit*, in unmittelbarer Nähe des kleinen *Flughafens* gelegen, die *St.-Nikolai-Kirche* im Zentrum und der runde *Festungsturm* der ehemaligen *Zitadelle* bezeugen den weit gespannten Bogen der Stadtgeschichte. In Rønnes vornehmster Straße, der *Storegade*, in der wohlhabende Reeder, Kaufleute und Beamte wohnten, stehen die schönsten *Fachwerkhäuser*. In der Sommersaison können Besucher, die über Rønne alles ganz genau wissen wollen, an einmal wöchentlich durchgeführten Führungen teilnehmen. Da wird man auf Dänemarks ältestes *Theater* ebenso aufmerksam gemacht wie auf die *Maulbeerbäume* im schönen Garten des *Kommandantenhofes* oder den einstigen *Bürgermeisterhof*, in dem die Bornholmer zu Beginn ihres Befreiungskampfes im Jahre 1658 den schwedischen Oberst Printzenskjöldt gefangenhielten und schließlich töteten.

Wechselvolle Vergangenheit

Die Inselbewohner konnten ihren Kampf 1660 siegreich beenden. Und von da an blieb der 588 Quadratkilometer große Landbrocken im Meer vor der Südostspitze Schwedens, der so lange Spielball verschiedener Mächte war, fest in dänischer Hand. Daß er schon in der Steinzeit besiedelt war, beweisen die vielen *Grabhügel* und *Großsteingräber*. Das germanische Volk der Burgunder, das später zwischen Oder und Weichsel und noch später im heutigen Frankreich siedelte, soll die Insel bis etwa zweihundert Jahre vor der christlichen Zeitrechnung im Griff gehabt haben und Namensgeber sein: Bornholm, abgeleitet von *Burgundarholm* mit der Bedeutung »Insel der Burgunder«. Ganz sicher sind sich die Historiker in diesem Punkt allerdings nicht. Mächtige Burgen und wehrhafte *Rundkirchen* bezeugen, daß die Einheimischen oft gegen Aggressoren zu kämpfen hatten. Im 12. Jahrhundert war Bornholm Teil des *Erzbistums Lund*. Über die Ostsee kamen immer wieder wendische Seeräuber und später die schon erwähnten Hanseaten.

Von den inseltypischen, trutzigen *Rundkirchen*, in denen die Inselbewohner in friedlichen Zeiten das Lob Gottes sangen und bei Gefahr Zuflucht suchten, sind vier erhalten geblieben. Sie stammen aus dem 11. und 12. und 13. Jahrhundert, stehen unter Denkmalschutz und sind heute Bornholms markanteste Wahrzeichen. So mancher Kunst- und Kulturbeflissene macht sich allein dieser außergewöhnlichen Gotteshäuser wegen auf die Reise nach dieser Insel. Startet man von *Rønne* aus in Richtung Norden zu einer Rundkirchentour, stößt man nach nur sechs Kilometern in *Nyker* auf die *Ny Kirke*, das kleinste und zugleich jüngste, Ende des 13. Jahrhunderts errichtete Bauwerk dieser Art. Das Tonnengewölbe im Inneren ruht auf einem imposanten Mittelpfeiler. Für die schönen Kalkmalereien mit den Motiven Christi Grablegung, Auferstehung und Himmelfahrt wurden nur grüne, gelbe und hellbraune Farben verwendet. Im ehemaligen *Waffenhaus*, das an die Verteidigungsfunktionen der Kirche erinnert, sind einige sehenswerte Fragmente von *Runensteinen* ausgestellt. Das schindelgedeckte Kegeldach ist eine Neuerung aus dem 17. Jahrhundert. Wahrscheinlich gab es auf dem ursprünglichen Dach Verteidigungsanlagen.

Ganz im Norden, nur wenige Kilometer südlich des früher bedeutenden Fischereihafens, heute dagegen wichtigsten Fremdenverkehrsortes *Allinge* steht die *Ols Kirke*, die mit ihrem dreißig Meter hohen Rundschiff an einen Festungsturm erinnert. Die dem heiligen Olaf geweihte

95 Die Rundkirche von Østerlars, die dem heiligen Laurentius geweiht ist, wurde schon im 11. Jahrhundert erbaut. Sie ist die größte unter den vier auf Bornholm erhalten gebliebenen Rundkirchen.

Kirche wurde Anfang der fünfziger Jahre sorgfältig restauriert.

Die größte der vier Rundkirchen, die schon im 11. Jahrhundert erbaut wurde, liegt am südlichen Ortsrand von *Østerlars*, sechs Kilometer landeinwärts vom Küstenort *Gudhjem*. Besonders auffallend ist das Rippengewölbe im hohlen Mittelpfeiler. Diesen kleinen Raum, der durch Arkaden mit dem großen Schiff verbunden ist, nennt man den *»Ofen«*. Szenen aus dem Leben Jesu Christi und eine Darstellung des Jüngsten Gerichts schmücken die ringförmige Wand des »Ofens«.

Zur Besichtigung der vierten Rundkirche begibt man sich wieder in Richtung *Rønne*, und zwar auf der Hauptverbindungsstraße Nr. 38 zwischen *Neksø* und der Hauptstadt. Die *Nylars Kirke* in *Nylarsker*, die man so erreicht, gilt als die am besten erhaltene Rundkirche. Das Rundschiff hat drei Stockwerke, von denen das dritte früher Wehrgang war. Die Schießscharten in der Brustwehr wurden allerdings zugemauert, als man der Kirche im Mittelalter das Kegeldach aufsetzte. Die Kalkmalereien am Mittelpfeiler stellen die Erschaffung von Adam und Eva, den Sündenfall und die Vertreibung aus dem Garten Eden dar.

Einige andere architektonisch interessante Kirchen auf der Insel haben es schwer, bei den Besuchern neben den Rundkirchen noch Beachtung zu finden. Hierzu gehören das größte mittelalterliche Gotteshaus auf Bornholm in *Åkirkeby* mit seinem romantischen Taufbecken und die Steinkirche in *Hasle* mit ihrem Fachwerkturm. Großen Zuspruchs dagegen erfreuen sich während der Sommersaison die zahlreichen *Kirchenkonzerte*. International bekannte Solisten und Orchester bringen Jahr für Jahr vor allem klassische Musik zu Gehör, aber auch Werke aus anderen Sparten der Tonkunst wie Jazz und Rock.

Wälder, Klippen, Strände

Der herrliche *Wald von Almindingen* im Herzen der Insel, Dänemarks drittgrößter Staatsforst mit einem gemischten Bestand aus Laub- und Nadelbäumen, mit zahlreichen kleinen Mooren, Seen und vielseitiger Flora – Wanderers und Radfahrers Traumland schlechthin für das Seelenbad im Grünen –, bietet sich an zum Entspannen nach jeder Kulturtour. Mitten im Wald erhebt sich der höchste Berg, der *Rytternægten*, bis 162 Meter zuzüglich Aussichtsturm. Selbst in den Stoßzeiten der Sommerferien, wenn an den schönsten Stränden das Leben quirlt und es auf den Panorama-Küstenstraßen auch zu Stop-and-go kommen kann, bleibt der Forst eine Oase der Stille.

Schöne Waldgebiete gibt es auch im Norden, im Hinterland der Strände und steilen Granitbuchten, nur wirken sie struppiger, zerzauster, weil die Bäume Wind und Sturm stärker ausgesetzt sind. Malerische *Kliffs* wie *Jons Kapel* zwischen *Hasle* und *Hammershus*, die von Gletschern polierten Granitbuckel bei *Madseløkke*, die von der Brandung bizarr geformten Felsen an der *Hammerodde* sind verlockende Ziele für alle, die auf Bornholm nicht nur im Sand die Sonne anbeten wollen. Idyllische kleine *Fischerhäfen*, in denen auch die schmucken Yachten der Freizeitkapitäne geschützte Liegeplätze finden, bieten hinreißende Motive für Film- und Foto-Fans.

Was Einheimische und Gäste scherzhaft als »Côte d'Azur« betiteln, beginnt an der Nordostküste unmittelbar hinter der *Osand Bugt*: *Sandvig*, *Allinge*, *Sandkås*, *Tejn* – hübsche Ferienorte über der Klippenküste, die fast ineinander übergehen, mit viel Fachwerk an winkligen Gassen. Seit Jahrzehnten ziehen sie immer wieder Maler, Bildhauer und andere Künstler und Kunsthandwerker in ihren Bann. Edvard Weie, Olaf Rude, Olaf

96 Kleine Seen, Moore und eine artenreiche Vegetation machen den Wald von Almindingen im Zentrum von Bornholm zu einem Paradies für Naturfreunde.

97 Romantisch anmutende Ferienhäuser ducken sich hinter den feinsandigen Stränden im Süden und Südosten von Bornholm in die Kiefern- und Erlenwäldchen, die dem Treibsand Einhalt gebieten.

29

99 | 100

°8 Der Fischerort
Gudhjem liegt an
ornholms felsiger
Nordostküste.
Deshalb sind auch
ie verwinkelten
Gassen teilweise
echt steil, und für
den Bau des Hafen-
beckens mußten
elsen weggesprengt
verden.

°9/100 Auf einem
elsplateau an der
Nordspitze der Insel
teht die Ruine der
inst mächtigen
urg Hammershus,
nd in den nahe-
elegenen Buchten
iehen sich glatt-
olierte Felsen
is zum Wasser
inunter.

101 | 102

Høst, Niels Lergaard und viele andere gehören zur sogenannten Bornholmer Schule. Sie präsentieren sich in einem neuen *Kunstmuseum*, das im Jahre 1993 nördlich von *Gudhjem* eröffnet worden ist. Die bäuerliche Kultur dagegen kann man in dem nur drei Kilometer südlich des Ortes gelegenen *Freilichtmuseum Melstedgård*, einem inseltypischen *Fachwerkgehöft*, studieren.

Genüsse für Augen und Magen

Wer hebt sich nicht gern die feinsten Leckerbissen bis zuletzt auf – zum Beispiel *Svaneke*, ein Fischerstädtchen wie aus dem Bilderbuch mit Fachwerkhäusern und Kaufmannshöfen, denen man die bedeutende Vergangenheit ansieht, in der die Heringsfischerei noch große Gewinne abwarf und die Geschäfte mit den Hansekaufleuten florierten – ein Musterbeispiel der Stadterhaltung, Ergebnis der intensiven Bemühungen seiner Bürger seit rund fünfzig Jahren. Vor Veränderungen durch den Tourismus schützt man sich durch Verzicht auf Ferienwohnungen und -häusern. Nur in zwei kleinen, traditionellen Hotels am *Hafen* hat der Besucher eine Chance unterzukommen. Nirgendwo sonst auf der Insel sind die Häuser so farbenfroh, haben die üppigen Kerzen der *Stockrosen* größere Blüten, gedeihen mehr *Feigenbäume* im milden Mikroklima. Zwei alte *Windmühlen* in der Umgebung komplettieren das Romantikbild: die *Bockwindmühle* aus dem 17. Jahrhundert auf dem *Møllebakke* und die ein wenig landeinwärts gelegene *holländische Galeriemühle*. Noch einen Katzensprung weiter in Richtung *Østermarie* hat sich eine Schar von *Bautasteinen*, Gedenkmonumenten aus der Wikingerzeit, in einem lichten Hain versammelt und mit mystischer Atmosphäre umgeben.

Weil der Heringsfang in *Svaneke* eine so bedeutende Rolle spielte, gibt es natürlich auch eine besonders große *»Røgeri«* mit fünf schlanken Kaminen auf pyramidenförmigen Basen, in denen die zarten Ostseeheringe im Erlenholzrauch ihre silberne Farbe in Gold verwandeln und als unwiderstehlich duftende, triefende *»Bornholmer«* wieder zutage kommen. Allein bei dem Gedanken daran lecken sich Inselliebhaber genüßlich die Lippen. Nirgendwo schmecken die noch warmen *»Røged«* köstlicher als direkt bei der Räucherei, am nackten Holztisch, Bissen für Bissen mit den Fingern in den Mund gestopft.

Zum Glück recken sich auf Bornholm noch in vielen Orten die charakteristischen Räucherkamine in den Himmel. So auch in *Årsdale* und *Neksø* auf dem Wege nach Süden in Richtung *Snogebæk*, wo Bornholms schönster Strand beginnt und sich als breites, helles Band um das *Kap Dueodde* windet. Superlative wie Traumstrand und Paradies wirken nicht übertrieben. Vor einem Grüngürtel aus Kiefern und Erlen, zum Schutz vor Flugsand gegen Ende des vorigen Jahrhunderts angelegt, staffeln sich Dünenketten, feinsandig und fast weiß wie an tropischen Meeren.

Die vielen Ferienhäuser, die hier den Sonnenanbetern und Strandläufern Obdach gewähren, ducken sich rücksichtsvoll ins Grün. So bleibt die Illusion von einem Stück heiler Natur, über dem sich allerdings in der Hauptreisezeit der penetrante Geruch von Grillwürstchen und Sonnenschutzöl wie eine Wolke ausbreitet. Über gut fünfundzwanzig Kilometer erstreckt sich der Traumstrand zwischen *Balka* und *Boderne*. So fein ist der Sand, der heute durch die sonnenbraunen Hände der Sommerfrischler rinnt, daß er vor der Industrialisierung bedeutendes Exportgut der Insel war und in vielen Ländern dieser Welt durch die Stundengläser der Uhren und aus den Streusandbüchsen auf die nasse Tinte rann.

101/102 In Neksø, dem größten Bornholmer Fischereihafen, werden auch Boote gebaut und repariert. Ein Großteil der angelandeten Fänge wird gleich vor Ort in köstlichen Räucherfisch verwandelt.

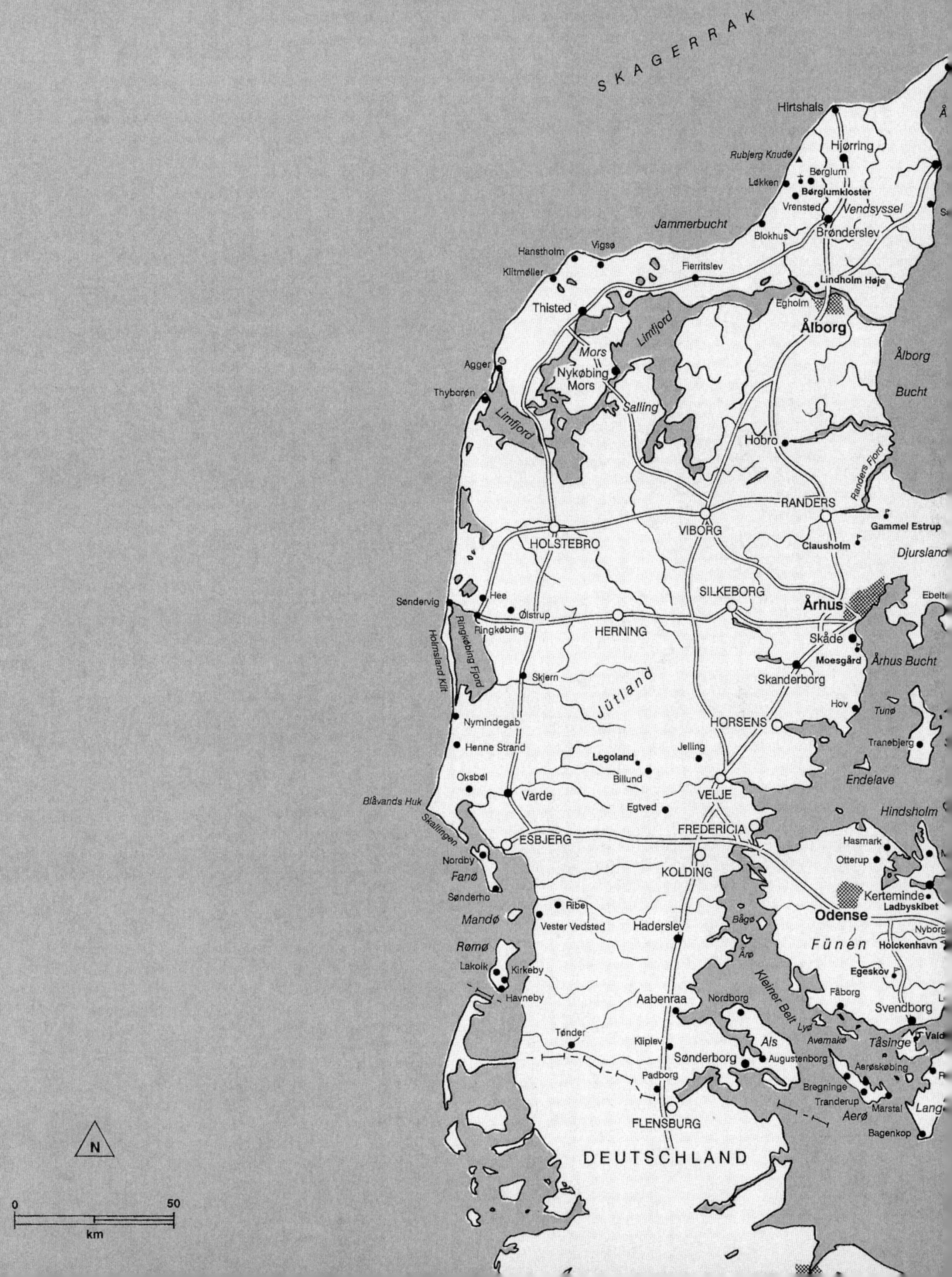

SKAGERRAK
Hirtshals
Hjørring
Rubjerg Knude
Børglum
Løkken
Børglumkloster
Vrensted
Vendsyssel
Jammerbucht
Blokhus
Brønderslev
Hanstholm
Vigsø
Klitmøller
Fierritslev
Lindholm Høje
Thisted
Egholm
Limfjord
Ålborg
Mors
Agger
Nykøbing Mors
Ålborg Bucht
Thyborøn
Salling
Limfjord
Hobro
Randers Fjord
RANDERS
Gammel Estrup
VIBORG
HOLSTEBRO
Clausholm
Djursland
Hee
SILKEBORG
Århus
Ebeltoft
Søndervig
Ølstrup
Ringkøbing
HERNING
Skåde
Holmsland Klit
Ringkøbing Fjord
Moesgård
Århus Bucht
Skanderborg
Skjern
Jütland
Hov
Tunø
Nymindegab
HORSENS
Henne Strand
Jelling
Tranebjerg
Legoland
Billund
Oksbøl
Endelave
Blåvands Huk
Varde
VEJLE
Skallingen
Egtved
Hindsholm
FREDERICIA
ESBJERG
Hasmark
Nordby
Otterup
Fanø
KOLDING
Kerteminde
Sønderho
Ladbyskibet
Ribe
Odense
Mandø
Vester Vedsted
Haderslev
Bågø
Nyborg
Fünen
Holckenhavn
Rømø
Årø
Lakolk
Kirkeby
Kleiner Belt
Egeskov
Havneby
Fåborg
Aabenraa
Nordborg
Svendborg
Lyø
Als
Avernakø
Tåsinge
Tønder
Kliplev
Sønderborg
Augustenborg
Ærøskøbing
Padborg
Bregninge
Tranderup
Marstal
Aerø
FLENSBURG
Bagenkop
N
DEUTSCHLAND
0
50
km

Göteborg
SCHWEDEN
KATTEGAT
Byrum
Anholt
Anholt
Helsingborg
Gilleleje
Esrum
HELSINGØR
Fredensborg
Humlebæk
Hillerød
Rungsted
Hørsholm
Iselfjord
Frederikssund
KOPENHAGEN
Holbæk
ROSKILDE
Amager
Sjaelland
SLAGELSE
Ringsted
Køge
Køge Bucht
NÆSTVED
Højerup
Stevns Klint
Fakse Bucht
Vejrø
Nyord
Elmelunde
Vordingborg
Stege
Liselund
Magleby
Fejø
Femø
Store Klint
Askø
Klintholm Havn
Nørre Alslev
Jægers Høj
Møn
Stubbekøbing
Maribo
Berritsgård
Orebygård
Nykobing Falster
Lolland
Ålholm
Rødby
Falster
Guldborg Sund
Gedser
Rügen
Ertholmene
Sandvig
Hammershus
Allinge
Østerlars
Gudhjem
Hasle
Rytterknaegten
Svaneke
Nyker
Rønne
Akirkeby
Årsdale
Nylarsker
Neksø
Boderne
Snogebæk
Dueodde
Bornholm

Schweden

Peter Mertz

Inhalt

LL321
Sibylla
HAMBURGARE
MJUKGLASS
DRICKA
KORV
STELLA ARTOIS
STELLA ARTOIS
BRASS
SYVERSEN SEGEL

4 | 5

Vorwort

4 **Smögen inmitten des Bohuslän ist im Kontrast zur übrigen Küste sehr mondän und wird deshalb als das St. Tropez des Nordens bezeichnet. Allerlei Jachten und buntes Treiben bevölkern im Sommer die hölzernen Stege.**

5 **Spielende Kinder in den Straßen von Göteborg. Göteborg hat sich zum wirtschaftlichen und gesellschaftlichen Zentrum an der Westküste entwickelt.**

»Hej«, mehr nicht. So knapp kann Herzlichkeit sein. Denn wir sind in Schweden!

Menschen sind der Spiegel der Landschaft, auch wenn die Natur die Dimension bestimmt. Neben all den gewaltigen Eindrücken von Landschaft, Weite und Stille bleibt die Freundlichkeit und Offenheit der schwedischen Menschen als unerwartetes Erlebnis eindrücklich. Man erwartet harte Wikinger, Ebenbilder der Natur, Ausdruck einer rauhen und unwirtlichen Umwelt. Doch spätestens nach der zweiten Begegnung mit der schwedischen Gastlichkeit verliert man dieses Vorurteil.

Die Schweden bleiben in allen Lebenslagen ihrem Land verbunden. Das, was dunkles, aus der Tiefe gestoßenes Urgestein an Seen, Flüssen, Wäldern und Bergen hervorgebracht hat, wird zur gelebten Nationalhymne. Verpackt ist alles in erzroten Holzhütten mit blaugelben Etiketten, die zwischen 100000 Seen, ein paar Dutzend Fjälls und zahllosen Wäldern kunstvoll verteilt sind. Wildnis und Naturechtheit bestimmen Mythos und Stil eines Volkes, das zu leben weiß, wenn es am schönsten ist: Mittsommer heißt das Zauberwort, der Inbegriff des nördlichen »savoir vivre«, das Symbol des Lichts, das die Finsternis überdauert.

Über allem das Licht. Mitternachtssonne, kein Privileg Schwedens, aber dennoch geliebte Attraktion. Das nordische Licht ist auch hier glänzender, prachtvoller, der Himmel blauer, als wir es gewohnt sind. Nur kurz dauert der warme Sommer, um so intensiver erleben ihn die Schweden; der Sommer hat für sie eine besondere Bedeutung: Spätestens Ende Juni hat der schwedische Stadtmensch seine Sommerresidenz bezogen, die »stuga«. Je nach Landschaft oder Örtlichkeit befindet sich diese an der Küste, auf einer Schäre, an einem See oder am Fluß. Für die Sommerhütte, die »zweite Haut« des Schweden, ist die Größe unwichtig, Hauptsache ist die Nähe zum Wasser – jedem Schweden sein Boot, jeder Schwedin ihr Boot und allen Schweden viele Seen.

Schwedens Norden, entstanden als Spielball der Eiszeit, weckt in der Verbindung von Unendlichkeit und irdischer Vergänglichkeit eine seltene Harmonie aus Wasser und Stein, aus Festem und Flüssigem, aus grenzenlosem Licht und betäubender Dunkelheit. 1600 Urstein-Kilometer liegen zwischen Südspitze und Nordgrenze, dazwischen entstand eine Liaison der Elemente, deren kompromißlose Schönheit zu ertragen gelernt sein will und derentwegen natursuchende Großstädter die weite Anreise in den hohen Norden nicht scheuen. Nicht die Natur wurde salonfähig, sondern die Sucht nach Freiheit und Unberührtheit, die den Menschen zwingt, zum einst Vertrauten zurückzukehren. Schweden als Lückenbüßer einer verlorengegangenen mitteleuropäischen Natürlichkeit? Vielleicht!

Der Schwede ist selbstsicher wie seine Natur. Es ist einerseits das Gefühl totaler Überlegenheit, das die Schweden den Ausländern vorleben, ohne überheblich zu werden. Dazu kommt eine unkonventionelle Art der Toleranz gegenüber Klischees, die von Touristen an Schweden herangetragen werden. Jedoch ist auch nicht alles Gold im Wohlfahrtsstaat: Übersozialisierung, Arbeitslosigkeit, ja selbst Umweltverschmutzung sind ebenso Tagespolitik wie im übrigen Europa. Obwohl Einwohnerzahl und Landesgröße in einem gesunden Verhältnis zueinander stehen, lassen sich die Folgen des Wohlstandes nicht leugnen. Das Naturparadies im Norden gerät ins Wanken, wenngleich dies nicht die Natur betrifft.

»Made in Sweden« ist »in« geworden. Nicht die Kiefernmöbel, nicht der Steuerdruck, nicht das Knäckebrot, das ist längst bekannt. Es ist die Gegensätzlichkeit der nordischen Charaktere: die schüchterne und selbstsichere Herzlichkeit der Schweden in einem modernen Industriestaat, der gleichzeitig zum Reservat der letzten großen Wildnis in Europa wurde.

Ein Sommernachtstraum auf schwedisch. – Välkommen!

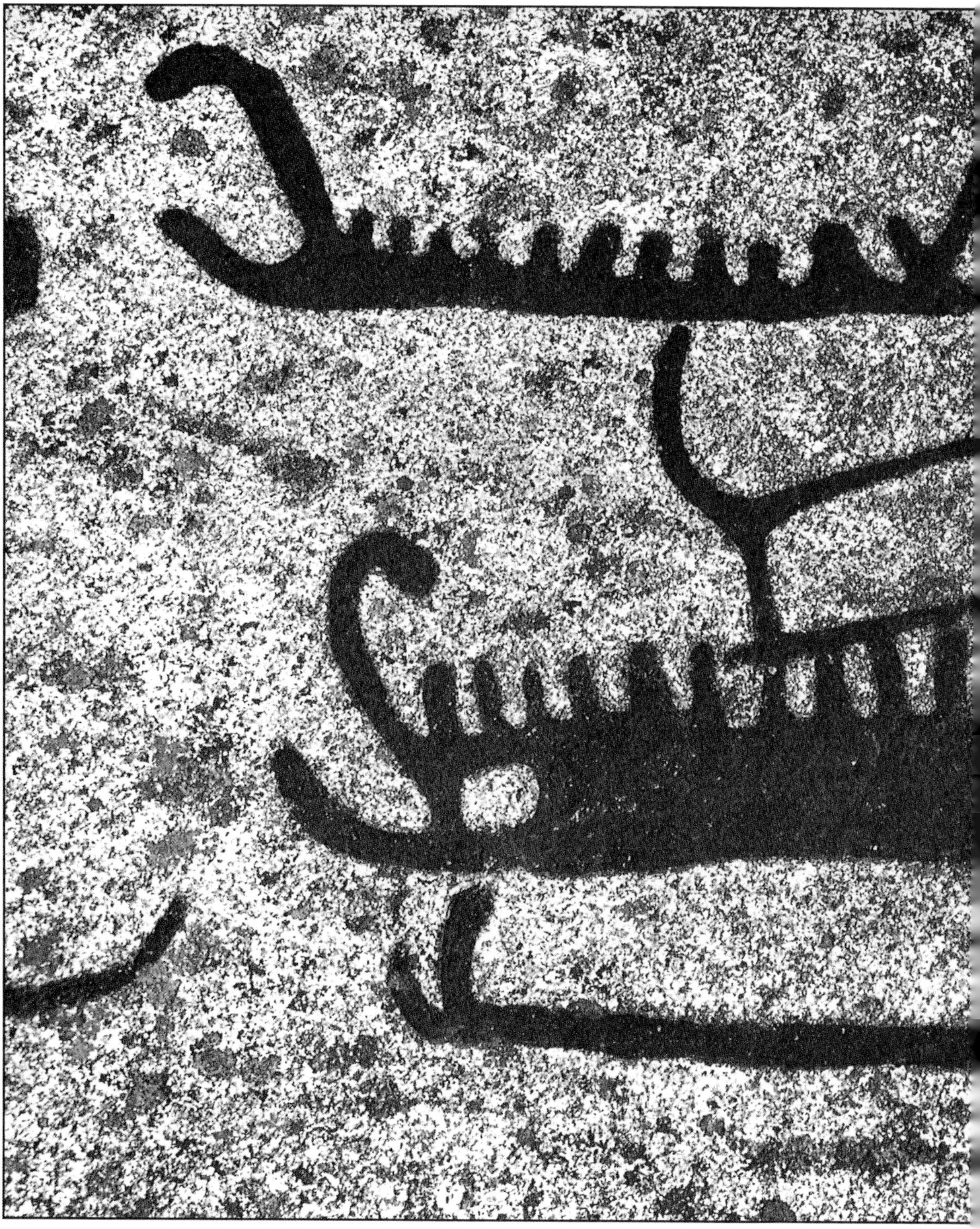

Geschichte und Naturgeschichte

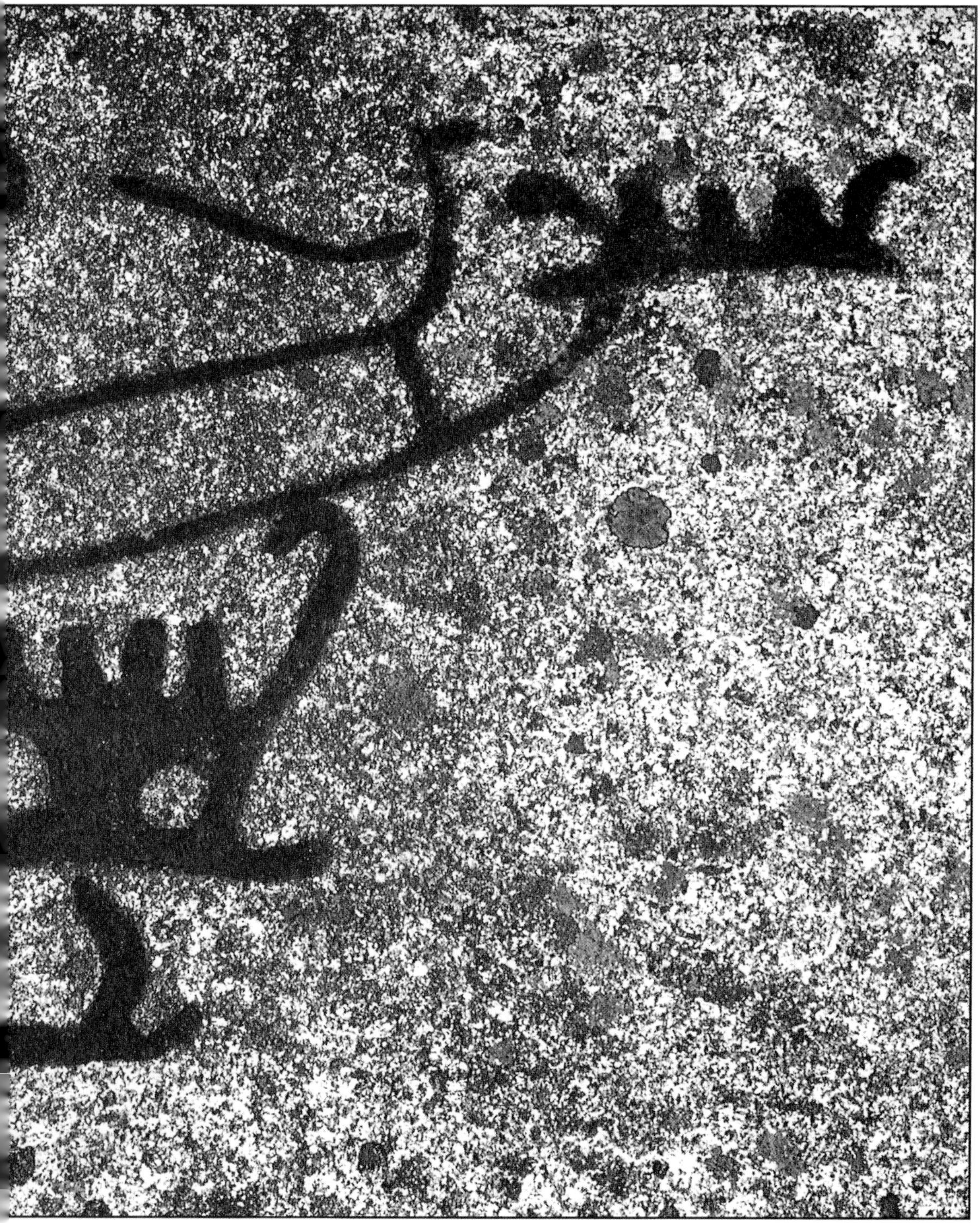

Vom Skagerrak bis zum Polarkreis: Schwedens Geschichte ist die Naturgeschichte

Småland hat mich geboren, Schweden habe ich durchreist. Der Erde 450 Ellen tiefe Eingeweide geschaut, in des Windes Höhen eine Meile emporgestiegen, Sommer und Winter an einem Tag angeschaut und selben Tag darinnen verlebt. Wolken habe ich durchschritten, das Ende der Welt habe ich besucht, der Sonne Nachtherberg geschaut, unter einem Jahr 1000 Meilen zu Lande gewandert.

Carl von Linné, Iter lapponicum

Es ist sieben Uhr morgens, als eine freundliche Stimme auf schwedisch die Fahrgäste an Bord der Stena darauf vorbereitet, daß das Schiff in den Fjord von Göteborg einbiegt. Noch zwei Stunden bis Schweden, doch längst schon wirft das Land seine Vorboten den erwartungsvollen Reisenden entgegen. Schären über Schären steigen aus dem von der Morgensonne golddurchwirkten Meer und künden von der »letzten Wildnis Europas«. Doch diese kahlen Granitinselchen sind nicht nur Zeichen für das beginnende Festland, sie bezeugen heute noch die Entstehungsgeschichte dieser Landmasse. An den Küsten, wo Wellen, Salz und Wind die Vegetation nicht aufkommen ließen, sind die Schären so kahl wie vor 10000 Jahren, dem Ende der Eiszeit.

Schwedens Geburt durch die Eiszeit

Schwedens Geburt ist also gleichzusetzen mit dem Zeitpunkt, als der Eispanzer der letzten großen Eiszeit begann, sich zurückzuziehen und die Landmasse freizugeben. Was darunter lag, war jahrtausendelang überformter Granit als Basis für das Naturreich hoch im Norden Europas. Die Gletscher schufen sowohl die groben Landschaftsstrukturen und die unendliche Anzahl der Seen als auch die Voraussetzung für die Wiesen, Wälder und Fjälls, nämlich den Boden. Durch die Landnahme des Menschen finden wir heute einen bunten Wechsel aus harmonischer Kulturlandschaft im Süden und rauher Naturlandschaft im Norden vor. Der Dimension des Naturraumes und der Größe des Landes ist es zuzuschreiben, daß Schwedens Geschick stets von der Natur geprägt war und ist. So ist es kaum verwunderlich, daß Schweden im Zuge des größer werdenden ökologischen Bewußtseins der letzten Jahre zum Paradies aller Naturfreunde Mitteleuropas wurde.

Die fünf erdgeschichtlichen Regionen

Ist Schweden heute in drei Großregionen mit 25 »Landschaften« unterteilt, so läßt die erdgeschichtliche Aufteilung fünf Regionen entstehen, von denen die älteste und größte fast die gesamte Südhälfte sowie den östlichen Norden umfaßt. Aus dem Erdaltertum stammend, wird das Alter des Gesteines auf über drei Milliarden Jahre geschätzt. Mittelschweden ist etwa 500 Millionen Jahre jünger. Hier liegt im mittelschwedischen Mittelgebirge die Landschaft von Dalarna mit dem Siljansee, die als eine der lieblichsten und reizvollsten Schwedens gilt. Weit jünger sind die Gebirgsregionen. Das Kaledonische Hochgebirge, das an Norwegen grenzt, faltete sich vor rund 570 Millionen Jahren. Das auch als »Skanden« bezeichnete Gebirge beinhaltet die höchsten Berge Schwedens, das Massiv des Kebnekaise (2117 Meter) und die Gipfel des Sarek-Nationalparks (bis 2090 Meter). In den südlicheren Teilen des Gebirges sind große Fjälls angeordnet, so das Saltfjäll oder das Idrefjäll, die beide nach Norwegen reichen. Småland, die Inseln Öland und Gotland sowie Teile von Skåne und Västergötland gehen auf das Silur zurück und sind etwas mehr als 400 Millionen Jahre alt. Die »jüngsten« Landschaften Schwedens finden sich im Südwesten und haben ein Alter von ungefähr 200 Millionen Jahren.

Die Landhebung nach der Eiszeit

Heute noch dauert ein Vorgang an, der aus der Eiszeit stammt und bereits von Carl von Linné 1734 beobachtet und beschrieben wurde. Die massive Eisüberdeckung des gesamten Kontinents, bis 3500 Meter dick, erdrückte die Landmasse förmlich. Nach dem Abschmelzen begann sich Skandinavien wieder zu heben und hat diese Bewegung bis heute noch nicht beendet. Immerhin wird Nordschweden pro Jahr

Vorhergehende Abbildung:

6 Die Felszeichnungen im Bohuslän gehören zu den ältesten Hinweisen menschlicher Besiedelung in Skandinavien und sicherlich zu den interessantesten Sehenswürdigkeiten. Sie stammen aus der Bronzezeit und sind ungefähr 3000 Jahre alt.

7 Havstensund liegt am äußeren Schärenbogen des Bohuslän. Kühn schmiegen sich die Bootshäuschen an die nackten Granitfelsen, die dem tiefblauen Meer entstiegen sind.

Folgende Abbildung:

8 Die Insel Sollerön im Siljansee im Herzen Schwedens, in Dalarna gelegen, wurde durch den Bau der Kirchtagsboote bekannt, mit denen die Dalekarlier an den Feiertagen zu den Kirchen über den See fahren.

um einen Zentimeter höher. Dadurch wird auch die Landfläche stets größer. Flachwasserbuchten an der Ostseeküste werden zu Weideländern oder Wäldern. Die Universitätsstadt Uppsala 70 Kilometer nördlich von Stockholm war im ersten Jahrtausend eine bedeutende Hafenstadt für Wikingerschiffe. Heute liegt sie im Inland und wird von großen ebenen Weiden umgeben. So läßt sich mit Recht behaupten, daß die Geburt Schwedens unter dem Wasser stattfand, obwohl es von Urfelsen getragen wird.

Land aus Gneis und Granit

Gneis und Granit sind Schwedens wichtigste Bausteine. Je nach Ausgangsgestein hat der Gletscherschliff zum Entstehen des Bodens beigetragen, wobei sandige, rauhe Böden gegenüber feinerdigen Lehmböden vorherrschen. Deshalb können nur 10 Prozent der schwedischen Landfläche als gutes Ackerland bezeichnet werden. Dies ist hauptsächlich in den Provinzen von Götaland und den südlichen Landschaften von Svealand angesiedelt. Auch hier wissen die Bauern gut um die Herkunft ihres Bodens Bescheid, mußten sie doch nach der Urbarmachung ihrer Ländereien zahllose Steine und Findlinge mit der Hand aus den Feldern schaffen. Heute stellen Mauern und Zaunreihen aus Schieferplatten und Granitblöcken ein altes Kulturgut ehemaliger Landwirtschaft dar (zum Beispiel auf der Insel Öland).

Gletschergeformte Landschaften

Die Seen bildeten sich meist in Mulden, die die Gletscher durch ihre Fließbewegung aus dem Gestein geschliffen hatten. Da diese Bewegung vom Gebirge weg nach Osten zum Bottnischen Meerbusen hin stattfand, entstanden vorwiegend nach Südosten gerichtete Täler, die von der Kaledonischen Gebirgskette aus nach Westen in das Land laufen. Aus diesen Tälern treten wasser- und lachsreiche Flüsse aus, die ihren Ursprung in im Gebirge liegenden Quellseen haben. Sie weisen eine charakteristische U-Formung auf, was auf das Eiszeitalter zurückgeht. Nicht die heute in den Tälern befindlichen Flüsse gruben sich in den Fels ein, sondern unter dem Eis laufende Schmelzwasserströme. Entstehungsgeschichtlich sind diese Täler deutlich jünger als das Gebirge; die Hochebenen, die Fjälls, besaßen ihre Form schon vor der eiszeitlichen Überformung.

Die Ostseeküste

Die lange Ostküste, von Luleå am Bottnischen Meerbusen ausgehend und bis Trelleborg reichend, ist auffallend flach und steigt langsam aus geringen Meerestiefen auf. Sie wird von einem Naturschauspiel besonderer Güte beherrscht: den Schärenlandschaften. Schären sind kleine Inselchen, die der Küste vorgelagert sind und entweder nur mit Grasheiden oder auch mit kleinen Wäldchen überzogen sind. 24000 sind es im Umfeld von Stockholm, knapp 5000 in der Gegend von Västervik. Die genaue Anzahl ist jedoch wie die der Seen in Schweden Spekulationen unterworfen. Viele dieser Eilande, die an der Westküste wegen der klimatischen Bedingungen vegetationsfrei sind, werden von zierlichen roten Sommerhäuschen geschmückt. Besonders in der Landschaft von Bohus nördlich von Göteborg sind Formen und Farben der Schären wahre Kunstwerke. Sanfter Wind und eine ruhigere See innerhalb der Schären rufen den Eindruck an eine Süßwasserlandschaft hervor. Hier wird besonders sichtbar, wie Gestein und Meer als Urkraft nebeneinander wirkten und jene Elemente darstellen, auf denen sich alles Leben ausbreiten konnte.

Die Nacheiszeit – der Ursprung des heutigen Schweden

Mit dem Rückzug des Eises, der etwa vor 13000 Jahren begann und 6000 Jahre dauerte, begann auch die Entwicklung des Tier- und Pflanzenlebens. Hatte Schweden zu dieser Zeit ausgesehen wie Grönland heute, entstand durch die Zunahme an Land Lebensraum. Weil viel Wasser der Meere im Eis gebunden war, war auch der Wasserspiegel der Meere niedriger. So dürfte eine Verbindung zum europäischen Festland bestanden haben, über die Tier- und Pflanzenarten nach Schweden eingewandert sind. Pflanzen konnten vor allem in lappländischen Gebieten auf sogenannten

9 In der Kirche zu Rättvik trafen sich um 1530 die 12 Weisen Dalarnas, um den Widerstand gegen die immer weiter nach Norden vorrückenden Dänen zu organisieren. Heute liegt die Kirche am Ufer des Siljansees an einem ruhigen und einem der schönsten Plätze am See.

»Nunatakkern« die Eiszeit überdauern. Dies waren Berggipfel, die wegen ihrer Höhe das Eis überragten. Auf den eisfreien Felswänden fanden Pflanzen Rückzugsorte für die spätere Ausbreitung. Heute sind die Nunatakker vor allem an der Grenze zu Norwegen und auf den norwegischen Lofoten daran zu erkennen, daß die Berggipfel spitze und schroffe Formen aufweisen. Die Vegetation der Fjälls im Norden Lapplands und Mittelschwedens entspricht heute noch dem Bild der damaligen Wiederansiedelung der Pflanzenwelt.

Als in Mitteleuropa im Tertiär die Alpen aufgefaltet wurden, war das schwedische Urgebirge, das sechsmal so alt ist, längst vorhanden. Charakteristisch ist, daß die gesamte Entstehung der skandinavischen und damit schwedischen Landmasse der Vergletscherung und besonders der letzten Schmelzwasserperiode zuzuschreiben ist.

Händler, Krieger, Seefahrer – die Geschichte Schwedens

Das Meer, die Schiffahrt und der Handel haben für Schweden seit jeher eine große Rolle gespielt. Schon in prähistorischer Zeit waren Vorfahren der heutigen Skandinavier Seefahrer und Fischer, die naturbedingt die Seen und Flüsse ihrer dichtbewaldeten Heimat befuhren und sie als Nahrungsquelle und Transportweg nutzten. Später folgten die berühmten Wikinger, die zum ersten Mal auf die nordischen Reiche aufmerksam machten und sich mit ihren großen Segelbooten zahlreichen benachbarten Volksstämmen machtvoll und furchterregend ins Gedächtnis riefen. Heute sind die Wikinger Sinnbild des bärenstarken, bärtigen und rundlichen Skandinaviers, der so stark wie gutmütig das Reich im Norden beherrscht.

Die erste Besiedelung

Der genaue Zeitpunkt der Besiedelung nach der Eiszeit beziehungsweise der ersten Erwähnung Schwedens ist unklar. Erst für die Bronzezeit sind Besiedelungen nachweisbar, wenngleich schon vor 10000–12000 Jahren Urstämme aus Mitteleuropa dem langsam zurückweichenden Eis gefolgt sein dürften, um die gewonnenen Landmassen zu besiedeln. Um 1500 vor Christus sollen bereits Handelsbeziehungen bis an die Donau bestanden haben. Den griechischen und römischen Geschichtsschreibern war eine Insel Scandia in »nebelhafter« Ferne bekannt, Tacitus wußte immerhin schon von den Suisones, den Svearn, im Gebiet des Mälarsees sowie von den Fenni, einem offenbar aus Skandinavien stammenden Volk, zu berichten. Procopius gab etwas später eine lebhafte Beschreibung der Menschen Thules als schifahrende Jäger. Doch hatten weder römische Soldaten noch Kaufleute mit ihnen Kontakt.

Schon um 1500 vor Christus hatte sich die Bronzetechnik aus dem Mittelmeerraum bis nach Skandinavien ausgebreitet und wurde dort zu einer neuen Blüte geführt. Zahlreiche Felszeichnungen von vollendeter Kunstfertigkeit geben ein anschauliches Bild vom Leben der damaligen Zeit. Die Svear bauten Scheunen, Stallungen, Häuser und sogar rotierende Mühlen. Von der übrigen Welt unbeobachtet, sozusagen verschlossen in einem fernen Winkel Europas, lebten die nordischen Völker zuerst über 1500 Jahre friedlich und fanden in der Landschaft des heutigen Uppland ihre erste Hochblüte. Von Gamla Uppland aus, damals Svithiod, unterwarfen die Svear im fünften Jahrhundert vor Christus die im Westen lebenden Goten: Das Svea Rike nahm, mit endlosen Kleinkriegen und Fehden, seinen Ausgang. Waren sie anfänglich ein blühendes und friedliches Bauernvolk, das mit zahlreichen fremden Ländern Handelsbeziehungen unterhielt, wandelte sich das Volk mit dem beginnenden 8. Jahrhundert zu einer gefürchteten Kriegsmacht.

Die Wikingerzeit

Die sogenannte Wikingerzeit beginnt um 750 nach Christus, wobei darunter auch die staatliche Entwicklung der Nordländer zu sehen ist und nicht nur die spektakulären Raubfahrten gegen England, Irland und Kontinentaleuropa. Beowulf zufolge trugen die Krieger beim Kampf Helme mit Hörnern oder Flügeln, mit Juwelen besetzte Langschwerter und mächtige Lanzen. In diesen Jahrhunderten verhielten sich die Skandinavier in Europa wie die Van-

10/11 Die Südküste Schwedens gehörte lange Zeit zu Dänemark. Die Ortschaft Kåseberga liegt in der Nähe von Smygehuk, dem südlichsten Landpunkt Schwedens. Im Morgengrauen sucht ein Fischreiher in den flachen, lagunenartigen Küsten nach Nahrung.

12 Das Grä
von Greby w
von Tanum i
Region Bohu
zählt 200 Gr
gel und ein L
rinth.

13 In der U
bung von Ta
liegen die se
wertesten Fe
zungen Schv
Vor allem in
sum sind Ab
gen von bis
2 Metern Hö
sehen; die Fe
liegen meist
telbar neben
Zufahrtsstra
und sind frei
gänglich.

dalen: Sie raubten, brandschatzten und wurden als Barbarengesindel aus »Ultima Thule« beschrieben. Nicht einmal vor den Bibliotheken der Klöster, wie der Geschichtsschreibung der Abtei Lindisfarne vor der englischen Nordküste zu entnehmen ist, machten sie mit ihren Fackeln halt. Um die Jahrtausendwende wußten sie schließlich um den Tauschwert des Buches und verschonten die damals zumeist kirchlichen Sammlungen. Die Wikingerfahrten waren keine staatlichen Unternehmungen. Als Führer kürten sie junge Fürstensöhne, aber auch Mitglieder großer Familien. Man vertritt heute die Meinung, daß die starke Bevölkerungszunahme und die Abneigung gegen eine zu große Aufsplittung des Landbesitzes zu den Raub- und Glücksfahrten führten. Es war aber bestimmt auch die bloße Lust am Abenteuer und am Rauben beteiligt, denn Not hatten sie im eigenen Land keine zu ertragen.

Mit den Wikingern kamen auch neue Techniken, Wissenschaften und das Christentum nach Schweden. Ansgar war im 9. Jahrhundert der erste bedeutende Missionar, der auf Björkö, einer Insel im Mälarsee, eine Kirche baute. Die Bekehrung Schwedens blieb vorerst nur oberflächlich, erst in der zweiten Hälfte des 11. Jahrhunderts, als sich die schwedischen Völker allmählich zu einem beginnenden Staat zu vereinen begannen, hatten die Bemühungen wirklichen Erfolg. Englische und deutsche Missionare waren es, die Schweden in die Römische Kirche eingliederte. 1164 erhielt Schweden seinen ersten Bischof mit Sitz in Uppsala. In diese bewegte Zeit fällt auch die Gründung der schwedischen Nation, die von der Wiege des Schwedenreiches, von Alt-Uppsala, Birka, Sigtuna und schließlich Stockholm ausging.

Birger Jarl, der erste Organisator

Eine straffe Organisation des Reiches ist erst feststellbar, als nach dem Abebben der Wikingerzüge um 1050 der lange Streit zwischen den Königsgeschlechtern der Stenkils, der Sverker und der Eriks ausgefochten war und Birger Jarl um 1250 die Folkunger Dynastie begann. Er gründete in der Mälarmündung die neue Hauptstadt, der er den Namen Stockholm gab. Birger Jarl, englisch Earl, kodifizierte die schwedischen Menschenrechte, die nach Anerkennung der Things zum Reichsgesetz wurden. Die schon unter König Erik Jedvardsson um 1150 begonnenen Kreuzzüge nach Finnland setzte Birger Jarl mit der Christianisierung fort und machte Finnland zur Provinz im Osten des schwedischen Reiches.

Die Hanse und die Vorherrschaft im Ostseeraum

Im 13. und 14. Jahrhundert, als sich die Herrschergemüter Schwedens beruhigten, das Land sittsam wurde und seine Vorherrschaft in der Ostsee zu Ende ging, trat es immer mehr mit der Handelsgemeinschaft der Hanse in Kontakt. Diese hatte im 12. und 13. Jahrhundert ihre Fühler nach Norden ausgestreckt, schon 1161 bezeichnete sich die Hanse als die »Genossenschaft der Gotland besuchenden Kaufleute«. Dies führte zum Zusammenschluß von deutschen Handelsstädten mit den Kaufleuten Gotlands, die in Visby auf Gotland ein blühendes Handelszentrum einrichteten. Heute noch erinnern die 44 Türme der Stadtmauer, alte Speicherhäuser mit Treppengiebeln sowie romanische, efeubewachsene Ruinen von Kirchen an die Hansezeit. Auch die Wirtschaft Schwedens orientierte sich deutlich zur Ostseeküste hin. Vor allem Mittelschweden mit dem Hafen von Stockholm entwickelte sich in der Folge zum zentralen Interessengebiet der Hanse, die vor allem auf das Kupfer und Eisen aus dem Gebiet um Falun aus war. Städte wie Kalmar, Lödöse, die westschwedische Stadt am Unterlauf des Götaälv als Vorgängerin von Göteborg, sowie Stockholm waren damals fest in der Hand deutscher Kaufleute. Der Einfluß war so stark, daß der Rat der Stadt Kalmar in der zweiten Hälfte des 14. Jahrhunderts das Niederdeutsche als Amtssprache einführte. Schon damals widersetzte sich Dänemark den Expansionsbestrebungen der Hanse. Dort glaubte man an ein vereintes Skandinavien, was nur wenige Jahre später zur Realität wurde.

Margarete von Dänemark und die Kalmarer Union

Die deutschen Kaufleute, die alsbald als »Pfeffersäcke« bezeichnet wurden, begannen sich

14 Die Festung Bohus ist das älteste Bauwerk Schwedens. Schon im 11. Jahrhundert stand auf diesem Hügel ein Bollwerk, später war die Anlage namensgebend für die gesamte Region.

mehr und mehr in das tägliche Leben der Schweden und Gotländer einzumischen. Dabei bewiesen sie wenig Geschick im Umgang mit den Einheimischen. Bald wollten sie auch das politische Geschehen beeinflussen und setzten durch, daß sie mit gleicher Anzahl wie die Schweden im Rat vertreten waren. Zudem erwies sich Alfred von Mecklenburg als skrupelloser und arroganter Herzog, das Wort »deutsch« wurde in Schweden zum Synonym für gewalttätig. Als Alfred von Margarete von Dänemark 1389 deutlich besiegt wurde, hatte sie es am Ende des 14. Jahrhunderts nicht schwer, die allgemeine Mißstimmung gegenüber der Hanse und der deutschen Herrschaft für ihre Vision eines vereinten Skandinavien auszunützen. Die deutsche Gefahr war zumindest für Schweden für immer beseitigt. 1397 führte Margarete alle drei skandinavischen Länder, Dänemark, Norwegen und Schweden mit Finnland als Provinz, in der Kalmarer Union zusammen, die bis 1512 Bestand hatte. Sie war ein Gegengewicht zur immer stärker werdenden deutschen Dominanz im Ostseeraum und der bis heute nicht gelungene Versuch, unter den skandinavischen Staaten eine weltanschauliche, soziale und politische Einheit zu sehen. Außerdem sollte der ethnische Ursprung der drei skandinavischen Länder dokumentiert werden. Laut Vertrag hätte der gemeinsame Monarch abwechselnd in den drei Hauptstädten regieren sollen, doch Margarete bevorzugte von Anfang das heutige Kopenhagen, und dabei blieb es. Die Union wurde in Schweden mehr als eine dänische Vormundschaft gesehen und angesichts der dänischen Macht um die Jahrtausendwende als Erniedrigung verstanden. Schließlich beendete Gustav Wasa 1521 das Bündnis endgültig, nachdem Schweden besonders wegen des dänischen Übergewichts die Kalmarer Union immer wieder verlassen hatte.

König Gustav Wasa, der Retter Schwedens

Es floß viel Blut, aber die Union der drei Staaten war nicht mehr zu retten. Nordische Brüderschaft war eine Utopie und ist heute, trotz offener Grenzen, kulturellem Austausch und ähnlicher Fahne eine schwierige Sache. Zumindest werden die Fehden nicht mehr blutig ausgetragen, zumindest zeigen die skandinavischen Staaten gegenüber ausländischen Staaten eine gewisse Form von Einigkeit. Aber Schweden, Norweger, Dänen und Finnen tun sich auch heute noch schwer, in entscheidenden Fragen den gemeinsamen Nenner zu finden.

Als Christian II. 1520 den Reichsverweser Engelbrektsson in Stockholm vor der bis heute unveränderten historischen Kulisse des Stortorgets hinrichten ließ, war die dänische Herrschaft in Schweden endgültig zu Ende. Der Weg für den Nationalhelden und Befreier Gustav Wasa war frei, der als junger Adeliger Gustav Eriksson hieß. Nicht immer ist es leicht, zwischen Dichtung und Wahrheit zu unterscheiden, wenn es um die wohl schillerndste Figur der schwedischen Geschichte geht: »Vater des Vaterlandes«, »Urschwede auf dem Königsthron« oder »Freiheitsheld« sind nur einige Attribute, die über Jahrhunderte, von Ehrfurcht und Pathos geprägt, das Bild des Heldenkönigs bestimmen. Aus der dänischen Gefangenschaft entflohen, gelangte er über Lübeck in die mittelschwedische Landschaft von Dalarna, wo er einen Aufstand gegen den dänischen König organisierte. Legende oder Wahrheit; Wasa soll schon in der Nähe der norwegischen Grenze gewesen sein, als ihn zwei der besten Läufer auf Schiern zurückholten und zum Hauptmann des Widerstandes gegen die Dänen machten. Der erste Wasalauf! 1523 wurde Gustav Wasa schwedischer König und blieb dies für fast vier Jahrzehnte. Als er starb, hatte er dem 16. Jahrhundert seinen Stempel aufgedrückt. Er schuf eine Zentralverwaltung, die Schweden den Aufstieg zur Großmacht ermöglichte, machte die 21 Prozent Landeigentum der Römischen Kirche zum Staatsgut, modernisierte die Bergwerke, führte den Eisenhammer ein, ließ eine Handelsflotte erbauen und stärkte durch Anlagen zur Erzverhüttung die Wirtschaft. Er zwang die Landschaften und Provinzen mit mehr oder weniger Gewalt in den feudalen Einheitsstaat und verringerte die Abhängigkeit von Lübeck. 1544 stimmte das Volk aus Dankbarkeit für seine gemeinnützigen Taten der Erbmonarchie zu.

15 Wie in allen skandinavischen Ländern ist auch in Schweden der Schilanglauf Volkssport Nummer 1. Alljährlich finden am Lugnet im Reichsschistadion von Falun die traditionellen Schispiele statt.

16 Wenn die Schiidole in den Loipen den Sekunden nachjagen, sind jung und alt auf den Beinen bzw. Schiern und feuern ihre Helden an, ob in den Wäldern entlang der Rennstrecke oder im Stadion.

Folgende Abbildung:

17 In Skåne liegt dieses malerische Wasserschloß von Vittsklöve. Es wurde um 1550 im Auftrag von Jens Brahe d. Ä. im Renaissancestil erbaut. Es besteht aus zwei Flügelbauten, die gemeinsam mit zwei Mauern einen quadratischen Hof bilden.

ELVIA
STORA
44
50
FALUN
ODLO

15 | 16

Esselte Office • EVR TEKNIK
Falu Däckservice
PLÅKT
Folkets Hus

Auf dem Weg zur Großmacht

Nach Gustav Wasas Tod regierten im folgenden halben Jahrhundert seine Söhne Erich XIV., Johann III. und Karl IX. Die starke Persönlichkeit des Vaters hatte keiner geerbt. Schweden geriet in kriegerische Auseinandersetzungen mit Polen, Rußland und Dänemark, was seine Existenz bedrohte. Trotzdem behielt Karl IX. den Außenhandel unter Kontrolle. Mit einer weiteren wohlbekannten Heldenfigur der schwedischen Geschichte begann ein neuerlicher Aufstieg zur Großmacht. Gustav II. Adolf machte Schweden zu einem mächtigen Militärstaat, der die europäische Geschichte nachhaltig beeinflußte. Mit den enormen Gebietsgewinnen von Mecklenburg und Vorpommern im Dreißigjährigen Krieg erbte Schweden auf Dauer eine Bürde, die es nach dem Tod Gustav II. Adolf überforderte. In der Schlacht von Lützen fiel Gustav II. Adolf durch Wallenstein, aber sein Kanzler Axel Oxenstierna, der größte Staatsmann Schwedens, setzte seine Politik fort. Im Westfälischen Frieden ging Schweden 1648 mehr oder weniger als Sieger des vorausgegangenen Krieges hervor. Axel Oxenstierna führte die Geschicke Schwedens, bis die Tochter Gustavs II. Adolf, Kristina, 1644 thronmündig war. Sie dankte aber schon 1654 ab, trat zum katholischen Glauben über und gab die Staatsgeschäfte an ihren Vetter, Karl X. Gustav, weiter. Schonen, Halland, Blekinge und Bohuslän kamen von Dänemark zu Schweden, was im Frieden von Roskilde 1658 besiegelt wurde. Somit hatte Schweden nach 600jähriger Bemühung Zutritt zur Nordsee, und Dänemarks Herrschaft am Öresund war geschmälert. Doch die finanzielle Ausblutung durch die Kriege machte Schweden in der Folge immer mehr zu schaffen.

Karl XIII., der versuchte, an die Großmachtära von Gustav II. Adolf anzuschließen, verlor fast alle Gebiete in Deutschland, die baltischen Provinzen, Ostkarelien und Ingermanland. Wegen der Niederlagen mußte der Adel den bürgerlichen Ständen Zugeständnisse machen, was 1734 zu einem Bürgerlichen Gesetzbuch führte. Im weiteren 18. Jahrhundert versuchten die Schweden, den kulturellen Vorsprung Europas aufzuholen.

1739 wurde die Akademie der Wissenschaften gegründet, zahlreiche literarische Werke entstanden, Architekten erfreuten sich an der massiven Bauleistung dieser Zeit. Zahlreiche Schlösser und Stadthäuser in Stockholm entstanden, und der Grundstein für Schloß Drottningholm, dem heutigen Sitz der Königsfamilie, wurde gelegt.

Das 19. Jahrhundert

Am Beginn des 19. Jahrhunderts geht als Folge des Bündnisses Napoleons mit Rußland das schwedisch-finnische Großreich zu Ende, Finnland wird 1809 ein selbständiger Staat. Im Gegenzug muß Dänemark auf Norwegen verzichten. Dies wurde durch den Wiener Kongreß bestätigt. Schon gegen Ende des 18. Jahrhunderts hat sich auch Schweden in starkem Maße demokratisiert, und bürgerliche Ansichten verbreiteten sich. Doch bevor es zu einer Revolution des Volkes kam, reagierte 1809 der Reichstag und arbeitete in nur 14 Tagen eine neue Verfassung aus, zu deren Annahme der König gezwungen wurde. Sie blieb im wesentlichen bis 1975 geltendes Grundgesetz und war somit lange Jahre die älteste Verfassung Europas. Sie teilte die Macht zwischen König und Reichstag, aber keineswegs zu gleichen Teilen. Der Reichstag, der sich aus Adel, Priesterschaft, Bürgerschaft und Bauernstand zusammensetzte, erhielt lediglich das Recht, alle fünf Jahre zusammenzutreten, gemeinsam mit dem König Gesetze zu erlassen, Steuern zu heben und bis zu einem gewissen Maße die Regierungsgeschäfte zu kontrollieren.

Gustav IV. Adolf, der im Napoleonischen Krieg die falsche, nämlich Englands Seite wählte, was zum Verlust Finnlands führte, mußte den Thron verlassen. Ihm folgte Jean Baptiste Bernadotte, der als Karl Johann Schwedens Regierung übernahm. Dieses Ereignis weist schon weit in die Gegenwart, denn aus der Volksbewegung von 1809 und 1810 wächst eine neue Gesellschaft, die die Basis für das moderne Schweden bildet. Als 1813 Karl Johann mit einem schwedischen Heer in der Völkerschlacht von Leipzig Dänemark besieg-

18 und 19 Gotland nimmt eine Sonderstellung in Schwedens Landschaften ein. Die größte Insel, im Bottnischen Meerbusen gelegen, besitzt eindrucksvolle bizarre Landschaften, die vor allem durch die Kargheit des Landes geprägt sind. Steppenähnliche Heiden wechseln mit Schafweiden. Im Norden liegt die etwa 110 Quadratkilometer große Insel Fårö, die Schafsinsel, auf der die landschaftsprägenden Windmühlen zu finden sind.

te, war dies der letzte Krieg, den Schweden geführt hat. Durch den Kieler Frieden von 1814 bekommt Schweden Norwegen von Dänemark, das bis 1905 mit Schweden in Personalunion verbunden ist.

Industrialisierung und soziale Erneuerung

Es dauerte noch bis 1860, als sich mit Beginn der Herrschaft von Karl XV. Johann die bürgerlich-demokratische Opposition durchsetzte. Die Religionsfreiheit, die kommunale Selbstverwaltung, ein reformiertes Strafgesetz und ein Gesetz für volle Unternehmensfreiheit wurden in den folgenden fünf Jahren erzwungen. 1865 wurde der Reichstag durch ein Zweikammersystem ersetzt. Diese politische Entwicklung war von einem tiefgreifenden sozialen Wandel und dem Beginn der Industrialisierung begleitet. Von 1840 bis 1900 verdoppelte sich die Bevölkerung und überschritt zur Wende zum 20. Jahrhundert die Fünfmillionengrenze. Als sich 1905 Norwegen mit einem revolutionären Akt von Schweden verabschiedete, verhinderte nur das eindeutige Votum des Volkes einen Waffengang.

Die Gesellschaft mußte sich den neuen Gegebenheiten anpassen. Die Landwirtschaft wurde durch die eintretende Industrialisierung verdrängt, jahrhundertealte Dorfgemeinschaften aufgelöst. Bis 1924 haben 1,3 Millionen Schweden das Land verlassen, viele sind nach Amerika ausgewandert. Am Beginn des 20. Jahrhunderts erlebte Schweden die größte soziale Umwälzung. Aus dieser Bewegung ging die sozialdemokratische Partei hervor, die zwischen 1920 und 1930 zunehmend die politische Macht übernahm und die wirtschaftliche und soziale Basis für den heutigen Wohlfahrtsstaat schuf.

Schweden im 20. Jahrhundert

Unter der langen Regierung von Gustav V. von 1907 bis 1950 wuchs das moderne Schweden heran. Hauptverdienst daran hatte die Neutralitätspolitik Schwedens in beiden Weltkriegen. Gustav V. mußte miterleben, daß die Macht ab 1919 immer mehr an eine sozialdemokratisch bestimmte Koalition überging. Sie konzentrierte sich auf den Ausbau der staatlichen Fürsorge auf allen Gebieten und zog die Steuerschraube immer weiter an. Gleichzeitig erreichte Schweden als Industriestaat internationales Ansehen. Eisenerz und Holz sind heute wie früher die wichtigsten Rohstoffe, dazu kommt die Spitzenenergie lappländischer Wasserkraftwerke. Unter der Regierung Gustavs VI. Adolf fand ein gewaltiger Ausbau des Verkehrswesens, der Städte und der Verwaltung statt. 1950 wurde Schweden in die UNO aufgenommen, 1960 trat es der Europäischen Freihandelszone bei. Das Zweikammersystem des schwedischen Reichstages wurde zugunsten eines Einkammersystems verändert, und 1969 kam der denkwürdige Ministerpräsident Olof Palme zu Regierungsehren. Trotz des Linksrutsches hatten die Schweden 1970 den höchsten Lebensstandard in Europa erreicht und wurden als Musterland eines kapitalistischen Sozialismus betrachtet. Doch die Gegenwart zeigt wunde Punkte: Inflation und Arbeitslosigkeit steigen, und Schweden sucht, wie manche anderen Staaten in Europa auch, die Rettung in den Europäischen Gemeinschaften. Seit 1973 heißt der König Karl XVI. Gustav, der seit 1974 nur mehr Repräsentationsbefugnisse besitzt. Gustav Wasa ist Geschichte, so wie andere große Namen, die nur mehr durch Burgen, Schlösser und Episoden in Geschichtsbüchern in Erinnerung bleiben.

Gunst und Ungunst des Naturraumes

Der nördlichste Punkt Schwedens liegt im Dreiländereck, an welchem noch Finnland und Norwegen beteiligt sind. Das Dreieck des Friedens, das schon 1814 hier die Grenzen markierte und seither nicht mehr in Frage gestellt wurde, liegt vom südlichsten Punkt, Trelleborg, so weit entfernt wie Neapel. Bedingt durch die warmen Wasser des Golfstromes, die an die westlichen Küsten getrieben werden, ist das Klima in Schweden günstiger, als es die nördliche Lage von Natur aus erlauben würde. Auch die Westwinde tragen ihren Teil dazu bei, in den trockenen Gebirgen des Nordens ist eine Art warmer Fallwind bekannt, der unserem inneralpinen Föhn gleicht. Getreide und Kartoffeln können aber dennoch nur bis Mittelschweden angebaut werden, obgleich die Nadelwälder nach Nor-

20 Das Flößen der Holzstämme wurde jahrhundertelang in Schweden betrieben, um das Holz aus den Wäldern in die Industriestädte zu bringen. Am Klarälven, dem größten Fluß des Värmlandes, wird dieser Brauch heute noch betrieben.

21 Das Dalsland, das an Norwegen grenzt und früher geschichtlich enger mit diesem verbunden war, bietet entlang dem Dalslandkanal sanfte Wald- und Wiesenlandschaften, hier am Stora Le.

den hin Breiten erreichen, die in Rußland oder Alaska schon der Tundra vorbehalten sind.

Natürlich schafft die Last des Raumes auch Ungunst, man braucht nur an die Versorgung der Bevölkerung zu denken. Waren einst die Streusiedlungen, die mehr als Tagesreisen voneinander entfernt waren und sich selbst versorgten, das Kapital der schwedischen Landnutzung, wurden sie im Zuge des allgemeinen Wohlstandes zu Behinderungen im sozialen Netz. Lebensmittel, medizinische und schulische Betreuung, das alles will über Hunderte von Kilometern für vielleicht nur fünf Häuser durchgeführt werden. Weit verstreut liegen einzelne bäuerliche Anwesen in den Waldgebieten und auf den fruchtbaren Tonebenen in den Weiten Nordschwedens. Heute sind nicht viele Siedlungen hinzugekommen, wenn auch der Tourismus, vor allem der Wintertourismus, seine Spuren deutlich in der einsamen und kargen Landschaft hinterläßt. Vielleicht liegen heute mehr bunte Holzhäuschen zwischen den Streusiedlungen, aber die Siedlungsdichte außerhalb der Städte steigt nicht. Dazu kommt noch, daß die Landflucht zugunsten der Städte auch vor Schweden nicht haltgemacht hat. So kennzeichnet die Verteilung der Bevölkerung eine Konzentration in wenigen Intensivräumen, besonders an der Südostküste im Bereich zwischen Stockholm und Uppsala. Seit den fünfziger Jahren werden aus Land- und Forstwirtschaft immer mehr Arbeitskräfte freigesetzt, von denen viele aus den ländlichen Gebieten abgewandert sind. Höfe wurden aufgelassen, weil sich Vieh- und Feldwirtschaft nicht mehr lohnten. In manchen Gebieten ging die Zahl der Bauernwirtschaften um bis zu 40 Prozent zurück.

So gerät die Streusiedlung als soziale Einrichtung immer mehr in Bedrängnis. Heute ist es nicht mehr zumutbar, täglich 150 Kilometer zur Arbeit oder zur Schule zu fahren, einmal im Monat seinen Lebensmittelvorrat aufzufüllen, ganz abgesehen von kulturellen oder gesellschaftlichen Vergnügungen. Wer zum Arzt muß, braucht einen ganzen Tag, Notversorgungen müssen mit Hubschrauber oder Wasserflugzeugen durchgeführt werden. Das heute übliche und geforderte soziale Netz ist zu weitmaschig für die aus früherer Zeit stammende dünne Besiedelung. Neben der Abwanderung vor allem von jüngeren Menschen nach Süden oder an die Küsten führt auch die überdurchschnittlich hohe Arbeitslosigkeit und Unterbeschäftigung in den ländlichen Gebieten zu Bevölkerungsverschiebungen. Dadurch sinken die Steuereinnahmen einzelner Kommunen und verschärfen die ökonomischen Schwierigkeiten. Diese Problematik ist bisweilen nicht mehr auf den Norden beschränkt. Auch in ländlichen Gebieten Mittel- und Südschwedens gehen die traditionellen Bindungen verloren, und die Landkreise haben im Zuge der Verstädterung ähnliche soziale Schwierigkeiten zu bekämpfen. Der Staat muß helfen, und er hilft auch. Immense Subventionen, die nicht unumstritten sind, fließen entgegen dem Bevölkerungsstrom aufs Land.

VÄRDSHUS
GÖTA
HOTELL

JUNO
JUNO

Erste Begegnung mit Schweden

Schon ein Blick auf die Landkarte macht deutlich, daß Schweden im europäischen Maßstab aus dem Rahmen fällt. Obwohl es nur das viertgrößte Land Europas ist, Spanien, Frankreich und Rußland sind größer, so verleiht ihm die langgestreckte Form, die über 13 Breitengrade in den hohen Norden reicht, aber doch die Dimension des Unendlichen. Je weiter man nach Norden kommt, um so häufiger geben die Schweden die Entfernungen in »mil« an. Gemeint sind damit 10 Kilometer, ein Versuch, die Distanzen zumindest optisch kleiner werden zu lassen. Jeder, der die Kombination aus Kulturlandschaft und Wildnis einmal erlebt hat, versteht, daß der Schwede sein Land mit Nationalstolz nach außen trägt. Die ungewöhnliche Weiträumigkeit des Landes, die Bewegungsfreiheit, die sich darin genießen läßt, und der Luxus des Alleinseins und der Ruhe für den lärmgeplagten Urlauber Mitteleuropas sind Attribute, die dem Land als Ruf weit vorauseilen. Die weiten Distanzen, die schwer zu zähmende Landschaft, das bisweilen rauhe Klima und die mancherorts fast unmenschlichen Lebensbedingungen haben aber auch einen Menschentypen geprägt, der es versteht, mit der Natur zurechtzukommen. Der wahre Schwede besitzt eine melancholische Verbissenheit, die für uns beinahe langweilig bis humorlos wirkt. Doch ebenso wie die Dimensionen seines Landes versteht auch er, sich zu öffnen; zwar langsam, aber bestimmt.

Innerhalb der 1600 Kilometer vom Skagerrak im Süden und dem Torne Träsk im Norden liegt ein fast 450000 Quadratkilometer großes Land, das von knapp neun Millionen Menschen bewohnt wird. Die Siedlungsdichte beträgt kaum 18 Einwohner pro Quadratkilometer, in den nördlichen Breiten Lapplands fällt die Zahl auf unter zwei. Seit alter Zeit teilen die Schweden ihr Land in 25 »Landschaften«, die zu drei Großregionen zusammengefaßt werden: Norrland, Svealand und Götaland. Vor 1809, als Finnland noch zu Schweden gehörte, waren es vier Großlandschaften. Die südlichen Regionen sind nach den Stämmen während der Zeit der Besiedelung benannt, Svea für Schweden, Göta für die Stämme der Goten, deren Ursprung auf der Insel Gotland angenommen wird. Svealand oder Schwedenland liegt in der Mitte und hat dem gesamten Reich seinen Namen gegeben, obwohl der Gotenname, geschichtlich betrachtet, weit häufiger aufschien. Heute sind 24 verwaltungstechnische Provinzen eingerichtet, die »Läns«, die sich nur teilweise mit den zuvor genannten 25 »Landschaften« decken. Eine Besonderheit, die wiederum Schwedens Wertschätzung für die Natur beweist, ist, daß jedem »Län« ein Landestier und eine Landespflanze zugeordnet werden. Pflanze und Tier werden in offiziellen Prospekten oder in Darstellungen stets genannt und in Ehren gehalten.

Den größten Teil Schwedens nehmen aber Wälder und Seen ein. Fast 57 Prozent sind vorwiegend mit Mischwäldern bewachsen, weiter im Norden übernimmt der Birkenwald das Landschaftsgepräge und setzt sich in Kontrast zu schier endlos scheinenden Moorflächen. Die Wasserfläche der fast 100000 Seen macht immerhin mehr als 15 Prozent aus, was der Hälfte der Fläche Österreichs entspricht. Darin enthalten ist der Vänernsee, mit 5500 Quadratkilometer Westeuropas größter Süßwasserspeicher.

Die Landschaften Götalands

Schonen oder Skåne ist die südlichste Landschaft und wird als die Kornkammer Schwedens bezeichnet. Ausgedehnte Felder zwischen sanften Waldungen bestimmen das Landschaftsbild. Vieles in Schonen erinnert an das benachbarte Dänemark, zahlreiche Kirchen im dänischen Stil bezeugen die Verwandtschaft mit dem Nachbarn. Mit Malmö, der drittgrößten Stadt Schwedens als Hauptstadt, war Skåne stets eine Handelsmacht. Heute noch zeigen Kirche und Marktplatz – Stortorg – die rege Verbindung zur Hanse. Daß Schonen eine Art Übergangsgebiet vom mitteleuropäischen Kontinent zu Skandinavien darstellt, wurde schon in erdgeschichtlicher Zeit festgelegt. Lange Zeit gab es eine Verbindung zwischen Fünen, Seeland und Schonen, als die Ostsee noch über Mittelschweden mit der Nordsee in Verbindung stand und der Skagerrak noch

Vorhergehende Abbildung:

23 Der Götakanal ist die große Sehenswürdigkeit des südlichen Schweden. Das Blaue Band, wie er gerne bezeichnet wird, wurde einst als Transportweg angelegt, um der Steuereintreibung der Dänen bei der Durchschiffung des Kattegat zu entgehen.

24 Die Küstenlandschaft von Bohuslän ist reich an kleinen und größeren Inseln. Nicht alle sind so wie hier bei Stenungssund von Brücken überspannt, deshalb verkehren innerhalb der Schären zahlreiche Fährboote.

Folgende Abbildung:

25 Austol ist eines jener kleinen Fischerdörfchen, das weit draußen auf einer Schäre liegt und nur mit Booten zu erreichen ist. Hier herrscht noch ein beschauliches Fischerleben. Wie Autos auf einem Parkplatz liegen die Boote im kleinen Hafen vor Anker.

SSK 12

Land war. Kilometerlange Sandstrände ziehen sich an der Küste von Skåne bis in die Landschaft von *Blekinge*. Die Schären, besonders im Gebiet des historisch bedeutenden Karlskrona, sind ausgesprochen reizvoll. Zusammen mit Schonen und Halland war es oft umkämpft und wird als die »untreue« Landschaft bezeichnet. So verlief nördlich von Blekinge und Skane früher die Reichsgrenze, und der Dialekt, der hier gesprochen wird, zeigt einen Hang zum Dänischen. Blekinge gilt als Sommerland Schwedens, ebenso wie die westlichen Küstenprovinzen *Halland* und *Bohus*. Die reich gegliederte Küste mit den kleinen vegetationslosen Granitinselchen gilt als die typischste Schärenlandschaft Schwedens, mehr von Meer und Wellen geprägt als jeder andere Teil. In den felsigen Buchten von Bohuslän sind malerische Fischerdörfer entstanden, die so wie Fjällbacka heute mehr von Segelbooten als von alten Fischerkähnen besucht werden. *Väster-* und *Östergötland* sowie Småland bilden die restlichen Provinzen von Götaland. Die Provinz Västergötland, die vor den Toren Göteborgs, der zweitgrößten Stadt des Landes, beginnt und sich zwischen den Binnenmeeren Vänern und Vättern erstreckt, wird von einsamen weiten Wäldern eingenommen. Der nördliche Teil, Dalsland, wird ähnlich dem berühmteren Götakanal vom Dalslandkanal durchzogen. 250 Kilometer lang, durch 26 Schleusen mit einer Perlenkette von Seen verbunden, durchquert der Dalslandkanal eine der reizvollsten Teile Schwedens. Technische Sehenswürdigkeiten wie die Schleuse von Håverud, wo eine Schlucht mittels Wasserbrücke und mehreren Schleusenanlagen überwunden wird, sind Seltenheit. Geschichtsträchtiger und geschäftiger ist *Småland*, das den größten Teil Südschwedens einnimmt. Kalmar, das sich besonders im Abendlicht, wenn die letzte Sonne die Türme des Schlosses streift, in eine Bühne der Geschichte verwandelt, war stets eine führende Industrie- und Hafenstadt an der Ostküste. Der Hauptplatz beeindruckt mit barocker und klassizistischer Baupracht: Dom, Rathaus und die Fassaden der Bürgerpalais bilden ein historisches Ensemble. Mit Jönköping und Växjö besitzt Småland zwei weitere lebhafte Städte im Landesinneren. Im Osten, der Küste vorgelagert, liegen die zwei langgestreckten Inseln *Öland und Gotland*. Gotland war zur Wikingerzeit und in der Folge im hanseatischen Zeitalter das nordische Handelszentrum. Heute erwacht es nur zur Sommerzeit aus seiner Lethargie, über das Jahr hinweg prägen Schafherden und einsame Bauernhöfe das verträumte Landschaftsbild. Während Öland, das durch eine Brücke mit dem Festland verbunden ist, von Karst, Steppe und Heide geprägt ist, sind für Gotland bizarre Landschaftsformen charakteristisch.

26 und 27 Fjordähnliche Wasserstraßen wechseln mit den mehr oder weniger bewachsenen Eilanden ab. Ein Boot zu haben, ist hier nicht nur Pflicht, sondern Notwendigkeit. Boote und Häuschen am Orustsund.

Bohuslän

»Wie blaugrüne Dünung drängen die Bohusberge majestätisch gegen den Meeresstrand; aber zwischen kahlen Urzeithöhen liegt fruchtbarer Boden und Bauernland...«

Evert Taube, Balladen aus Bohuslän

Keine Landschaft Schwedens ist so geschichtsträchtig wie Bohuslän und keine so untypisch schwedisch. Der westlichste Teil Schwedens, der früher zu Norwegen gehörte, wird von einer meist kahlen Granitküste beherrscht. Von Göteborg im Süden bis zum Svinesund im Norden zieht sich ein felsiger Küstenstrich mit einer Unzahl an Inselchen, Inseln und Förden, die das tiefe Blau des Skagerrak durchbrechen. Die vom Fels beherrschte Landschaft läßt am deutlichsten auf die Entstehung Schwedens schließen, denn die meisten Granitinseln sind aufgrund des starken Windes nach 10000 Jahren ohne Eisbedeckung immer noch unbewachsen. Aber mehr noch wird Schwedens Geschichte augenscheinlich. Hier konnten die ältesten Besiedelungen nachgewiesen werden, heute künden Felszeichnungen auf frühe menschliche Tätigkeiten. Der Fischfang und das wärmere Klima veranlaßten die Menschen, die Küste als Lebensraum auszuwählen. Im Gegensatz dazu waren die landeinwärts gelegenen, dicht bewaldeten Gebiete von Bohuslän unbesiedelt. Linné fand 1747 heraus, daß aus Muschelkalk aufgebaute Bergrücken der bizarren Granitküste nachfolgen, die nach und nach die Meeresbucht des Vänern zu einem Binnensee abgeschnürt haben. Die bis zu 160 Meter

mächtigen urgeschichtlichen Ablagerungen verwandelten die Meerengen bei Munkedal und Uddevalla zu mächtigen Strömen, von denen der Götaälv als heute noch landschaftsprägender Fluß übriggeblieben ist.

Orust und Tjörn bilden der Küste vorgelagert die größten Inseln von Bohuslän. Hier konnten zur Verbindung Brücken geschlagen werden, ansonsten ist die Fähre das alltäglich notwendige Verbindungsglied. Mitten darin liegt der Ort Stenungssund, der in den sechziger Jahren zu einem Zentrum der Petrochemie wurde. Orust und Tjörn sind übersät mit Altertümern aller Art: Kirchen, Steinlabyrinthe, Grabhügel, Steinsetzungen wahrscheinlich aus römischer Zeit und die schon erwähnten Felsritzungen. Aber gerade die Mischung aus der Geschichtsträchtigkeit und dem bizarren Reiz der Landschaft macht Bohuslän so sympathisch. Zwischen den Granitfelsen, die Land und Meer voneinander trennen, haben die Bewohner von Bohuslän Örtchen geschaffen, die mit buntem Gepräge und typisch schwedischem Charme den Besucher umfangen. Bau- und Wohnstil, Gerüche und Legenden, Traditionelles und Modernes verraten: die Schären leben!

Die Schweden bezeichnen das gehäufte Auftreten der kahlen Eilande als »skärgarden«, also Schärengarten. Und wahrlich wird der Kontrast zwischen dem Grau der Inselchen mit ihren sattbunten Häusern zu einer Art erlebnisreichen Anlage, die einem Naturgarten gleicht. Schären sind aber gleichzeitig Eldorados des Wassersports. Aus allen Teilen der Welt hat der günstige Wind hier die Segler zu den Inseln, Sunden und Buchten geweht und lassen die allseits in Schweden so gepriesene Einsamkeit nicht aufkommen. Dennoch findet jeder bei der gewaltigen Anzahl an Schären sein Plätzchen, auf dem er die Gedanken zwischen Himmel und Erde kreisen lassen kann. Eine Welt für sich sind die Touristenörtchen. Ganz anders als gewohnt stellen sie eine mondäne und snobistische Art vor. Meist aus kleinen Fischerdörfchen entstanden, wurden sie rasch durch die zunehmende Flut an Seglern zu stolzen Hafenorten ausgebaut. Dennoch verblüfft der Kontrast zwischen dem, was die Menschen früher in Anmut und Ehrfurcht vor den Naturgewalten der Küste errichtet haben, und dem, was Technik und Industrie zu errichten imstande sind. Bescheidene und beinahe furchtsam an den Felsen gesetzte Bootshäuschen der Fischer werden heute durch im Einheitsstil errichtete Ferienhaussiedlungen ergänzt, die in hochmütiger Art ganze Inseln überziehen und schon von weitem den Horizont verstellen. Ähnlich verlief die Entwicklung in den Häfen, nicht umsonst gilt Bohuslän als die Côte d'Azur Schwedens. Smögen zum Beispiel: die eindrucksvolle Felskulisse und die pittoreske Anordung der Bootsschuppen im Fischerhafen locken die Touristen in Scharen an. Der im Sommer oft überlaufene Ort strahlt den Charakter vom Saint Tropez des Nordens aus, ähnlich verspielt, naiv und versnobt, aber viel kleiner natürlich und vor allem, typisch schwedisch, aus Holz. Auch die Dimensionen der Jachten sind nicht mit der Mittelmeermetropole zu vergleichen, dennoch läßt sich beim Flanieren entlang dem hölzernen und berühmt-berüchtigten Pier einiges an Vermögen erkennen: es gilt auch hier der Grundsatz »zeigen und gesehen werden«. In den ehemaligen Fischerhäuschen haben sich allerlei Lokale angesiedelt, dazwischen bieten Souvenir- und andere Stände Kunst und Kitsch feil. Ganz anders sind Grundsund und Fiskebäckskil, Fischerörtchen am Gullmarnsund, Schwedens einzigem echten Fjord. Bei einem Rundgang durch die autofreien Gäßchen verdeutlicht sich der skandinavische Lebensstil: bunte Hausfassaden, detailreich verzierte Fenster, und über allem weht stolz zumindest ein kleines blaugelbes Fähnchen.

Kungälv ist die älteste Stadt von Bohuslän. Dort wo sich der Götaälv in zwei Arme rund um die Insel Hisingen verzweigt, wurde vor mehr als 1000 Jahren eine Siedlung gegründet. 1308 baute man zum Schutz die heute noch teilweise erhaltene Festung Bohus, die der gesamten Gegend später den Namen gab. Bei den Wikingern hieß der Gau Ranrike, später war er sowohl von Dänemark als auch von Norwegen als strategisch wichtiges Grenzland hart umkämpft. Seit 1658 gehört es endgültig zu Schweden. Aber die Geschichte reicht viel

28 Oft deuten nur die bunten Briefkästen neben der Straße auf eine Ortschaft hin, denn die dazugehörigen Häuser liegen weit verstreut in den Wäldern oder an den zerklüfteten Küsten. Wie hier in Fjällbacka im Bohuslän versucht jeder Besitzer, seinen Briefkasten so persönlich und kunstvoll wie nur möglich zu gestalten.

29 Das Rad spielt im Leben der Schweden eine große Rolle. Nicht nur aus Umweltgründen wird es gerne dem Auto vorgezogen, sondern auch, weil es besser in die sanften weiten Landschaften paßt. Verkehrsarme Straßen laden vielfach zum aktiven Dahingleiten ein, bis nachmittags bei einer Rast in einem der schwedischen Dörfchen wie hier in Lysekil die Erlebnisse ausgetauscht werden können.

Folgende Abbildung:

30 Nördlich von Lysekil liegt auf einer Halbinsel die kleine Ortschaft Smögen mit seinen in leuchtenden Farben bemalten Holzhäuschen. Garnelen aus Smögen gelten als Delikatesse.

POST
Post

31 | 32

3 Das Moos-
löckchen ist zum
edenken an Carl
on Linné benannt
nd wächst in den
orealen Nadel-
wäldern vom
olarkreis bis
ittelschweden.
er lautmalerische
issenschaftliche
ame lautet Linnea
orealis.

4 Der Gletscher-
ahnenfuß ist vor
lem auf den Fjälls
den lappländi-
hen Bergen
eimisch.

5 Das Naturre-
ervat von Glasko-
en liegt im süd-
estlichen Schwe-
en bei Arvika im
erzen des Värm-
ndes. Eine große
hwedische Holz-
ma hat dieses
ebiet unter Schutz
ellen lassen, um
e Seen- und
aldlandschaft für
anderfreunde zu
halten.

Der Dalsland-
nal, hier bei
lingsfors, wird
ute nur mehr von
eizeitkanuten
fahren, der
ihere Lasten-
nsport nach und
n Norwegen
urde längst
rentabel.

Bei Lennarts-
rs am Dalsland-
nal kommen
des Jahr Tausen-
Kanuten vorbei,
e den maleri-
hen Foxensee
fahren. Dieses
e Holzboot hat
ngst ausgedient.

33 | 34 | 35

Dalsland Center

weiter zurück. Die ersten Bohusländer haben uns ihre Erlebnisse durch Felsritzungen in den harten Granit überliefert. Diese einfachen Darstellungen aus der jüngeren Bronzezeit, also zwischen 1000 und 500 vor Christus entstanden, zeigen Riten, Lebensweisen und Religion vor dreitausend Jahren. Die geläufigsten Motive der in den Fels geschlagenen und zum Teil mit roter Erdfarbe bemalten Darstellungen sind Menschen auf einem Schiff, Menschen mit Speeren, verschiedene Tiere, Jagd- und Kriegsszenen und Schalengruben. Die Menschen, die die Felsritzungen anfertigten, betrieben Ackerbau und Viehzucht, wobei der Ackerbau die kleinere Rolle spielte. Das Handwerk war bereits hoch spezialisiert. Wahrscheinlich organisierte sich die Gesellschaft in Stämme mit Häuptlingen, dies konnte durch Gräberfunde bezeugt werden. Unklar hingegen sind die religiösen Mächte, die von den bronzezeitlichen Menschen angerufen wurden. In Tanum und Vitlyke können die interessantesten Zeichnungen besucht werden.

Die Landschaft von Bohuslän besitzt so viel Unwiderstehliches und Verführerisches, daß es zu Recht von Poeten und Künstlern immer wieder gepriesen wurde. Die unzähligen grauen Inselchen und Schären im tiefblauen Wasser wirken zusammen mit den bunten, gegen die harten Herbststürme zusammengekauerten Fischerdörfchen als harmonische Einheit. Als karges, fast leblos erscheinendes Land besitzt es ein Übermaß an Freundlichkeit und Verspieltheit.

Dalsland

Weit unbekannter als Bohuslän ist das östlich anschließende Dalsland. Es liegt zwischen der Küstenlandschaft und dem Vänernsee, im Norden reicht es an das Värmland heran. Dalsland gilt als Geheimtip für einsame Wälder und kristallklare Seen im südlicheren Teil Schwedens, manche Täler lassen schon eine Vorahnung an die rauhen Hochebenen des hohen Nordens entstehen. Die zentrale Ader von Dalsland ist der gleichnamige Kanal, der vom Vänernsee ausgehend die gesamte Provinz durchquert und einst eine Inlandswasserstraße zu Norwegen darstellte. Noch vor hundert Jahren beförderten Lastkähne der Eisenhütten ihr Landegut Richtung Vänern. Heute befahren Kanuten und Hobbyschiffer die Schleusen und Seen in Richtung Töcksfors im Norden, das jetzt den Endpunkt der Kanalstraße bildet. Von Köpmannebro am Vänernsee sind 250 Kilometer auf einsamen Seen wie Lelangen, Foxen, Silen oder Stora Le zurückzulegen. Dabei müssen 26 Schleusen überwunden werden, die die See- und Flußabschnitte miteinander verbinden. »Parade-Schleuse« und Sehenswürdigkeit zugleich ist die Anlage bei Håverud. Die enge Schlucht zwischen Åklängen und Häljensee mußte schiffbar gemacht werden. Dazu konstruierte der Kanalbauingenieur Nils Ericsson einen Aquädukt, der die Schlucht überquert und die Schleusenkammern verbindet. Zudem kamen in den zwanziger Jahren dieses Jahrhunderts eine Eisenbahnbrücke und in den dreißiger Jahren eine mächtige Bogenbrücke für die Straße hinzu, so daß die Schlucht zum technischen Kuriosum des Dalslandes wurde. Eine einmalige Ausnahme, denn ansonsten bestimmt die wildreiche Natur dieser Provinz das Geschehen. Die Landschaft links und rechts der Kanalseen wird vom Wechsel aus bewaldeten Hügeln und sanften Tälern geprägt. Selten trifft man auf bebaute Felder mit den typisch roten Gehöften. Die wenigen Zentren wie Arjäng oder Bengtsfors sind reine Zweckorte, in Åmal am Vänernsee wurde um 1850 die Hauptwerkstätte der Schwedischen Staatsbahnen errichtet. Der Waldreichtum des Dalslandes geht auf Tonschiefer zurück, der den Boden besonders fruchtbar macht. Diese für Schweden einzigartige Gegebenheit bringt eine reiche und üppige Flora hervor. Biologisch gesehen verläuft hier auch die Grenze zwischen Süd- und Nordschweden. Ein Grund dafür, daß das Dalsland auf eine reiche Tierwelt verweisen kann; sogar Luchse sind anzutreffen, und im Naturreservat von Glaskogen baut der Biber seine Dämme. Dalsland, mit nur etwas mehr als 4000 Quadratkilometer eine sehr kleine schwedische Provinz, verdient aber aufgrund ihres natürlichen Charakters besondere Beachtung und erfüllt jeden naturliebenden Menschen mit besonderer Ruhe und Genugtuung.

36 Bei Håverud trifft die Straße auf den Dalslandkanal und zugleich auf einen technischen Höhepunkt dieses alten Transportweges. Um zwischen zwei Seen die Schlucht des Upperudsälv überwinden zu können, baute Nils Ericsson einen 32 Meter langen Eisenaquädukt, der von 33 000 Nieten zusammengehalten wird.

Zentrum des Westens – Göteborg

Im Mündungsbereich des Götaälv-Flusses liegt Schwedens zweitgrößte Stadt, die wegen ihrer günstigen Lage das Prädikat »Pforte des Westens« bekam. Schon bei der Einfahrt in den Hafen unterquert das Fährschiff die mächtige Älvsborg-Brücke, die weit ausladend und in schwindelnder Höhe den Götaälv etwas außerhalb der Stadt überquert und das »Tor« förmlich bildlich werden läßt. Göteborgs Bedeutung liegt heute mehr in den Hafenanlagen als in der Stadt selbst. Wie eine Spinne umgibt sie geometrisch die Ufer des Götaälv und bringt eine beachtliche Industrie hervor. Volvo und eine bedeutende metallverarbeitende Fabrik nutzten die günstigen Exportmöglichkeiten am Eingang zum Atlantik für ihren wirtschaftlichen Aufstieg. Einer Hafenstadt gerecht werdend, besitzt sie eine weltoffene und internationale Atmosphäre.

Göteborg ist eine relativ junge Stadt. Als in der Ostsee und auf Gotland die Hanse in voller Blüte stand, war hier in der Umgebung nur ein unbedeutender Handelsplatz namens Lödöse. Kungsälv mit der Burg Bohus bestimmte das politische Treiben der Region zu dieser Zeit. Erst Gustav Adolf II. unternahm 1619 einen Vorstoß zur Stadtgründung. Er lud ausländische, vor allem holländische Kaufleute ein, sich am Aufbau eines schlagkräftigen Handelsplatzes zu beteiligen. 1621 wurde am 4. Juni der Privilegienbrief der Stadt unterzeichnet. Da die Stadt zum Großteil auf sumpfigem Gelände entstand, bauten die Holländer nach dem Vorbild Amsterdams Kanäle. Schanzen und Wallgräben schützten den Handelsplatz. Heute kann man in flachen Booten Kanäle und Schanzanlagen als touristisches Schauspiel besuchen. Göteborg wurde nie eingenommen, und in der Folge wuchs der Handel beträchtlich. Schotten, Deutsche und Engländer beteiligten sich, und um 1730 gab es eine regelmäßige Handelsverbindung nach China. In der Umgebung wurden große Industrien gegründet, und Göteborg wuchs zum wichtigsten skandinavischen Hafen heran.

Heute bleibt dem Besucher der industrielle Eindruck verwehrt, die Stadt gehört den lebendigen und humorvollen Bewohnern, die gerne ihre Abneigung zur weit entfernten Hauptstadt preisgeben. Göteborg ist zwar sonniger und heiterer, sein Flair kommt jedoch an das gediegene Gepräge der Hauptstadt nicht heran.

Das Zentrum der Innenstadt bildet der geschichtsträchtige Gustav-Adolf-Platz mit Rathaus, Börse und Gedenkstatue des Stadtgründers. Gleich dahinter steht die Kristinekyrka, die deutsche Kirche, die ursprünglich im 17. Jahrhundert errichtet wurde und später einem Brand zum Opfer fiel. Insgesamt fünf Großbrände verwüsteten die Altstadt Göteborgs, so daß heute im Gegensatz zur Gamla Stan in Stockholm nichts mehr von den altertümlichen Häuschen erhalten ist. Als ältester Profanbau der Stadt blieb das als Zeughaus verwendete Kronhuset bestehen.

Am Gustav Adolf Torget beginnt eine 50 Meter breite und rund einen Kilometer lange Prachtstraße, die Kungsportsavenyn, die uneingeschränkt als das gesellschaftliche Zentrum der Stadt bezeichnet werden muß. Cafés, kleine Geschäfte, Boutiquen und Patrizierhäuser werden von Baumalleen gesäumt und lassen Vergleiche mit klassischen Boulevards mitteleuropäischer Metropolen zu. Ehemals standen hier nur Holzbauten, erst zur Jahrhundertwende durften die Patrizier von Göteborg ihren Prunk in Form von Steinbauten vorführen. Die Straße bietet sich an warmen Tagen zum Flanieren zwischen klassizistischem Nationaltheater und Götaplatsen an, und die munteren Straßencafés geben Gelegenheit, das bunte Treiben so richtig zu genießen. Hier geht es untypisch schwedisch zu, wie überhaupt die Westküste die Vielfalt und Wandelbarkeit der schwedischen Nation beweist.

Kungsportsavenyn endet am Götaplatsen, der vom Poseidonbrunnen des berühmten schwedischen Bildhauers Carl Mill beherrscht wird. Umrahmt wird der Platz vom Kunstmuseum mit der umfangreichsten Sammlung skandinavischer Kunst, von der Konzerthalle und dem Stadttheater. Wo die Straße die Parkanlagen am Vallgraven-Kanal überquert, liegen das »Große Theater« und die Malerschule Valand, in der Carl Larsson tätig war.

Eine besondere Sehenswürdigkeit stellen die

37 Am Hamnkanal in Göteborg, der direkt in den Götaälv mündet, liegen die »Kristine kyrka« und die Börse, in der sich heute die Stadtverwaltung befindet. Der daran anschließende Gustav-Adolf-Platz bildet das Zentrum der Altstadt von Göteborg.

Straßenbahnen dar. Sie gibt es sonst nur noch in der Hauptstadt. Auf eine U-Bahn mußte wegen des lehmigen Untergrundes der Stadt verzichtet werden. So wird heute noch eine Linie zwischen Hauptbahnhof und dem Vergnügungsviertel von Liseberg mit alten Garnituren und Schaffnern mit Originaluniformen betrieben. Die mit vielen Grünanlagen versehene Stadt, die auch seit 1885 eine eigene Universität besitzt, wächst an der Peripherie unaufhörlich.

Göteborg hat sich in seiner relativ kurzen Geschichte, die stets von Handel und Wirtschaft geprägt war, zu einem lebendigen Zentrum am Übergang der west- und mitteleuropäischen Welt zur skandinavischen entwickelt. Wenn auch die Frequentierung des Hafens durch Handelsschiffe abnimmt, so war Göteborg zu allen Zeiten wichtiger Passagierhafen. Noch vor 100 Jahren starteten hier die Auswanderer ihre ungewisse Reise in eine neue Welt. Heute bringen große Fährschiffe im Jahr mehr als vier Millionen Menschen in die Stadt, die allesamt das Tor des Westens als ersten Berührungspunkt mit dem skandinavischen Kontinent gewählt haben. Und es gibt keine bequemere Art, hier anzukommen, und es gibt keinen günstigeren Ort für die erste Berührung mit der skandinavischen Mentalität.

Skåne

Skåne oder Schonen hat viel Ähnlichkeit mit dem benachbarten Dänemark. Man erkennt die frühere kulturelle und auch geographische Zusammengehörigkeit auch an der Fruchtbarkeit des Bodens. Die Freundlichkeit und Offenheit der Landschaft läßt nichts vom rauhen und einsamen Norden erkennen. Schon früh haben sich hier alle möglichen Herrscher eine Unzahl an Landsitzen und Schlössern errichtet, heute noch liegen hier die reichsten und größten Güter des Landes, wie etwa Trolle Lyngby. Der schönste Teil, für mich, liegt in der Südostecke zwischen dem Nationalpark von Stenshuvud und dem kleinen Fischerdörfchen Kåseberga, das als kulinarischer Geheimtip für Räucheraal und Fisch im allgemeinen bezeichnet wird. »Nenne es das Reich der Engel«, charakterisierte Evert Taube diese Landschaft, die Osterlän genannt wird. Eine märchenhaft schöne Landschaft, die sich mit wogenden Äckern und hügeligen Wiesen ausbreitet, eingerahmt von meilenweiten Stränden, idyllischen Fischerdörfern und mittelalterlichen Städten. Dabei hat das im Herbst tosende Meer den Grundstein für diesen Landstrich geprägt. Stets gegenwärtig sind mystische Vermächtnisse des Altertums, die tausende Jahre kultureller Tradition widerspiegeln. Ales Stenar zum Beispiel, nahe Kaseberga gelegen. Eine Schiffssetzung aus der Wikingerzeit, die 1200 Jahre alt sein dürfte, liegt eindrucksvoll und andächtig auf einem grasigen Hügel oberhalb der Küste. Der Grabplatz dürfte wegen seiner Größe auch ein Thingplatz des damaligen Volkes gewesen sein. Eine Wanderung zu Ales Stenar in der Dämmerung verleiht besonders den finsteren und mystischen Eindruck einer zu Stein gewordenen, aber im Moment lebendigen Erinnerung nordischer Geschichte.

In Skåne beginnt Nils Holgersson natürlich seine Rundreise durch Schweden. Und das mit gutem Grund. Denn hier liegt der geographische Ausgangspunkt für ein Land, das sich anschließend über 1581 Kilometer in den hohen Norden erstreckt. Die Rede ist vom kleinen Hafen Smygehuk nahe Trelleborg, der den südlichsten Landpunkt Schwedens repräsentiert. Stolz steht im Hafen ein Hinweisschild mit Angabe des Breitengrades, 55° 20′ 2″ nördlicher Länge. Ähnlich dem Nordkap oder Polarkreis dürfen auch die gewohnten Kilometerangaben zu Bezugspunkten innerhalb Europas nicht fehlen: London 989 km, Paris 1049 km, Moskau 1489 km.

Malmö

Obwohl Malmö das industrielle und verkehrstechnische Zentrum der Südspitze bildet, wirkt die Innenstadt eher kleinstädtisch, etwas englisch angehaucht und gar nicht mehr schwedisch. Zahlreiche Kanäle durchziehen Stadtkern und Parks, am alten Marktplatz sind Fachwerkbauten zu bewundern, während das Stadthaus und St. Petri Kyrka an ein Bauwerk in Lübeck erinnern. Malmö ist seit dem 13. Jahrhundert eine blühende Hafen- und Handelsstadt. Die günstige Lage an der Meerenge

38 Der erste Kontakt mit dem schwedischen Festland sind die Schären vor Göteborg, wenn man mit den großen Fährschiffen von Deutschland kommend den Hafen von Göteborg und Trelleborg ansteuert.

39 Die riesige, imponierende Schiffssetzung von Ales Stenar liegt unmittelbar beim verträumten Fischerdörfchen Kåseberga. Ob dieser Platz eine Opfer- oder Kultstätte der Wikinger war, ist heute umstritten.

zwischen Dänemark und Schweden – die Fähre benötigt nur 45 Minuten in die dänische Hauptstadt – ließ ihre Kaufleute Handel mit der Hanse treiben. Reiche Fischgründe für Hering an der Küste verleihen ihr einen gewissen Reichtum. Im Machtvakuum zwischen Dänemark und Schweden wechselte es öfters die Landesfahnen und stand auch zeitweilig stark unter deutschem Einfluß. Besonders die Fährverbindungen zu Festlandeuropa und Dänemark bedingten den Aufschwung, der heute noch das wirtschaftliche Leben der Stadt beherrscht.

Ein Blick in den Bahnhof verrät die Randlage: Züge nach Berlin, Frankreich, England, über den Gleisen glänzen die riesigen Verladekräne des nahen Hafens. Die Luft verrät Ankunft oder Abschied, irgendwie spürt man, daß hier auch Urlaubsträume für viele beginnen oder enden. Schnell noch ein Blick zum nahen Lilla Torget oder Stortorget, um das internationale Treiben zu verfolgen. An Sehenswürdigkeiten hat Malmö nicht allzuviel zu bieten, mehr ist es die teils ausgelassene, teils urgemütliche Atmosphäre in den Innenhöfen des »Kleinen Platzes«. Galerien und Geschäfte mit allerlei Nützlichem und Tand säumen den Platz, der um 1591 entstand. Bemerkenswert an Kulturgütern sind Rathaus und Kirche. Die Fassade des ehrwürdigen Stadthauses zeigt Symbole für die Erwerbszweige Malmös: Handel, Ackerbau und Schiffahrt. Mitten auf dem Platz thront die Statue von Karl X. Gustav und erinnert an den Friedensvertrag, der Malmö endgültig schwedisch werden ließ. Dahinter ragt hoch der grüne und spitze Turm der St.-Petri-Kirche auf, die ein Zeugnis des starken deutschen Einflusses im 13. und 14. Jahrhundert darstellt.

Schwedens Design und Wohnkultur

Schwedens Design ist wie vieles im Land eng mit der Erscheinungsform der Natur und der daraus resultierenden Auseinandersetzung des Menschen mit den Urkräften verbunden. Viele unkonventionelle Ideen gehen aber auch einfach nur auf verlorengegangene handwerkliche Traditionen zurück. Die langen, dunklen Nächte und die rauhe Natur haben bewirkt, daß das Leben zu Hause und die Form der Wohnlichkeit weit wichtiger werden als die urbane Öffentlichkeit. Im Winter bleibt man zu Hause und sucht die Identität im Wohnumfeld, im Sommer bricht man aufs Land und in die Natur auf, um dort die geistige Selbstverwirklichung zu finden. In diesem Spannungsfeld ist Design und Formbewußtsein der Schweden angesiedelt. Das Bemühen, ein ästhetisches Bewußtsein für Qualität und äußeren Lebensstil zu finden, sind in Schweden besonders ausgeprägt und verbinden sich mit dem sozialen Anliegen, eine Formgebung für jedermann zu finden.

»Schwedisch« und »Skandinavisch« wurde zum Markenzeichen für eine funktionale Schlichtheit und eine gut verarbeitete Designqualität von Holz und Glas. Als wohltuend und als Antwort auf die barockisierten und überladenen Stilrichtungen Mitteleuropas verzichtete man auf Ornamentik und setzte auf die Reinheit der Form. Man denke nur an das richtungweisende schwedische Möbeldesign, das »Hoffähigwerden« der Kiefer als Ausdruck der Reinheit und der Naturverbundenheit und nicht zuletzt die erzieherische Tätigkeit von IKEA, die einerseits den Lebensstil vieler Menschen beeinflußt hat, andererseits aber die Bedürfnisse der Städter optimal erfüllt. Glas und Textilien gehören ebenso zum traditionsreichen Kunsthandwerk. Die Glashütten Smålands erzeugen seit dem 18. Jahrhundert mit den gleichen Methoden zerbrechliche Kostbarkeiten. In Borås in Västergötland entwerfen schwedische Designer außergewöhnliche Stoff- und Modekollektionen. Programmatische Ansätze lieferten stets die Künstler Ellen Key und Carl Larsson, die in einer Auseinandersetzung zwischen internationalen Impulsen und schwedischer Tradition die Formgebung beeinflußten.

Dabei ist schwedische Wohnkultur eher eine Lebensform als ein fest umrissener Stil, sie ist eine bestimmte Art, sich häuslich niederzulassen. Lawrence Durell nannte Skandinavien als »Spirit of place, als genius loci einer Landschaft, fühlbar in ihrem Klima, anschaulich in ihren wilden Blumen und ihren Bewohnern, deren Bräuche von dieser Umgebung geprägt

40 Malmö, die Hauptstadt der Provinz Skåne, ist mit etwa 250 000 Einwohnern die drittgrößte Stadt Schwedens. Am großen alten Platz steht das kunstvolle Rathaus, im Hintergrund ragt der Turm der St.-Petri-Kirche auf. Malmö gehörte wie die Provinz Skåne lange zu Dänemark.

Folgende Abbildung:

41 Die Wanderwege im Naturreservat von Glaskogen führen rund um den See Stora Glå. In Lenungshammar, einem kleinen Walddorf, befindet sich der Stützpunkt der Wanderer mit Campingplatz und kleinem Geschäft. Wer die Wanderungen erleben will, muß sich registrieren lassen und einen kleinen Kostenersatz leisten.

42 und 43 **Hamra und Sandsjö liegen in der Finnmark von Orsa im nördlichen Dalarna. Entlang der schon schmaler werdenden Durchzugsstraßen in Richtung Lappland liegen zahllose glasklare Seen, die zum Verweilen einladen. Das fast ständige Licht des Sommers schafft eindrucksvolle Stimmungen, wenn man die Zeit hat, einen Tag die Fahrt zu unterbrechen und sich der Muße der Sommerstunden hinzugeben.**

wurden«. Konkrete Notwendigkeiten und geographische Gegebenheiten formten das Wertgefüge und das Wohngefühl. Die Tradition drückt sich in bewährten Methoden und dauerhaften Ergebnissen aus. Architektur wird selten zu Lasten der natürlichen Umgebung durchgesetzt, sie hat sich den Bedürfnissen der Natur anzupassen. Man will nichts Neues erfinden, sondern konzentriert sich auf die Vervollkommnung bewährter Konzepte. Dabei übt die jeweilige Landschaft großen Einfluß auf die Formgebung der Häuser und Wohnstile aus; einige sind großartig, andere bescheiden. Ihnen allen gemeinsam ist die innige Beziehung zu ihrer Landschaft, in der sie wirken und aus der sie hervorgegangen sind. Nicht blendender Luxus, sondern Dauerhaftigkeit und Solidität zählen.

Schlichte Eleganz und »ehrliche« Materialien wie Holz, Glas und Metall prägen also den Charakter von Wohnkultur und Design Schwedens. Damit entspricht das schwedische Formgefühl heute mehr denn je dem Wunsch nach mehr Natürlichkeit im Alltag. Das Wohngefühl setzt die Eigenschaften der umgebenden Landschaft und des rauhen Klimas innerhalb der vier Wände fort.

Der Naturreichtum als Basis der Wirtschaft

Schweden ist reich an Nadelwald, Wasserkräften, Eisenerz, Uran und anderen Mineralien, besitzt aber im Gegensatz zum benachbarten Norwegen keine Öl- und Kohlevorkommen, die von Bedeutung wären. Vor allem die Leere der Landschaft und die ungeheuren Entfernungen waren die Ursachen dafür, daß die längst bekannten Bodenschätze zuerst nur spärlich genutzt wurden. In der Mitte des 19. Jahrhunderts verspürte der Norden eine Art Goldrausch, als es gelang, das Eisenerz von Gällivare und Kiruna ökonomischer zu transportieren und einer Verhüttung zuzuführen. Die phosphorreichen Erze mußten exportiert werden, weil die Möglichkeiten zur Weiterverarbeitung in Schweden fehlten. Erst mit dem Bau der Eisenbahnlinie von Gällivare zum eisfreien Hafen von Narvik in Norwegen zu Beginn dieses Jahrhunderts fiel der Startschuß für die Blütezeit der schwedischen Erzgruben. Das Erz konnte wirtschaftlich effizient ans Meer gebracht werden, wo es auf riesigen Schiffen in alle Welt verfrachtet wurde. Heute sind diese Gruben bereits wieder im Zuge der allgemeinen Rezession in der Krise, kleinere Bergwerke Mittelschwedens wurden bereits geschlossen. Die Abbaumenge im Norden, vor allem von Kupfer, Blei und Gold, ist von den Weltmarktpreisen abhängig.

Die riesigen Vorräte Schwedens an Fichten, Kiefern und anderen Nadelhölzern, mehr als die Hälfte der Fläche Schwedens wird von Wald bedeckt, bilden einen wichtigen Wirtschaftszweig. Sie dienen als Grundlage einer hochentwickelten Schnittholz-, Papier- und Holzwarenindustrie und erreichen fast ein Prozent der Waldfläche der gesamten Erde. Trotz des großen Eigenverbrauchs werden etwa 60 Prozent der schwedischen Holzprodukte exportiert. Värmland gilt als das Zentrum des Holzreichtums. Besonders charakteristisch sind die riesigen Holzflöße, die oft einer unüberschaubaren Wirrnis aus Stämmen gleichen, aber auch als geordnete Struktur aus Abertausenden zusammengebundener Holzstücke auf den großen Flüssen wie Klarälven oder Dalälven den Verarbeitungsstätten zutreiben.

Die billige Wasserkraft war ein wichtiger Faktor bei der industriellen Entwicklung Schwedens. Heute stammen etwa fünfzehn Prozent der schwedischen Energieversorgung von Wasserkraftwerken, von denen viele an den großen Flüssen im Norden liegen. Dennoch ist Schweden vom Ausland abhängig, gerade was die Energieversorgung betrifft. 50 Prozent des Energieverbrauchs werden durch Öleinfuhr gedeckt, sieben Prozent durch Kohle. Die Hälfte des Energieverbrauchs stammt aus Kernkraftwerken, jedoch muß man sich gemäß einer Volksabstimmung im Jahre 1980 bis 2010 völlig aus der Kernkraft zurückgezogen haben.

Vor hundert Jahren noch ein Agrarland, entwickelte sich durch zunehmende Industrialisierung ein hochentwickelter moderner Staat, der einen der höchsten Lebensstandards der Welt besitzt. Nur mehr vier Prozent der gesamten Bevölkerung, die Samen ausgenommen, arbeiten in der Landwirtschaft. Die enorm gestei-

gerte landwirtschaftliche Produktivität, ferner Flurbereinigung und Grundzusammenlegung, führten auch in Schweden zu riesigen Agrarflächen. Durch staatliche Subventionen und parlamentarische Beschlüsse versorgt man sich aber zu 80 Prozent aus eigener Produktion. Die Lebensmittelpreise sind wegen des Schutzes gegen ausländische Konkurrenz für Mitteleuropäer exotisch hoch, auch gegenüber dem Weltmarkt. Besonders extrem sind Preise für Getränke, der Kauf von Mineralwasser kommt der Berappung einer Strafe gleich, weil man es verabscheut hat, das klare Wasser der schwedischen Seen und Flüsse zu genießen. Ebenso verhält es sich mit Schokolade, Süßigkeiten und Fleischprodukten. In Schweden regeln es die Preise, Gourmet zu bleiben und nicht Gourmand zu werden.

Schweden hat jahrhundertelang Metalle und Holz exportiert, aber die Industrialisierung in großem Maße setzte erst um 1870 ein, angeregt durch ausländisches Kapital und durch den Ausbau des schon erwähnten Eisenbahnnetzes. Anfänglich beherrschten Rohstoffe und Halbfabrikate die Ausfuhr, aber dann spielten Fertigwaren eine immer größere Rolle. Viele bauten auf schwedischen Erfindungen auf und vereinigen gediegene Perfektion mit einem gehörigen Schuß an Spritzigkeit. Technische Erzeugnisse wie Autos, Maschinen, Elektroartikel und Telefone machen heute fast die Hälfte des schwedischen Exports aus. Aber ein hochentwickelter Dienstleistungssektor spiegelt die intellektuelle Substanz des Volkes wider, Beratung- und Prozeßentwicklung, Energie- und Umweltschutzmanagement zählen zu den führenden Zweigen und zu den expandierenden Beschäftigungszweigen.

Das beliebteste schwedische Exportgut hat vier Buchstaben und seit kurzem das Landestier als Symbol. Die Rede ist von IKEA und dem Elch, der revolutionären Möbelfirma, die Anfang der achtziger Jahre mit ihrem alternativen Kiefernbretterstil Mitteleuropa eroberte und es mittlerweile zu einem umfangreichen Möbelhaus gebracht hat, in dem Studenten genauso gerne einkaufen wie die Firmenbosse. IKEA ist mehr als nur »Möbel aus Schweden«. In der Logistik und in der Idee steckt mehr »typisch Schwedisches«, als man auf den ersten Blick vermuten möchte: einfaches Holz verbunden mit einer einfachen Idee, kreativ und menschennah, das ist »Know-how« auf schwedisch!

Die Konkurrenzfähigkeit der schwedischen Wirtschaft hat durch die Kostensteigerungen in den letzten zwei Jahrzehnten stark gelitten. Verglichen mit anderen Industriestaaten setzt Schweden eher auf eine Vollbeschäftigung als auf günstige Preise. Die Arbeitslosigkeit ist international gesehen noch immer sehr niedrig, doch droht hier in der nahen Zukunft eine Explosion. Die übersozialisierte Politik hat zu großen Defiziten im Staatshaushalt geführt. Einschränkungen und Reformen werden notwendig werden, die aber die Bevölkerung zu tragen hat. Abwertungen der Krone, Erhöhung der Auslandsverschuldung und ein erneutes Verlagern der wirtschaftlichen Aktivitäten auf die technische Innovation waren die Folgen. Besonders in der Textilindustrie, der Forstwirtschaft und im Schiffbau wurden massive Umstrukturierungen vorgenommen.

Blekinge

Blekinge, sagt man, besteht aus drei Stufen: die oberste, die Smaland am nächsten liegt, wird zum größten Teil von magerer Erde und Geröll bedeckt, und dort wollen kaum andere Bäume als Birken und Tannen wachsen. Die mittlere Stufe wirkt lieblicher und wird von Ahorn-, Eichen- und Lindenhainen geprägt. Aber die unterste Stufe ist die beste. Dort, wo sie »daliegt und mit ihrer Küste im Meere badet, spürt sie nichts von der Kälte Smålands«. Hier unten gedeihen Kastanien und Nußbäume, und die kleinen Ortschaften drängen sich an der sonnigen Küste der Ostsee. Blekinge, das auch als der Garten Schwedens bezeichnet wird, umfaßt auch eine reiche Schärenlandschaft, vor allem in der Bucht von Karlskrona. Dieses blühende und lebendige Städtchen bildet die Provinzhauptstadt. Das durch die Inseln geschützte Hafengebiet hatte schon um 1680 für Karl XI. große Bedeutung, der die Stadt gründete. Lange beherrschte die Flotte die Ostsee, heute ist hier ein Stützpunkt der hochtechnisierten schwedischen Flotte.

44 und 45 Stensjö, in der Provinz Småland gelegen, bildet ein Modell zur Erhaltung der traditionellen landwirtschaftlichen Betriebe. Auf sogenannten »Almenden«, umrahmt von den typischen handgefertigten Holzzäunen, wird eine extensive Landwirtschaft betrieben. Die Bauern sind Angestellte des Kulturministeriums, das dieses Projekt betreut und erfunden hat.

Småland

Småland gilt als die südlichste Wildnis Schwedens. Klare fischreiche Flüsse und Seen mit weiten Wäldern und vielen Elchen bestimmen das Landschaftsbild. Den zentralen Teil umschließt die südschwedische Hochebene, die auf eine uralte geologische Herkunft verweisen kann. Während das Hochland im Norden am Übergang zum Vätternsee unruhiger und faltenreicher ist, wirkt der Süden wie eine flache, weit ausgebreitete Seenplatte mit dreißig bedeutenden Seen, die früher zusammenhingen. Die größte Erdfalte wird vom tiefen Vätternsee ausgefüllt. Die Küste bietet im Gegensatz zum Landesinneren ein ganz anderes Bild. Sie ist nicht so karg und lebendiger, hier liegen auch die Zentren Smålands, Oskarshamn und vor allem Kalmar. Der Küste vorgelagert und durch den Kalmarsund getrennt, breitet sich das schmale und fast 130 Kilometer lange Öland aus, die zweitgrößte Insel Schwedens.

Smålands Entwicklung ist stets unter dem Gesichtspunkt seiner Randstellung zwischen dem dänischen und schwedischen Reich zu sehen. Lange Zeit verlief hier die Grenze, deshalb entwickelten die Småländer eine gewisse Eigenständigkeit in der Vermischung südlicher und nördlicher Kultur. Die Besiedelung begann ebenfalls in der Bronzezeit, zahlreiche Grabhügel und Schiffssetzungen sind erhalten und verraten Thingplatz oder Königssitz früherer Stämme. Im 19. Jahrhundert, als sich die schwedische Gesellschaft von einer bäuerlichen zu einer bürgerlichen zu wandeln begann, mußten viele Bauersleute das karge Småland verlassen und bildeten den Hauptstrom der Auswanderer nach Übersee. Die Höfe vereinsamten und damit auch die Landstriche. Heute gibt es Programme zur Wiedereinführung traditioneller landwirtschaftlicher Höfe. In Stensjö zum Beispiel unterhält die schwedische Akademie für Literatur und Altertümer ein Projekt zur Erhaltung früherer Kulturlandschaften. In diesem Dorf wird die Schwendewirtschaft betrieben, und die ackerbaulichen Methoden haben nichts mit Technik und Chemie zu tun. Das typische Dorf in der typisch småländischen Waldgegend soll als Kulturgut und Dokument althergebrachter Lebensweisen erhalten bleiben.

Inmitten der Provinz, vor allem im Bezirk Kalmar und Kronoberg, erstreckt sich über ein paar Dutzend Kilometer das »Reich des Glases«. Hier sind namhafte Glashütten zu finden, manche gehören zu den berühmtesten der Welt. Die meisten wurden um die Jahrhundertwende gegründet, Nybro, Boda, Kosta oder Bergdala gehören zu den bekanntesten. Das eigentliche Småland ist aber das Binnenland mit den Ortschaften Jönköpping, Nässjö und Vimmerby, die Heimat der Pippi Langstrumpf und des Michel aus Lönnebergas, kurzum die Wirkungsstätte der berühmten Dichterin Astrid Lindgren. Die Hauptstadt Binnen-Smålands bleibt Växjö, eine ehemalige Residenzstadt. Der Name geht auf Wege zurück, die sich früher hier gekreuzt haben: Vägsjö, die Wege, die sich am Helgasee kreuzten.

Kalmar

Die bedeutendste und geschichtsträchtigste Stadt der Provinz Småland ist Kalmar. Schon im 12. Jahrhundert gegründet, liegt es an der engsten Stelle des Kalmarsundes zwischen dem Festland und der Insel Öland. Die Gegend kann als alte Kulturlandschaft bezeichnet werden, ihre Zeugen reichen bis in die Steinzeit zurück. Weil Kalmar stets im Grenzgebiet zu Dänemark lag, war es oft umkämpft. Schon 1160 wurde ein Rundturm angelegt, dem bald eine Ringmauer folgte. Daraus entstand später das Kalmarer Schloß. Den Ausgangspunkt zu seiner gewichtigen politischen Stellung nahm Kalmar 1397, als im Schloß auf Drängen der Königin Margarete von Dänemark innerhalb der Kalmarer Union der nordische Staatenbund besiegelt wurde. Kalmar war der Schlüssel des Reiches. Wer die Burg beherrschte, hatte einen großen Einfluß auf Land und Ostsee und somit auf den Handel in diesem wirtschaftlich bedeutenden Raum. Neben dem Schloß entwickelte sich im 17. und 18. Jahrhundert ein munteres Städtchen mit aus Holzhäusern geformten Straßenzeilen und zahlreichen Gartenanlagen. Heute ist Kalmar eine Stadt mit mondänem Aussehen und aufstrebendem Wirtschaftsleben und gut ausgebautem Hafen.

46 In Kalmar, einer der sehenswertesten Städte in Schweden, befindet sich das gleichnamige Schloß, in dem 1397 die berühmte Kalmarer Union geschlossen wurde. Bereits im 13. Jahrhundert bestand hier eine Festungsanlage, im 16. Jahrhundert gab Gustav Wasa dem Schloß das heutige Aussehen.

Kalmar ist zweifellos eine der grünsten und blühendsten Städte Schwedens, eine Stadt, die Geschichte und Neuzeit auf selten schöne Art miteinander verbindet.

Das eindrucksvolle Schloß, Ende des 12. Jahrhunderts errichtet, stand fünf Jahrhunderte hindurch im Brennpunkt der dramatischen Geschehnisse der nordischen Geschichte. Es war Schauplatz zahlloser Kämpfe und friedlicher Zusammenkünfte, in denen entscheidende Fragen der Reichspolitik und Wirtschaft erörtert wurden. Die Geschichte reicht mehr als 800 Jahre zurück.

Öland

Einer Sage nach entstand die Insel durch einen riesigen Schmetterling, der vom Festland aufs Meer flog und im Sturm seine Flügel verlor. Daraufhin stürzte der Rumpf in die Ostsee und versteinerte zur Insel Öland. Die langgestreckte und schmale Insel, ein Kalkplateau, wird von Linné als »ganz anders als alle sonnigen Landesteile Schwedens« beschrieben. Schriftsteller priesen Öland als schwedisches Ausland und räumten der eigentümlichen Farbigkeit des wechselnden Lichts und der kargen, strauchbewachsenen Hochebenen südliche Eigenschaften ein. Der endlose Himmel, der über dem Eiland liegt, lockte Landschaftsmaler an. Für Geologen und Biologen wurde Öland früh zum Paradies, denn es unterscheidet sich in der Tat vom Festland: die schwedischen Urgebirge liegen gut 200 Meter unter der Oberfläche und werden von Sandstein, Kalkstein und Schiefer überlagert. Im Norden sind Ablagerungen aus der Eiszeit zu finden, im Süden schließen eigenartige Heidelandschaften an, die Alvare genannt werden. Zu beiden Seiten der Küste verlaufen Strandwälle aus der Zeit, als die Ostsee ein Binnenmeer war (Ancycluszeit). Die Landschaft wird teilweise von Weideland und Laubwald geprägt. Meist herrscht aber ein Buschwerk vor, das in vegetationslose Böden oder steppenähnliche Grasländer übergehen kann. Der Wald beschränkt sich auf den nördlichen Teil, die schmalen Küstenstreifen werden wegen ihrer Fruchtbarkeit landwirtschaftlich genutzt. Trotz der Kargheit mahlte die Bevölkerung offenbar viel Getreide, um 1780 zählte man 1000 Windmühlen, von denen noch heute eine große Zahl zu bewundern ist und die als melancholische und pittoreske Akzente die sonst eher eintönige Landschaft beleben.

Öland ist mit dem Festland seit 1975 durch eine Brücke über den Kalmarsund nach Kalmar verbunden, die mit knapp über 6000 Meter die längste Brücke Europas ist. Ein Superlativ, der bei einer Fahrt über das Bauwerk augenscheinlich wird. Knapp hinter Kalmar wölbt sich die Brücke atemberaubend in die Höhe, um den großen Schiffen die Durchfahrt zu erlauben. Als Betonschlange auf Stelzen verläuft sie langgezogen aufs Inselfestland, und es wird nicht selten der Fall sein, daß sie witterungsbedingt im Dunst oder Nebel verschwindet und kein Ende erkennen läßt.

Das Blaue Band – der Götakanal

»Reser man på Göta Kanal är inte malet det viktiga, utan resans upplevelser« – »Bei dieser Fahrt soll nicht das Ziel das Wichtigste sein, sondern all das Schöne entlang der Reise« – mit diesen Worten beginnt die Begrüßung an Bord der Götaschiffe, den lieblichen Kähnen, mit denen man entlang der schwedischen Wasserstraße besonderer Art dahingleitet – durch schattige Wälder, goldgelbe Kornfelder und glitzernde Seen. Die Mittsommer-Kreuzfahrt zwischen Göteborg und Stockholm gehört zu Schwedens beliebtesten Unternehmungen.

Vor genau 160 Jahren wurde die romantische Wasserstraße, die Schwedens Ost- und Nordseeküste verbindet, eröffnet. An Bord der kleinen putzigen Schiffe wird nicht nur die vorbeifahrende Landschaft zum Erlebnis, sondern auch die Lust an der alten Tradition wiedererweckt. JUNO und WILHELM THAM heißen zwei der Dampfer mit weißem Rumpf und schwarzem Schornstein, deren Route rund 600 Kilometer lang mit 65 Schleusen quer durch den schwedischen Süden führt. Eigentlich ist nur ein Drittel der Strecke Kanal, der Rest sind Seen, Flüsse und Meer. 32 Jahre dauerte der Bau der Wasserstraße, die kaum mit der herkömmlichen Vorstellung eines Kanals in Verbindung zu bringen ist. Baltazar von Platen ist der Vater des Götakanals. Mit der Eröffnung 1832 wurde sein Lebenswerk beendet und eine

47 Öland, das schmale Eiland vor Kalmar, gilt als die schwedische Sonneninsel. Die Ölandbrücke überspannt mit 6 Kilometern Länge den Kalmarsund. Die Insel wird durch eine pittoreske Landschaft mit Sandstränden und zahllosen Windmühlen geprägt.

48 Die typische schwedische Landschaft des Südens und Ostens. Weite Felder, durchbrochen von Birkenalleen und nicht selten im Sommer vom tiefblauen Himmel kontrastiert. Diese Landschaft ist in der Nähe von Enköpin im weiteren Umfel von Stockholm zu sehen.

49 Auch auf Öland sind überall in der Landschaft Zeichen der Vergangenheit erhalten, wie dieser Runenstein bei Gärdby.

50 An der Südostküste liegt in der Provinz Skåne der Nationalpark von Stenshuvud. Der erst 1986 eingerichtete Park schützt die typisch Küstenlandschaft an der Ostküste Schwedens. Besonders interessant ist die Abfolge von Weißbuchenwäldern, kahlen Felskuppen und Heidegebieten.

49 | 50

JUNO

Vision Wirklichkeit. Mit Recht gilt der Kanal als das gigantischste Bauwerk der schwedischen Geschichte. Er trug damals zum wirtschaftlichen Aufschwung bei und sparte den Öresundzoll, der an die Dänen zu zahlen war. Seit dem 16. Jahrhundert hatten die Schweden davon geträumt, zwischen Ost- und Nordsee hin- und herzufahren. 1607 wurden erste Kanalschleusen gebaut. Aber dann verstrichen noch zwei Jahrhunderte, ehe das große Vorhaben um 1800 durch den Bau einer Schleuse bei Trollhättan endgültig begonnen wurde. So wurde der Vänernsee mit der Nordsee verbunden. Heute ist der Kanal reine Ästhetik. In majestätischer Ruhe gleiten im Schatten der »längsten Allee« Schwedens nostalgische Dampfer durch die weite Landschaft Västergötlands, durch Vänern und Vättern und entlang der Ostseeschären vor Stockholm bis an die Mündung des Mälarsees.

Um Punkt neun startet »M/S JUNO« in Göteborg. Aufwärts folgt der Kanal anfänglich dem Götaälv und erreicht bei Vänersborg den Vänernsee. Bis Trollhättan mußten schon fast 40 Meter Seehöhe überwunden werden. Dieser Teil ist nicht typisch für den Kanal: eine viel befahrene Wasserstraße zum schwedischen Binnenmeer, die nicht von der leisen Romantik des restlichen Kanals umfangen wird. Die Dampfer gleiten in einem weiten Bogen über den Vänern, um bei Sjötorp in den eigentlichen Kanal einzutreten. Bevor der Vikensee erreicht wird, läuft der Kanal durch ein mehrere Meter langes Kanalstück, das in den Felsen gesprengt ist. Hin und wieder hört man kratzende Geräusche vom Rumpf des Bootes, denn hier ist die Fahrrinne voller Felsen. Auch der Vikensee muß mit Vorsicht befahren werden, Untiefen eröffnen nur eine enge Fahrstraße. Doch die Kapitäne der Dampfer verstehen ihr Handwerk. Längst ist das höchste Stück des Kanals erreicht, es liegt 92 Meter höher als der Ausgangspunkt in Göteborg. Forsvik liegt vor dem Schiff, die älteste Schleusenanlage, die den Vikensee mit dem Vättern verbindet. Schon mehr als ein Tag liegt hinter den Reisenden, die von der hölzernen Reling das geschäftige Treiben an der Schleuse beobachten. Überhaupt wird den Reisenden an Bord viel Romantik geboten. Der alte Speisesaal zum Beispiel, in dem die opulenten Abendessen eingenommen werden, oder die Veranda am hinteren Ende des Schiffs, die besonders im pfirsichfarbenen Abendlicht zu gemütlichen Rundblicken einlädt. Im Salon stehen gemütliche Sofas, zwischen Petroleumlampen strahlt das Königspaar den Fahrgästen entgegen, die hier den Kognak einnehmen. Am Oberdeck stehen schmale, aber stilvolle Kabinen zur Verfügung, jede mit einem kleinen Obstkorb versehen, wenn die Fahrt neu beginnt. Göta versteht, Gäste zu feiern und zu verwöhnen.

Meist nachts wird der Vättern überquert, nachdem man bei der großen Festung Karlsborg den Kanallauf verläßt. Motala, die künstlich geschaffene Industriestadt, aus der früher Erze auf dem Kanal transportiert wurden, liegt am Ausgang des Vättern in jenem Kanalabschnitt, der schon nahe der Ostsee liegt! Es ist das Zentrum der Götakanalschiffahrt, Direktion und ein Museum sind hier eingerichtet, das Informationen über den Bau und den Betrieb in der bisher 160 Jahre langen Geschichte des Blauen Bandes gibt. Jetzt betritt das Boot den schönsten Kanalabschnitt, nachdem die Schleusen von Borenshult überquert sind und das Boot über sechs Kammern in den Borensee hinabsinkt. Borensberg ist erreicht, und dem vorbeifahrenden Schiff winken die Gäste des Götahotels nach. Jetzt folgen einige kleine Brückenübergänge wie Sörby, Ruda oder Sjöbacka, die jeweils mit Brückenwärtern besetzt sind. Auch der 1750 erbaute Landsitz von Brunneby liegt am Kanal. Die Dampfer durchqueren waldreiche Gebiete, und Radfahrer können die Schiffe auf sogenannten alten »Treidelpfaden« begleiten. Malerische Dörfchen grüßen im Vorbeifahren, so wie die vielen bunten und lieblichen Sommerhäuschen, die am Kanal erbaut wurden. Nie sieht man Beton oder unpassende in die Landschaft gestellte Bauwerke. Der Göta glänzt als blaues Band zwischen Wiesen und Ufersäumen, Feldern und Schilfröhrichten, die vom Schnarren der Wasservögel erfüllt sind. In Berg wartet eine besonders spektakuläre Schleusentreppe, die die Passagiere immer wieder von Bord zieht. Wie auf einer Rolltreppe gleitet das Schiff in

51 Der Götakanal muß bei Berg 37 Meter Höhendifferenz zwischen dem Roxensee und dem anschließenden Kanalstück bewältigen. Durch die eindrucksvollen Schleusenstufen wird das Schiff in kurzer Zeit hinauf- oder hinuntergehoben.

den tiefer gelegenen Roxensee. Über dreißig Seemeter sind in fast zehn Schleusenstufen zu überwinden. Jetzt folgt der schönste Abschnitt der Reise: Felder mit den samtweichen, grünen Ähren des Winterweizens säumen den Kanal, meist rot gestrichene Bauernhäuser stehen neben den großen Schleusen. Innerhalb einer Stunde wird das Schiff 52 Meter sinken, um den letzten Teil des Kanals bis Mem zu befahren. Die Schleusen von Mem sind so schmal, daß zwischen Schiffsrumpf und Schleusenkammer kaum eine Hand hineinpaßt. Die tropfenden Schleusenkammern sind noch im Originalzustand, einhundertfünfzig Jahre alt und unverändert stabil. Bei Mem erreicht das Schiff die Schärenlandschaft der Ostsee. Auf dem Slätbacken, einem Ausläufer der Ostsee, führt die Fahrt durch ein Labyrinth von bewaldeten Inselchen, die teils »bewohnt«, teils nur als grasige Schären ausgebildet sind; so steuert der Kapitän nach Norden auf Stockholm zu. Einmal noch, bei Södertälje, wenn der Kanal wieder die Ostsee verläßt, um in den Mälarsee zu gelangen, muß das Schiff eine Schleuse überwinden. Jetzt bleiben dem Gast noch drei Stunden Zeit, bis der Dampfer nach einer fast viertägigen Fahrt am Riddarholmenkai in Stockholm anlegt. Beim Blick auf die Turmspitze der Riddarholmenkirche kann sich der Fahrgast noch einmal an die Höhenunterschiede erinnern, die sein Boot während der 620 Kilometer überwinden mußte, denn die Turmspitze ist genauso hoch wie der höchste Punkt des Kanals. Die Schiffsreise ist zwar nicht die schnellste Verbindung für die Strecke von Stockholm nach Göteborg, aber sicherlich die schönste. Und hat man erst Stockholm erreicht, so lassen sich die Impressionen der letzten Tage verarbeiten. Noch lange wird man die Intimität der Atmosphäre an Bord und den ehrwürdigen Glanz von Tradition und Gemütlichkeit in Erinnerung behalten. Das nostalgische Schwelgen auf Schwedens Blauem Band, bergauf und bergab, durch Wiesen, Wälder und Seen, wird zum denkwürdigen Erlebnis.

Das Vermächtnis der Geschichte: Gotland

Ein Mann namens Tjelvar fand Gotland als erster und brachte das Feuer auf die Insel, und danach verlosch es nie mehr… So heißt es in der Überlieferung der Gutasage, die im 13. Jahrhundert aufgezeichnet wurde. Auch heute noch erscheint die Insel sagenumwoben und als etwas Besonderes mit ihrem Reichtum an Zeugnissen der Vergangenheit.

Vor etwa 400 Millionen Jahren bildete sich das Kalkgestein Gotlands in einem warmen Meer aus Überresten zahlloser Organismen. Der Tjelvar unserer Sage oder übersetzt die ersten Steinzeitmenschen besiedelten die Insel vor 7000 Jahren. Jede Epoche hinterließ ihre historischen Spuren. Aus der Bronzezeit sind nahezu 400 Grabfelder und 350 Schiffssetzungen zu finden. Die Funde von Bildsteinen, Fluchtburgen und Häusern aus vorgeschichtlicher Zeit übertreffen die aller übrigen schwedischen Provinzen. Man sagt, daß ein Bauer beim Pflügen stets auf antike Schätze treffen kann, der Boden ist voll davon. Dabei handelt es sich um Münzen und Keramikgefäße, die die Bewohner Gotlands aus Furcht vor ankommenden Schiffen vergraben haben.

Von der Wikingerzeit an war Gotland das Handelszentrum der Ostsee. Die Blüte der Hanse führte auch zur Blüte der Insel, die Gotländer waren geschickte Seefahrer und Kaufleute. Große Reichtümer sammelten sich im Land an, die man gerne in Form von Kirchen dokumentierte. Heute können über 90 Landkirchen besichtigt werden, während von den 16 Kirchen der Hauptstadt Visby nur mehr eine, die Marienkirche, übriggeblieben ist. Die Landkirchen mit den breiten Türmen und Giebeln setzen sich in Kontrast mit den vielen Windmühlen der Insel, die ähnlich wie in Gotland das ackerreiche und steppenartige Landschaftsbild beherrschen. Ein Wendepunkt in der Entwicklung war die Eroberung Gotlands im Jahre 1361 durch den dänischen König Waldemar Atterdag. Visbys Vormacht war zu Ende. Obwohl es versuchte, an die früheren fetten Jahre anzuschließen, erreichte es dennoch nicht mehr seine einstige Pracht. Gotland verödete, und seine einstmals als Vorteil genutzte günstige Lage erwies sich als Todesstoß, es wurde isoliert.

Trotz historischer Reichtümer prägt auch hier die Natur das Land. Es gibt Landschafts-

52 und 53 Zwischen Borensberg und Ljungsbro liegt der schönste Abschnitt des Götakanals. Hier wurde der Kanal künstlich angelegt, der größte Teil der übrigen Strecke verläuft durch Seen und Flüsse. Auf dem alten Ziehweg entlang dem Kanal zogen früher Pferde die Lastschiffe. Heute begleiten auf diesem Weg Radfahrer die weißen Götakanalboote, die nach genauem Fahrplan nostalgische Touristen von Stockholm nach Göteborg oder zurück bringen.

Folgende Abbildungen:

54–56 Gotland, die völlig unschwedische Insel in der Ostsee, erhielt um die Jahrtausendwende durch die Hanse eine Sonderstellung. Heute sind noch zahllose Zeugen dieser geschichtsträchtigen Vergangenheit erhalten, so die Domkirche St. Marien von Visby, der Hauptstadt Gotlands. Sie war ursprünglich die Kaufmannskirche der Deutschen, heute noch sind westfälische und rheinische Einflüsse zu sehen (54). Der Blick über die Giebel von Visby zeigt das geschlossene Stadtbild der Altstadt, in der einst über 20 Kirchen standen (55). Von den zahlreichen Sehenswürdigkeiten gebührt der Stadtmauer sicherlich am meisten Aufmerksamkeit. 44 Türme umgeben heute wie damals die Stadt, verbunden durch meist 12 Meter hohe Mauern. Im Bild sind die Türme rund um das Osttor zu sehen (56).

JUNO
JUNO
JUNO

54–56

gemälde auf Gotland, heißt es, die leuchten stärker und schöner als die Wirklichkeit. Gotland ist ganz anders als das übrige Schweden. Felsige Steilküsten, Geröllhalden, imposante Kalksteinformationen, weißer Sandstrand, reich blühende Weidegründe, einsame Wacholderheiden und vom Wind zerzauster Kiefernwald spiegeln die vielfältigen Dimensionen des Naturraumes Gotlands wider. Auf der im Norden anschließenden Insel Farö hat die Natur mit den Kalksteinsäulen, Raukare genannt, ihre eigenen Skulpturen geschaffen.

Zweifelsohne ist Visby das Zentrum Gotlands. Zu allen Zeiten hat es Besucher angelockt, damals Kaufleute aus aller Herren Länder, heute Touristen aus ebensolchen. Schon im 12. Jahrhundert kamen Kaufleute vornehmlich aus Deutschland und brachten die Hanse in Visby zur Blüte. Heute drängen sich moderne Bauten zwischen den Altertümern, doch selten wird Geschichte so lebendig wie in einem Rundgang entlang der vollständig erhaltenen Stadtmauer, die 44 Türme aufweist. Die verschiedenartigen Türme und Pforten, das Gelände mit seinen unterschiedlich hohen Terrassen, der beinahe zur Gänze erhaltene unverbaute Wallgraben mit all den Zeugen an Erdbewegungen und Spuren menschlicher Auseinandersetzungen, die bei wechselnder Beleuchtung und wechselnder Perspektive immer neuen Eindrücke der Mauer und der Stadt und nicht zuletzt die Tatsache, daß man stets umgeben ist von altem Gemäuer und historischen Geschicken, machen einen Rundgang zu einem unvergeßlichen Erlebnis. Klingende Namen wie Jungfrauenturm, Silverhätten, die Teerkocherei, genannt Butterdose, das Snäckgärdstor, der Dalmansturm oder das niedergerissene Mauerstück der Lübecker Bresche, wo 1525 die Lübecker Soldaten der Vorgängerin den Todesstoß versetzten, begleiten den Besucher durch die Zeiten. Nord-, Süd- und Osttor waren die Haupteingänge zur Stadt. Wo tagsüber die Kaufleute die Waren zum Markt brachten, wurden nachts die schweren Holztüren geschlossen und von Wächtern gesichert. Am südöstlichen Ende der Stadtmauer befinden sich die wenigen erhaltenen Ruinen der einstigen Burg von Visborg, die früher eine der größten Schloßanlagen des Nordens war. Ihre Steine wanderten in Kalköfen oder wurden als Baumaterial für das königliche Schloß zu Stockholm verwendet.

Visby wird zu Recht Schwedens größtes Kulturdenkmal genannt. Innerhalb der Mauern kann man entdecken, wie Alt und Neu harmonisch miteinander harmonieren. Das Zentrum bildet die einzige erhaltene Domkirche, die Marienkirche. Ende des 12. Jahrhunderts wurde der Bau mit Mitteln begonnen, die man von deutschen Schiffen einbehielt, die in Visby vor Anker gingen. Anfangs war die Kirche nur für deutsche Kaufleute gedacht, allmählich entwickelte sie sich zur Gemeindekirche und wurde 1572 Domkirche des Visbystifts. Zahlreiche Umbauten und Erweiterungen folgten in den 800 Jahren seit ihrer Gründung. Heute ist eine Kirche zu besuchen, die unter der Leitung von Jerk Alton von 1979 bis 1985 restauriert wurde.

Wer Gotland besucht und Schweden kennt, der sieht den Unterschied: es ist etwas Neues, nicht nur eine weitere Provinz. Die Phantasie läßt angesichts Gotlands Natur zahlreiche Vergleiche mit bizarren Landschaften unserer Erde entstehen. Der Westen ist würdevoll und gastfreundlich mit seinen an die Malediven erinnernden Landzungen und Stränden. In Südgotland bei Hoburgsgubben wechseln sich Klippen, Sandstrände, Windmühlen und Laubwälder mit Weidegründen ab. Der Höhepunkt von Gotlands Natur ist die Insel Gotska Sandön, heute ein Nationalpark. Folgende Reisebeschreibung charakterisiert für mich am dramatischsten, wenn auch etwas zu farbig, die Dimensionen der Landschaft:

»Die Natur ist streng und unerbittlich. Die Welt der Menschen scheint hier zu Ende. Hier ist nichts, was nicht immer schon gewesen: Wasser und Sand, Sturm und Rauks. Und das Licht. Die Nacht. Endlose, immer gewesene Zeit. Weit im Norden hinter dem Horizont graut noch einmal eine Insel aus dem Meer: Gotska Sandön. Kein Hafen, keine Menschen; Wald über den Höhen, Wald über dem Sand, toter Wald im Sand. Und das Meer. Wie zu Anbeginn.«

Aus »Gotland, Sonneninsel der Ostsee«,
von Ruth und Hans-Friedrich Baessler,
Prestel Verlag, 1990

57 Ebenso eindrucksvoll wie die Hauptstadt Gotlands sind die Naturgebilde auf der nördlich anschließenden Insel Fårö. Sie werden mit einem alten Dialektwort als Raukare bezeichnet. Die von Meer und Wind bizarr ausgebildeten Steinformationen werden gerne als Fotomotiv und Naturattraktion aufgesucht.

Mittelschweden – Svealand

Die Landschaften Svealands

Schon zur Zeit der Entstehung des Landes und der Gotenkönige gehörten die Regionen rund um den Mälarsee, um Uppsala und Roslagen, die Stockholm vorgelagerte Schärenwelt und die Götland-Provinzen im Südosten um die beiden großen Seen Vänern und Vättern zu den Kernlandschaften Schwedens. Nach und nach wurden die umliegenden Provinzen an das Kernland angegliedert, und es entstand jener Zentralstaat, der lange Zeit aus der Verbindung des Landes der Svear und Goten zusammengesetzt war.

Svealand, das heutige Mittelschweden, umschließt insgesamt sechs Provinzen und beherbergt die Hauptstadt Stockholm. Während südlich von Stockholm das eher unbedeutende *Södermansland* zu finden ist, gelangt man im Norden in das Zentrum des historischen Schweden, in die Provinz *Uppland*. Hier lagen die urgeschichtlichen Landschaften Svealands, auch die Gesetzgebung geht auf eine königliche Kommission zurück, die hier im Jahre 1296 die Legislatur nach einer gründlichen Prüfung kodifizierte. Mit der Universitätsstadt Uppsala besitzt Uppland sowohl einen Kultplatz frühgeschichtlicher Zeit als auch ein geistiges Zentrum mit langer Tradition. Über die Provinz *Närke* mit der Stadt Örebro und *Västmanland* nordwestlich des Mälarsees, das für den Bergbau bekannt ist, erreicht man im Westen Värmland, die wasserreichste Provinz Schwedens. Hier sollen einst die wilden Värmler gewohnt haben. Die Landschaft, die den nördlichen Teil des Vänernsees umschließt, wird vom Klarälven durchflossen, der heute für die Holzgewinnung, früher für das politische Leben von Bedeutung war: Im Mündungsbereich des Klarälv befindet sich nämlich ein alter Thingplatz, wo um 900 nach Christus die Bewohner von Värmland sich ihr eigenes Gesetz gaben. Värmland gehörte lange Zeit zu Norwegen. Nördlich davon kommen wir nach *Dalarna*, dem Herzen Schwedens, obwohl es viel südlicher liegt als die eigentliche Mitte. Nicht nur die Lage verlieh dieser Landschaft dieses Prädikat, sondern auch die Lieblichkeit jener Region, die seit alters als Symbol für das Wesen des Schweden und seine Freiheitsliebe steht. Dalekarelien, so wurde die Region früher bezeichnet, entspricht dem Flußgebiet des Dalälv. Als Zentrum gilt der Siljansee, an dem auch die Hauptorte, vor allem Mora, liegen. Dalarna ist das Zentrum des Brauchtums, die schwedische Wiege der Handarbeit. Das rote Holzpferdchen als Wahrzeichen der Region mit seinem blaugelben Halfter hatte hier seinen Ursprung.

Svealand gab den Namen

Svealand war namengebend für das heutige Königreich. Der alte Name dafür war »Svithiod«, wobei »thiod« für Volk stand. Das Volk selbst nannte sich »sviar« oder »svear«, was eigentlich nur »wir selbst« bedeutete. Feierlich heißt Schweden immer noch »Svear rike«, Reich der Svear, und der Titel des Königs heißt heute noch »Svear, Götes och Wenden konung«, König der Svear, Göten und Wenden. Man ist sich nicht einig, wer mit den Wenden gemeint ist, es könnten die Vandalen, die Slawen oder gar die Finnen sein. Erst spät entstand die heute gebräuchliche Form für Schweden, »Sverige«.

Die Hauptstadt Stockholm, der Mälarsee und die Schären

Die Attraktivität der schwedischen Hauptstadt ist ungebrochen. Die »schwimmende Stadt« nach Selma Lagerlöf ist fürwahr eine der schönsten der Welt. Auf 14 Inseln zwischen dem süßen Mälarsee und dem salzigen Saltsjön gelegen, strahlt es vor allem wegen seiner wechselnden topographischen Lage, der ungewöhnlich unsymmetrischen Inselformen, der glitzernden Seen inmitten der Stadt und der architektonischen Gebilde auf Granit und Gneis den ganz besonderen nordischen Glanz aus. Die Mälarkönigin empfängt ihren städtischen Charakter mehr vom Wechselspiel des Lichts und der Farben in der amphibisch wirkenden, endlosen Schärenlandschaft als von einer monotonen Ansammlung steingewordener Architektenträume. Stockholm, das ist ein Venedig des Nordens, obwohl dieses Prädikat auch viele andere Städte wie Amsterdam, Brügge, Kopenhagen oder St. Petersburg für sich bean-

Vorhergehende Abbildung:
58 Die Kirchtagsboote von Dalarna sind langgezogene schmale Schiffe, die auf der Insel Sollerön gefertigt werden. Heute gelangen sie nur mehr an Festtagen und beim Mittsommernachtsfest zum Einsatz.

59 und 60 Wie bei jedem Königsschloß in Europa gehört die Wachablösung zu den am meisten bestaunten Attraktionen. So auch in Stockholm. Das Schloß liegt inmitten der »Gamla Stan«, der Altstadt, die malerisch auf einer kleinen Schäreninsel angelegt wurde. Früher stand an dieser Stelle die Festung »Tre Kronor«. Ende des 17. Jahrhunderts wurde die Anlage modernisiert und 1770 fertiggestellt. Fast alle der 608 Räume können besichtigt werden.

59 | 60

61 | 62

Schwedens
auptstadt präsen-
ert sich als glanz-
lle, moderne
adt zu allen
ges- und Jahres-
iten. Umgeben
m Meer im Osten
d dem Mälarsee
Westen liegt die
adt fast aus-
hließlich auf
seln, hier der
ergang zur
ergnügungsinsel
ansen und
urgården.

2 Der Sergel-
org, ein moderner
atz in der Neu-
adt und Schnitt-
nkt der U-Bahn-
ien, bildet das
ntrum Stock-
lms. Am Abend
der Platz kunst-
ll beleuchtet, vor
em der bizarre
asobelisk.

3 Das Stadshuset
n Ufer des Rid-
rfjärden besticht
rch seine wohl-
oportionierte
chitektonik. Bei
tem Wetter sollte
an auf die Bestei-
ng des Turmes
cht verzichten.

Der Riddarhol-
en, an der West-
te der Altstadt
legen, wurde
m schwedischen
del im Barockstil
baut. Im Hinter-
und überragen
Türme der
-Nikolai-Kirche
d der Finnischen
che die Altstadt.
Ufer des Rid-
rholmen legen
Götakanal-
iffe an.

63 | 64

65 | 66

65 Vom Turm des Stadshuset aus, der 106 Meter hoch ist und an der Turmspitze das Dreikronenwappen trägt, genießt man den Blick über die schwedische Metropole, so auf das Verkehrszentrum »Centralen«, wo der Hauptbahnhof und eine große Straßenkreuzung liegen.

66 Viel ruhiger und beschaulicher sind die Gäßchen der Altstadt, wo sich allerdings in den Sommermonaten Scharen von Touristen drängen. Viele kleine Läden und Boutiquen verstärken den Reiz der Altstadt.

spruchen. Doch statt Kanälen gibt es hier Buchten und Sunde, Segelboote ersetzen die Gondeln, und die sich spiegelnden Häuserreihen entlang den Kanälen werden durch im Abendlicht goldglänzende Königsbauten ersetzt. Nirgendwo spürt man Enge oder Begrenztheit, nirgendwo Gestank oder schmutzerfüllte Gassen. Hingegen besticht die Weite, der Raum dieser großartigen Stadt, sie bietet Eleganz, Sauberkeit und Platz zum Durchatmen. – Also, vom Venedig des Nordens ist nichts zu spüren!

Schon früh bildete sich am Übergang des Mälarsees zur Ostsee ein Handelsplatz. Sind auch dem fast 40 Kilometer langen Sund bis hinaus zum offenen Meer unzählige Schären vorgelagert, stellte sich der Übergang von See zu Meer als strategisch günstig heraus. Trotzdem war Stockholm beispielsweise zur Hansezeit unbedeutend. 1252 verlieh Birger Jarl dem Handelsplatz die Stadtrechte, nachdem es zuvor durch eine Burg befestigt wurde. Erst mit Eintritt Schwedens in die Großmachtzeit wird Stockholm Hauptstadt. Sein Name geht auf Holzpfähle zurück, die an strategisch wichtigen Stellen den Feinden den Zugang zum Mälarsee verwehren sollten. Die erste der wörtlich übersetzten »Pfahlinseln« war »Gamla Stan«, die Altstadt, die heute besonders zum »In«-Bezirk der Stadt wurde. Genau hier nahm die schwimmende Stadt ihren Anfang, zusammen mit dem großen Schleusentor von »Slussen«, das zwischen Mälarsee und Saltsjön das Wasser im Mälaren hält. Ausgebaut zu einer europäischen Barockstadt, führen im 19. Jahrhundert Handel und Industrie zu raschem Aufstieg und zu einer Verdoppelung der Einwohnerzahl auf 200000. Die Stadt wird zu klein, und neue Wohngebiete entstehen auf den umliegenden Inseln, den Malmen. Heute werden fast dreißig bewohnt, und die Expansion hält weiter an. Im Großraum Stockholm leben rund 1,5 Millionen Menschen, das heißt jeder fünfte Schwede.

Doch Platz ist noch genug, für jeden und für alles, besonders für typisch schwedische Lebensweisen. In Stockholm, so heißt es, sei alles anders als sonst in der Welt. Die Einwohner, die trotz der Millionenstadt familiäre Freundlichkeit besitzen, die Tatsache, daß Öl (= Bier) im Café zu bekommen ist, daß trotz einer nordischen Hauptstadt der Hauptplatz einer amerikanischen Kleinstadt gleicht und daß, obwohl es nördlicher liegt als die Südspitze Grönlands, die Altstadt im Sommer eine südländische Atmosphäre umfängt. Die strahlende Freude ist überall spürbar und steckt jeden an.

In Gamla Stan, der mit viel Liebe und noch mehr Kronen renovierten Altstadt, schlägt das Herz Stockholms. Das Viertel zählt nun mehr denn je zu den Attraktionen der Stadt. Einst von Hanse-Kaufleuten und Handelskontoren errichtet, begleiten alte, in Orange, Gelb und warmen Brauntönen gehaltene Steinhäuser die engen Gäßchen, die mehr oder weniger steil zum am höchsten Punkt dieser Insel gelegenen und ältesten Hauptplatz Stockholms, dem Stortorget, führen. In den verwinkelten Gassen sind Boutiquen und Galerien eingezogen. Verspielte und gemütliche Cafés, Jazzkneipen und kleine Restaurants lassen die »Alte Stadt« zu einem der lebhaftesten Quartiere werden. Hier muß man flanieren, stöbern und schauen, Winkel und Höfe besuchen, um die hübschesten Fleckchen zu entdecken. Gamla Stan wird zur Entdeckerreise durch ein Stück lebendige Stadtgeschichte. Am höchsten Punkt zieht Schlag zwölf die Wachablösung am Königspalast Tausende Touristen an.

Der Altstadt vorgelagert liegt die vornehme Insel Riddarholmen. Kirche und Riddarhuset, ein ehemaliges Parlamentsgebäude, gehören zu den schönsten Bauten der Altstadt. Am beeindruckendsten ist der Rundgang um den Kai mit Blick auf den Mälarsee, das Stadshuset und modernere Teile Stockholms. Kein Wunder, daß sich die schmucken alten Götakanal-Dampfer diesen Ort zum Anlegen ausgesucht haben. Hier steht das Standbild von Evert Taube, einem der letzten Troubadoure Schwedens. Es ist so lebendig mit ausgestreckter Hand auf den Mälaren zeigend, daß man ihn förmlich sagen hört: Seht her, welche Stadt ich euch hier zeige, wie Natur und Mensch diese stolze Stadt geschaffen haben: Stockholm.

Weiter auf dem Weg zur Neustadt gelangt man zur Reichstagsinsel, die Reichstag, Reichsbank und Parlament beherbergt. Wie eine Zäsur in bezug auf Baustil, Alter und Be-

lebtheit wirkt ein Gang durch die Drottingsgatan, die von großen Toren umrahmt aus der Altstadt in die Neustadt führt. Dort, jenseits der Brücken über den »Strömmen«, liegt das andere Stockholm. Mit internationalem Flair, breiten Fußgängerzonen, gläsernen Hochhauskomplexen und Ladenpassagen. Die Anlage des neuen Zentrums und der breiten Straßen verrät die Verschwendungsmöglichkeit an Platz und Raum. Seit kurzem wird diese Gigantomanie durch den »Globen« vervollständigt. Diese riesige Mehrzweckhalle in Form einer Kugel leuchtet im Abendlicht aus allen Richtungen weit über den Horizont der Dächer. Rundherum ist in kürzester Zeit ein lebendiger Stadtteil mit modernster Infrastruktur entstanden, der einen Potenzbeweis schwedischen Wohlstandes darstellt.

Dem modernen Zentrum fehlt zwar der Glanz, aber es besitzt auf seine Art eine kühle technokratische Eleganz. Sergelstorget, das Zentrum mit dem hohen beleuchteten Obelisken, ist das Beispiel für die Großzügigkeit der Stockholmer Stadtplanung. Breite Stufen, erfüllt von Jugend, Gauklern und Geschäftsleuten, führen zur zweiten Etage des Platzes, der direkt in die größte U-Bahnstation mündet. Sergeltorget – d e r Treffpunkt Stockholms. Ringsherum tobten sich in den sechziger Jahren die Hochhaus-Spezialisten aus, vor allem am Sveavägen, an dem die von allen Seiten der Stadt sichtbaren fünf parallel aufgestellten Büroblocks stehen. Vom Sergeltorget führen breite Straßen in die Stadt, die abends mehr mit Autos erfüllt sind als den ganzen Tag. Hamngatan, Kungsträdsgarden, Kungsgatan und Nybroplatsen sind klingende Namen von Straßen und Plätzen des Bezirks Norrmalm. Das Flair der anzutreffenden Menschen ist international. Einwanderer bringen Farbe in die Stadt, keine Spur von Schweden, wüßte man nicht, daß man hier ist. Die große Einkaufsstraße und Fußgängerzone, die Drottningsgatan, hat auch nichts mit Stockholm zu tun. Straßenhändler und Hobbysänger üben hier ihre Kenntnisse, und ein wehmütiges Bejammern der »Streets of London« läßt die beliebige Austauschbarkeit solcher Straßen erkennen. Hierher verliert sich kein Einheimischer, genauso könnte diese Straße durch eine andere europäische Metropole führen. Drottningsgatan hat ihre Eigenständigkeit verloren, purer Tourismus scheint eben Gleichmacherei zu schüren.

Am besten wird die Lage der Stadt klar, wenn man einen Turm besteigt. Doch welcher würde sich besser anbieten als der Turm des Stadthauses, Stockholms Wahrzeichen? Mit seinem imposanten Panorama in alle Himmelsrichtungen verleiht er den Eindruck, als stünde man am Ruder eines riesigen steinernen Schiffes, das sich hier auf den Felsinseln ausbreitet. Das Stadshuset, dessen Lage am Riddarfjärden allein schon genügen würde, um seine Wirkung zu unterstreichen, trägt oberhalb der Aussichtsplattform des Turmes die drei goldenen Kronen, das Wahrzeichen der Stadt. Besonders glänzend in der Morgensonne, hatten die Architekten venezianische Vorbilder im Auge, als sie die Säulenhalle an der blauen Lagune des Mälaren errichteten. Also doch ein Venedig des Nordens? Vielleicht dann, wenn man bei einer Fahrt durch die Schären mit den alten Dampfern, hinaus nach Växholm zum Beispiel, einen Blick zurück auf die Häuserfront und Türme der Gamla Stan wirft, deren Silhouette im Blau des Meeres und im Dunst des Sommernachmittags allmählich verschwindet.

Wieder typisch untypisch: die U-Bahn. »Tunelbanan«, in manch anderen Metropolen der Alptraum an Sicherheit und Reinlichkeit, wurde in Stockholm zur längsten Kunstgalerie der Welt umfunktioniert. Mehr als zwei Dutzend U-Bahnstationen sind von Künstlern ausgestaltet worden. Fährt man die Rolltreppen in die finsteren Gänge hinab, umfängt einen eine völlig unerwartete Welt aus Farbe, Form und Struktur. Schon zu Baubeginn stand fest, daß alle Stationen Kunstbahnhöfe werden sollten. Schalterhallen, Decken, Bahnsteige und Gleiswände bieten eine endlose Stil- und Farbenvielfalt. Neben Gemälden wurden auch Installationen eingerichtet, so sieht eine Station aus wie ein värmländischer Nadelwald. T-Centralen wirkt wie eine blaue Höhle aus rohem Stein und blauen Blattwedeln. Västra Skogen zeigt 18 Meter hohe Menschenprofile aus Terrazzo, doch der Höhepunkt erwartet den Fahrgast in

67 Ständig belebt gestaltet sich die Drottningsgatan, die Fußgängerzone in der Neustadt. Straßenkünstler wechseln mit Straßenhändlern und geben der Straße ein internationales Flair.

BAR
hällen
ESTETIQUE

68 **Schloß Gripsholm liegt westlich von Stockholm. Das schönste und größte Schloß der Wasa-Dynastie muß schon wegen seiner einmaligen Lage in einer Bucht des Mälarsees besucht werden. Nicht nur die prachtvolle Architektur macht das Schloß bedeutend, sondern auch die Innenausstattung mit einer bedeutenden Porträtsammlung von 3500 Bildern.**

Sollna: eine riesige rote Landschaft mit grünen Wäldern, die Schweden in den siebziger Jahren zeigt.

Doch auch die Umgebung Stockholms wirkt wie ein Kunstwerk. Der Schärengarten und die Nähe zum Wasser bestimmen allseits den Charakter der Stadt. Dazu kommen das nordische Licht und die langen hellen Abende, die einen Besuch des Freilichtmuseums von Skansen und des Vergnügungsparks Gröna Lund auf der Halbinsel Djurgården zum Erlebnis machen. Zwar bleiben Vergleiche zu Kopenhagens Tivoli unerreicht, Skansen hat aber als Speicher kulturellen schwedischen Schaffens eine große Bedeutung. Auch die Blicke auf die Stadt von den etwas höher angelegten Rundwegen durch den Schleier der Bäume auf die Inseln von Riddarholmen, Gamla Stan und Skeppsholm machen Skansen zum unvergeßlichen Erlebnis. Ein Hohn fast für den Alpenländler, die »Bergbanan«: eine Standseilbahn, die vielleicht 30 bis 40 Höhenmeter überwindet, führt zum Eingangsplatz von Skansen. Spielerei oder Übertreibung? Jedenfalls für mich ein Ausdruck von Gefühl und Liebe zum Detail.

Reich sind die Besichtigungsmöglichkeiten der Stadt. Neben den fast fünfzig Museen und der eben neu untergebrachten Vasa, die als einst stolzes Schiff der schwedischen Flotte bei ihrer Jungfernfahrt sank und zur Gänze erhalten blieb, sind die Schlösser rund um Stockholm beliebter Anlaufpunkt der Touristen. Drottningholm auf der Insel Lovön mit dem attraktiven Schloßtheater wird im Sommer von Stockholm aus ebenso von einem alten Dampfschiff angelaufen wie das weiter entfernte Mariefred mit dem Schloß Gripsholm. Während Drottningholm Versailles auf schwedisch vortäuscht, zeigt Gripsholm einen eigenständigeren Stil und ist vergleichbar mit den Wasserburgen Skånes. Die idyllische Stadt Mariefred aus dem 18. Jahrhundert hält zwei weitere Attraktionen bereit: eine schmalspurige Museumsbahn mit sauber geputztem gelben Bahnhof und allerlei eisenbahnerischen Details, die jedes Eisenbahnerherz höher schlagen lassen, und das Grabmal Kurt Tucholskys, der unter der schönsten Eiche Mariefreds begraben liegt. »Alles Vergängliche ist nur ein Gleichnis«, steht auf dem Grabstein, ein Sinnspruch für alles Schaffen und Erleben der Menschen und vielleicht auch für die einmalige Landschaft des Mälarsees und Stockholms.

Stockholms Kapital für viele stellt der schier unendliche Schärengarten dar. Es sollen 24000 Inseln sein, von Slussen bis zur freien Ostsee, die an Sommertagen erfüllt sind von einer Armada von Segelbooten. Die Stockholmer wohnen in der Stadt, aber leben in ihren Schären. Beinahe harmonisch wirken bei einer Schärenrundfahrt die Sommerhäuschen und Badehütten, die mit ihrem Rot, Gelb und Weiß dem tiefblauen Wasser den notwendigen Kontrast geben. Lebensqualität auf skandinavisch wird hier bewiesen, wenn ein gläserner Erker beinahe aufs Meer ragt und im Inneren ein gemütliches und schlichtes Interieur sichtbar macht. Die Tausende Klippen und Holme sind Schwedens Garten Eden, ein zu Stein gewordener Sommertraum, der in keinem anderen Land der Welt Vergleichbares kennt.

Die Schweden

Heute ist es schwierig, den klassischen Schweden zu definieren. Blond, groß, blauäugig, das schon, aber diese Klischees der Nachfahren der Wikinger beschreiben nur die Äußerlichkeiten. Komplizierter wird es, wenn Lebensstil und Charakter zu beschreiben sind. Menschen, die für den Sommer leben, die, bevor sie lesen und schreiben können, das Angeln beherrschen, Menschen, die sich kleine bunte Holzhäuschen in die leersten Landschaften und tiefsten Wälder stellen, Menschen, deren Lebensgeschwindigkeit und Hast weit von der mitteleuropäischen entfernt ist, Menschen, die von einer kühlen Herzlichkeit in Wesen und Ausdruck bestimmt sind, wie soll man die charakterisieren? Ich meine, gar nicht. Der Schwede ist, wie er ist, typisch schwedisch. »Wir sind zu schüchtern, um es offen zu sagen«, meint der Schwede Torsten Ehrenmark, »aber wir meinen es so: wir sind in allem die Besten in der Welt. Wie könnten wir etwas anderes sein mit unserer Sozialgesetzgebung, unseren Häusern, Möbeln, unserem Design, unseren hübschen Mädchen, der freien Moral, unseren Autos und unserem technischen Know-how und unserem Smorgås-

bord? Welche andere Nation kann schon so viele kleidsame Attribute von sich aufzählen, ohne nur eine Schwachstelle zugeben zu müssen?«

Heute sind die meisten Schweden Beamte. Vom Status des Bauern und Holzfällers ist wenig übriggeblieben, zumindest im Süden und mittleren Abschnitt. Es gehört zur Entwicklung des Wohlfahrtsstaates, daß die Handarbeit immer mehr verschwindet oder zugezogenen Ausländern überlassen wird. Der moderne Schwede zeigt sich rational, und er rationalisiert alles, obwohl Ehrfurcht und Gefühl stets mit im Spiel sind. Er ist ein kühl geformter nüchterner Gefühlsmensch mit allen Konsequenzen, die dieser Dualismus beinhaltet: Glas, Stahl und Beton folgen auf See, Baum und Fels, vielleicht als Zeichen der Beherrschbarkeit seines Landes oder einfach als Ausdruck des Umgangs mit der Natur und dem modernen Wohlstand.

Das geistige Zentrum: Uppsala

Im nahen Umfeld Uppsalas liegt die Wiege Schwedens. Noch vor 3000 Jahren lag die Ebene rund um Uppsala unter dem Wasser des Bottnischen Meerbusens. Ähnlich der See veränderte das Land von Tag zu Tag sein Aussehen und später die Bedeutung für das historische Schweden der Jahrtausendwende. Das fruchtbare, dem Meer entstiegene Ackerland versprach eine tragfähige Basis für das Königreich zu werden. Im alten Uppsala, dem Gamla Uppsala, waren die erste Hauptstadt und bis 1258 der Bischofssitz angesiedelt. Bis zum Ende des ersten Jahrtausends war es ein weitbekannter Kultplatz. Heute sind die Grabhügel der heidnischen Könige Aun, Egil und Adil sowie eine Backsteinkirche zu besichtigen, die anstelle des letzten heidnischen Tempels Skandinaviens erbaut wurde. Uppsala selbst, das Östra Aros hieß, war nur Hafen. Erst nach der Verlegung des Bischofssitzes wurde der Ort Zentrum des Landes. 1286 tauchte zum ersten Mal der Name Uppsala auf. Zu dieser Zeit existierten bereits eine stadtähnliche Bebauung, Kirchen und Klöster. Die akademische Laufbahn begann 1477, als Erzbischof Jakob Ulvsson die erste Universität Skandinaviens gründete. Internationalen Ruf erlangte sie erst im 18. Jahrhundert, als Größen wie Celsius oder Linné an ihr lehrten. Auch sein geistiges Erbe kann in Uppsala bestaunt werden.

Uppsala ist Schauplatz dramatischer und bedeutsamer geschichtlicher Ereignisse. Streiflichter aus der Wasazeit werden durch das mächtige klotzförmige rote Schloß in der Innenstadt bezeugt. Der Dom zu Uppsala ist der erzbischöfliche Sitz der schwedischen Staatskirche und das religiöse Zentrum des Landes. 1260 wurde der Grundstein zur größten Kirche des Nordens gelegt. Erst 1435 konnte sie im Stil der Hochgotik fertiggestellt werden. Durch das Westportal und die Vorhalle gelangt man in das 107 Meter lange und von 28 Säulen getragene Hauptschiff. Durch die Jahrhunderte war der Dom Schauplatz prachtvoller Krönungszeremonien. Unter dem sogenannten Krönungsgewölbe legten die meisten schwedischen Könige bis 1719 den Throneid ab. Von den zahlreichen Grabchören ist vor allem jener mit dem Grabmal Gustav Wasas und seiner drei Gemahlinnen zu erwähnen. Auch Carl von Linné wurde im Dom bestattet.

Uppsalas Universität prägte und prägt das Bild der Stadt. Waren es früher die Bauten, die die Innenstadt gestalteten, ist es heute das internationale Gemisch an Menschen und Studenten. Die über 500 Jahre alte Universität hat über 20000 Hörer und hat im Laufe der Zeit viele Forscher und namhafte Wissenschaftler hervorgebracht. Der Botaniker Carl von Linné, der Astronom Anders Celsius und das Universalgenie Olof Rudbeck seien hier genannt. Das heutige Hauptgebäude wurde 1887 im pompösen Stil der Neurenaissance errichtet und beinhaltet Aula, Hörsäle und Direktionsräume. Heute ist die Uni längst über alle Teile der Stadt verstreut und kämpft wie überall mit Platznot. Im Kanzlersaal steht der berühmte Schrank, den Gustav II. Adolf im Dreißigjährigen Krieg von der Stadt Augsburg zum Geschenk erhielt. Direkt gegenüber der Turmseite des Doms und unterhalb des Hauptgebäudes der Universität, das eine leichte Anhöhe krönt, befindet sich das Gustavianum, das über 200 Jahre lang das Hauptgebäude der Universität war. Die merkwürdige Kuppel mit der impo-

69 Das pittoreske Mariefred, unweit von Schloß Gripsholm gelegen, wurde vor allem durch Kurt Tucholsky bekannt, der auf dem Friedhof begraben liegt. Zur Attraktion des gemütlichen Dörfchens gehört eine Schmalspurbahn, die aus nostalgischen Gründen von Eisenbahnfreunden betrieben wird.

70 Das zweite bedeutende Schloß im Umfeld von Stockholm ist Schloß Drottningholm auf der Insel Lovön. Die königliche Familie bewohnt seit einigen Jahren den Südflügel. Im Schloß vereinen sich Elemente des Barock, des Rokoko und des Klassizismus. Seine vollständige Wirkung erreicht es durch die großzügig gestalteten Parkanlagen.

69 | 70

71 | 72

Uppsala, 100
ometer nördlich
ı Stockholm
egen, gilt als
s geistige Zen-
m. Die Altstadt
ser bedeutenden
iversitätsstadt
d vom kleinen
isån-Kanal
chzogen, der
er anderem von
er alten Eisen-
icke überspannt
d.

Auf einem
gel am Südrand
Altstadt liegt
s Schloß, ein
er, übermächti-
Bau, der von
ei mächtigen,
sserturmähn-
ıen Rundtürmen
herrscht wird.
Vorplatz mit
ingbrunnen,
rlei Kanonen
d einem hölzer-
ı Glockenturm
aubt einen
önen Blick über
Altstadt bis zum
m.

Der Dom zu
psala ist die
ßte Kirche
ndinaviens.
n brauchte 150
re, um das
uwerk 1435
igzustellen.
ar wurde er in
nzösischer Gotik
gonnen, doch
ben spätere
novierungen und
bauten ver-
iedene Stilrich-
gen einfließen
sen. Im Inneren
t der berühmte
aniker und
fessor der Stadt,
l von Linné,
raben.

santen Sonnenuhr wurde von Olof Rudbeck, dem Entdecker der Lymphgefäße, 1663 gebaut. Die Universitätsbibliothek Carolina Rediviva liegt stolz auf der Anhöhe zwischen Schloß und Dom. Das 1841 eingeweihte Gebäude beherbergt eine der größten Sammlungen Skandinaviens mit vier Millionen Bänden und 30000 Handschriften. Zu den großen Kostbarkeiten zählt die gotische Silberbibel aus dem 6. Jahrhundert.

Abgesehen von den universitären Prachtbauten, der Kirche und dem Schloß wirkt Uppsala eher wie eine einfache und gemütliche Stadt, zwar mit rechtwinkligen Straßenzügen, aber mit Einfühlsamkeit im Detail. Die Straßen werden, wie es zu einer Uni-Stadt gehört, vom Fahrrad beherrscht. Schönstes Stück Radweg bildet die alte Eisenbrücke, die den Furu überspannt. Ein Spaziergang in den Parkanlagen am Abend mit Zielrichtung Linnés Garten läßt Uppsala beinahe familiär werden und Schloß und Kirche vom goldenen Licht der Abendsonne umhüllen. Doch stets ist die Luft erfüllt von Anmut und Ehrfurcht angesichts der tausendjährigen Geschichte und dem universitären Pathos Uppsalas.

Das Vermächtnis des Blumenkönigs – Carl von Linné

Schwedische Betrachtungen zu beginnen, ohne den großen Naturforscher Carl von Linné beleuchtet zu haben, ist unmöglich. Ein kleines rotes Anwesen bei Uppsala als Mittelpunkt eines Kosmos: Linnés Hammarby, wo der Naturforscher von 1707 bis 1778 lebte, lehrte und arbeitete. Linné war Professor der Botanik in Uppsala und später auch Vorsitzender der Akademie der Wissenschaften, deren Gründung auf seine Anregung zurückging. Seine erstmals eingeführten systematischen Betrachtungen und Ordnungen, die heute noch als Basis der botanischen Wissenschaften Gültigkeit haben, waren bahnbrechend. Er legte fest, in welcher Reihenfolge Teile einer Pflanze zu beschreiben sind. Dasselbe System wendete er für Arten und Gattungen an. Durch seine »binäre« Namensgebung, also jede Pflanze mit zwei Namen zu benennen, bekam jede Pflanze einen Gattungs- und einen Artnamen. Das Moosglöckchen, eine unscheinbare Pflanze der nördlichen Tundra, erinnert heute noch als Linnea borealis an Linné. Obwohl sein Hauptwerk »Systema naturae« in Holland entstand und sein fast 7000 Belege umfassendes Herbar heute in England zur Schau gestellt wird, gilt Linné als der bedeutendste Wissenschaftler Schwedens. Linné bereiste auf dem Rücken eines Pferdes die schwedische Landschaft und schrieb die ersten Erforschungen des Naturraumes in der »Iter lapponicum«, einem Tagebuch über die Lappländische Reise, nieder.

Wie schon erwähnt, war die Universität Uppsala die Wirkungsstätte Carl von Linnés. Kein anderer vor ihm hat seinen Beruf mit größerem Eifer ausgeübt und mehr Zuhörer gehabt, mehr Beobachtungen in der Naturkunde angestellt als er. Ein Besuch des Gartens von Linné verdeutlicht seine Liebe zu den Pflanzen und den Drang, die zuvor verwirrende Vielfalt an Arten in ein System zu ordnen. 1300 Arten können in dem von Linné 1741 völlig erneuerten Garten bewundert werden, einige stammen immer noch aus den Zeiten des großen Professors. Die Gründung des Gartens geht auf Olof Rudbeck zurück. Im früheren Präfektenhaus richtete die Linné-Gesellschaft ein kleines Museum ein. Eindrucksvoller erscheint ein Besuch des Sommersitzes von Linné, des nahe gelegenen Landsitzes von Hammarby. Heute noch ist der Garten nach den Entwürfen des Meisters gestaltet und durfte ebenso wie der angrenzende Wald ungestört vor sich hin wachsen. Die Holzhäuschen sind original erhalten, ebenso der kleine quadratische Pavillon auf der Anhöhe hinter dem Haus, der innen aussieht, als wäre er gerade von Linné verlassen worden. In der Mitte steht sein originell geformter Lehnstuhl, das hölzerne Pferd, davor hängt das Modell eines drei Meter langen Fisches, und rundherum an den Wänden stehen die Herbarschränke mit den unzähligen Schubladen. Sie sind allerdings leer, denn das aus 20000 Belegen bestehende Dokument der Flora des 18. Jahrhunderts wurde nach England verkauft. Hammarby strahlt eine heimelige und gemütliche Atmosphäre aus und läßt verstehen, daß sich hier leben und forschen ließ.

74 Unweit von Uppsala entfernt liegt wie eine Perle am Mälarsee das Schloß Skokloster, eine der schönsten Anlagen Schwedens. Das hellweiße Barockschloß wird von einer weitläufigen Parkanlage umgeben. Im Schloß sind hauptsächlich Beutestücke aus der schwedischen Großmachtzeit zu sehen.

75 Der große Wissenschaftler und Botaniker Schwedens, Carl von Linné, gründete den Botanischen Garten von Uppsala. Etwas davon entfernt liegt seine Wirkungsstätte Hamarby, in der ebenfalls ein kleiner Garten erhalten blieb. Sein wissenschaftliches Erbe läßt sich in Uppsala eindrücklich nacherleben.

Das Herz Schwedens – Dalarna und der Siljansee

Dalarna, das wörtlich übersetzt Täler bedeutet, umschreibt eine der schönsten schwedischen Provinzen. Abwechslungsreiche Landschaften, die gleichviel an Wildnis und Reinheit der Natur wie an kulturellen Aspekten und Folklore zu bieten haben, liegen rund um den Siljansee und werden aus vielen Gründen als das Herz des schwedischen Reiches bezeichnet. Tiefe grenzenlose Wälder, entlegene und menschenleere Seen, der Beginn der mächtigen Gebirgskette des Skanden und ein Traumland des tiefblau glitzernden Siljansees charakterisieren Dalarna. Es ist eigentlich schwierig angesichts der vielen Darstellungen über die Gegend, eine weitere Beschreibung hinzuzufügen, denn Worte können kaum die Stimmung eines Sommertages in Dalarna wiedergeben. »Ich bin weder in Rom noch Athen gewesen, ich habe weder auf dem Capitolium noch auf der Akropolis gestanden, aber ich war in Dalarna«, so beschrieb der dänische Schriftsteller Frederik Barfod die Landschaft, die so gerne als das schwedische Ideal vorgestellt und ein Schweden »en miniature« genannt wird. Nicht zuletzt wegen der zahlreichen folkloristischen Gebräuche, die sich hier lebhaft erhalten haben, gilt Dalarna als das »Herz Schwedens«, obwohl es geographisch betrachtet nichts damit zu tun hat.

Die Bilderbuchlandschaft von Dalarna ist zwischen den großen Strömen Öster- und Västerdalälven anzusiedeln und liegt rund 250 Kilometer nordwestlich von Stockholm. 72 Prozent der Provinzfläche sind Wald, Flüsse und Seen nehmen weitere 7 Prozent ein, nur 2 Prozent der fruchtbaren Böden rund um den Siljansee werden für Ackerbau genutzt. Die wirtschaftlichen Anteile der Traditionslandschaft entfallen aber vor allem auf die Erzgewinnung in Falun. Wahrscheinlich ist es auch nicht zufällig, daß gerade die aus Kupfer hergestellte rote Farbe zum Sinnbild aller Holzhäuschen Schwedens wurde. Wer etwas auf seine Hütte hält, färbt sie mit »Falu-röd«. Aber Dalarna hat auch Anteil an Fjäll-Landschaften. An der Grenze zu Norwegen liegt das Idrefjäll, etwa auf der Höhe von Trondheim. Es gleicht bereits den kargen und einsamen Hochgebirgslandschaften Lapplands. So bildet Dalarna den Übergang zwischen den lieblichen und sanften Landschaften des Südens und den einsamen, erhabenen und schroffen Landstrichen des Nordens; ein weiterer Grund, das Herzstück Schwedens zu sein.

Auch hier gibt es strukturelle Unterschiede. Für schwedische Maßstäbe dichter besiedelte Landstriche liegen südlich und östlich des Siljansees. Mit den Zentren Falun, Borlänge, Ludvika und Avesta kommt gerade dem Osten die Rolle zu, das städtische Zentrum der Region zu sein. Ruhiger wird es indes im Westen und im Norden, wo sich die dünn besiedelten Gegenden anschließen. Mittelpunkt der Provinz ist zweifelsohne der riesige Siljansee mit Mora. Nach der Legende entstand dieser See aus einem riesigen Meteoriten, der einst auf die Erde fiel und den großen Krater des Siljan hinterließ, der sich darauf mit Wasser füllte. Legenden gibt es viele in der Gegend, drum wurde gerade der Siljansee zum Symbol für schwedisches Brauchtum. Nirgends sonst im Land wird das Mittsommerfest heftiger gefeiert als hier, nirgends sonst wird die Pflege des Brauchtums mehr zum Lebensinhalt gemacht als in Dalarna.

Rund um den Siljansee

»Siljan-runt« heißt ein zirka 140 Kilometer langer Pfad, der sowohl als Wanderpfad und Radstrecke im Sommer als auch als Langlaufloipe im Winter zu bewältigen ist und den gesamten Siljansee mit seinen Ortschaften umschließt. Natürlich muß Mora der Ausgangspunkt sein. Das Örtchen, das vor allem durch den Wasalauf bekannt ist, war schon im Mittelalter Schicksalsort der schwedischen Staatsgeschichte. Als 1520 Gustav Wasa, damals noch als Gustav Eriksson, nach Dalarna kam, um Soldaten für seinen Widerstandskampf gegen die Dänen zu finden, hielt er in der Kirche von Rättvik eine Rede. Doch Dalarnas Männer wollten nichts vom Krieg wissen, hörten sich seine Rede an und wandten sich von Gustav ab. Daraufhin floh Gustav Wasa in Richtung Norwegen. Als sich die Kunde verbreitete, daß auch

76 Das Mittsommernachtsfest gilt als die fröhlichste Zeit Schwedens, vor allem in Dalarna. Hier werden noch alte Bräuche am Leben erhalten, jedes Dorf führt seine charakteristischen Trachten aus, getanzt wird bis tief in die Nacht, dazu werden traditionelle Speisen und Getränke gereicht.

77 Am Siljansee in Dalarna liegt das kleine Dörfchen Tällberg. In einem Garten mit alten Holzhäuschen hat sich eine Künstlerkolonie gebildet, angeschlossen ist ein Handwerksgarten, wo den Touristen alte Handwerksbräuche gezeigt werden.

1958

78 | 79

78–80 In Tällbe
leben die typiscl
Traditionen Da-
larnas, der Lanc
schaft am Siljan
Der ganze Ort
besteht aus
schmucken Holz
häuschen im
Falu-röd, mit na
belassenen Blu-
menwiesen und
Bauerngärten.
Tällberg liegt ar
der Bahnlinie vo
Mora nach Stoc
holm und läßt si
am besten mit d
Fahrrad erkund
zahlreiche
Handwerkslädе
und Galerien la
zum Kauf von
Geschenken ein

81 Im Norden
Dalarnas, nicht
weit von Sälen
entfernt, liegt a
der norwegisch
Grenze der Has
jön. Die Bootshä
ser glänzen im
spätabendliche
Sommerlicht.

82 und 83 **Der Winter in Schweden läßt sich am besten mit Langlaufschiern auf den zahllosen Loipen erkunden. Die sanfte und meist tief verschneite Landschaft wird von der schräg stehenden Sonne und dem Schattenspiel geprägt. Nahe bei Mora liegt die Hochebene von Grönklitt. Durch die weiten Wälder führen die Loipen vorbei an reizvollen Landschaften, einsamen Blockhäuschen und Almhütten. Tällberg (83) lädt zum Winterspaziergang durch das verschneite Dörfchen ein.**

in Stockholm ein Widerstand gegen die Dänen organisiert wurde, schickte man von Mora aus zwei der besten Läufer Gustav hinterher, die ihn bei Sälen einholten und zur Rückkehr ermutigten. Damit war nicht nur der Abwehrkampf gegen die Dänen gesichert, sondern auch die historische Grundlage für den heute noch durchgeführten Wasalauf geschaffen. Gustav kehrte zurück, und er kam, sah und siegte. Er schlug die Dänen vernichtend und bestieg 1523 den schwedischen Thron, um zum für das schwedische Volk erfolgreichsten und am meisten geschätzten König zu werden. Er gilt gleichsam als Vater Schwedens.

Mora

Mora, heute ein moderner Ort mit lebhafter Industrie und Fremdenverkehr, war schon vor 7000 Jahren besiedelt. Die hübsche Kleinstadt am See war Heimat des Künstlers Anders Zorn, der mit einem weiteren Künstler aus Dalarna, Carl Larsson, zu den Aushängeschildern schwedischer Kunst wurde. Im kleinen Museum von Mora lassen sich die rauhen Landschaftsdarstellungen Zorns bewundern, ein Rundgang durch Atelier und Garten geben die Stimmung seines künstlerischen Schaffens wieder. Natürlich darf das Zieltor des Wasalaufs nicht außer acht gelassen werden. Vorbei an der Kirche Moras und einer Gedenkstatue eines Langläufers führen die letzten 200 Meter des über 90 Kilometer langen Volkslanglaufs. Nur 100 Meter weiter beobachtet Gustav Wasa auf einem Denkmal das Geschehen. Neben dem Zieltor ist das Organisationskomitee des wohl berühmtesten Volkslanglauf-Spektakels der Welt untergebracht. Im olympischen Gedanken des Dabeiseins kommen alljährlich am ersten Sonntag im März an die 15000 Langläufer aus aller Welt nach Mora, um die 90 Kilometer auf den Spuren Gustav Wasas zu wandeln. Berühmt wurde auch die Blaubeersuppe, die als Labung für die Anstrengungen verabreicht wird.

Auf der Siljan-Runt ist auf alle Fälle ein Abstecher auf die westlich von Mora gelegene Insel Sollerön empfehlenswert. Sie gilt als die Sonnenstube Dalarnas, ihr Klima wird seit jeher geschätzt. Die Menschen bauen hier die langen Kirchboote als Weiterentwicklung der Wikingerschiffe, die bei feierlichen Anlässen und bei Mittsommer verwendet werden, um die Menschen aus den kleinen Dörfern über den See zu den Kirchen zu bringen. Ganz in der Nähe, wieder zurück auf dem Festland, liegt der Gesundaberg. Er wurde zum einzigen alpinen Schiberg der Region erschlossen, bietet heute aber besonders den Kindern einen Leckerbissen. Als Gegenstück zum Weihnachtsmann von Rovaniemi in Finnland hat man hier das »Tomteland« geschaffen, in dem das Christkind 365 Tage pro Jahr mit all seinen Tieren und Werkstätten bestaunt werden kann. Das zweite Zentrum am See bildet im Südosten die Stadt Leksand. Das belebte Touristenörtchen, das malerisch die Südspitze des Sees zwischen der Mündung des Österdalälven und dem Insjön ziert, ist im Sommer Schauplatz vieler kultureller Ereignisse. Unter anderem wird hier jedes Jahr das Himlaspelet, ein traditionelles Mysterienspiel, aufgeführt. Eines der ältesten Museen Dalarnas und ein neues Kulturzentrum der Region ergänzen die traditionelle Haltung Leksands. Bevor Rättvik erreicht wird, fährt man auf einer Nebenstraße durch Tällberg, das Dalarna und Siljan am stimmungsvollsten repräsentiert. Zahllose rote Häuschen sind auf den zum See hin abfallenden sattgrünen Hängen verstreut und zeigen die ganze Lieblichkeit von Dalarnas Landschaft. Mittsommer gilt hier als Feiertag, überall prangen die geschmückten Bäume in den Himmel. Zu Mittsommer, wenn die Sonne nicht untergeht, wird es in Tällberg nie Abend. Bis weit in den nächsten Tag reichen die folkloristischen Darbietungen und Feiern, die nicht veranstaltet werden, um sie Fremden vorzuführen, sondern um sie selbst zu erleben. Heute bilden Künstler hier Handwerksgruppen, so den Klokkargården, und Galerien wachsen wie die Blumen des Frühlings aus dem Boden.

Tällberg ist für mich das Dalarna. Ein Sommerspaziergang durch das weitverstreute Dorf erschließt mehr schwedische Eigenart und Tradition, Lebensfreude und Naturliebe als eine lange Reise entlang den breiten Durchzugsstraßen zum Nordkap.

Rättvik

Rättvik, am nordöstlichen Ufer, war Schauplatz der Rede Wasas, heute erinnert noch ein Denkmal an die zwölf Männer Rättviks, die die Entscheidung zur Unterstützung Wasas trafen. Die eindrucksvolle Kirche, direkt am Ufer gelegen, wird zu den großen kirchlichen Festen von den bereits erwähnten schmalen Kirchbooten angefahren. Nirgends sonst wird die Tracht so gepflegt wie am Siljan. Rättvik, Mora und Leksand sind deutlich unterschieden, und gerade bei den Kirchgängen kleiden sich die Menschen in ihren traditionellen Trachten. In Rättvik besteht noch ein kleines Handelsgeschäft, das wie vor 100 Jahren Lebensmittel, Haushaltswaren, Kleider und Webereien verkauft. Der Gärdeby-Handel vermittelt nostalgische Kauferlebnisse.

Überall in Dalarna rund um den Siljansee fällt ein rotes Etwas auf, das von Zündholzschachtelgröße bis lebensgroß anzutreffen ist: Das Dala-Pferdchen. Es steht als Symbol der Heimindustrie, dem »Hemslöjd«, der Region, die besonders Kunst- und Gebrauchshandwerk aus Holz und Keramik umfaßt. Das Dala-Pferdchen, handgeschnitzt, rot bemalt und Souvenirartikel Nummer eins, wird heute vor allem in Nysnäs nahe Mora gefertigt. Der Brauch stammt vermutlich aus der Mitte des 19. Jahrhunderts, als an den langen Winterabenden Pferde geschnitzt und rot mit gelben Ornamenten bemalt wurden. Erst 1912 erlangte dieses Pferd internationale Bedeutung, als es auf der Weltausstellung in New York gezeigt wurde und größtes Interesse fand. Heute geht es millionenfach in allen Größen in alle Welt und lebt als Erinnerung an das traditionsreiche und heimatbewußte Gefühl Dalarnas in vielen Häusern weiter.

Falun

Abseits des Sees liegt, wie erwähnt, das industrielle Zentrum Dalarnas, Falun. Sein Bergwerk, durch eine Katastrophe zum größten Loch Schwedens geworden, lieferte in früherer Zeit Eisen, Kupfer und Gold. Die Hauptstadt Dalarnas erlebte seine Entwicklung fast parallel mit Aufstieg und Fall des Bergbaus. Schon im 13. Jahrhundert unterhielt man eine Grube, im 17. Jahrhundert wuchs diese zum größten Kupferbergwerk der Welt. 1687 verursachte der blinde Erschließungswahn eine Katastrophe. Die Grube stürzte ein, und der Bergbau erholte sich seitdem nie mehr zur damaligen Größe. Heute wird noch Gold, Blei, Zink und Eisenerz abgebaut. Besonders eindrucksvoll gestalten sich ein Rundgang durch die alten hölzernen Bergwerksanlagen am Rande der großen Grube und ein Gang durch die zu besichtigenden Stollen. Parallel zum Bergwerk entstand die Firma Stora, die mit der Gründung 1288 als ältestes Unternehmen der Welt in die Geschichte einging. Eine zweite Anlage machte Falun berühmt, der Lugnet. Damit ist das Königliche Reichsschistadion gemeint, in dem ähnlich Lahti in Finnland und Holmenkollen in Norwegen alljährlich die traditionsreichen Schispiele ausgetragen werden. Langlauf und Schispringen stehen auf dem Programm, die nordischen Sportarten also. Ansonsten ist Falun der Charakter der Bergbaustadt anzusehen, rechtwinklige Straßenzüge und ein industrielles Flair überziehen das Städtchen.

Schweden en miniature

Mit den wogenden und fruchtbaren Ebenen, den glitzernden Seen, den schönen Gebirgszügen und den großen Wäldern, dazwischen bunt verstreut die typischen roten Holzhäuschen, steht Dalarna zu Recht für »Schweden en miniature«. Der Region sind nicht umsonst Selbstbewußtsein und Eigenwilligkeit zu eigen, die sich deutlich in Sitten und Bräuchen widerspiegeln. Dalarna, das sind aus dem Mittelalter stammende Volkstrachten, Treffen ganzer Scharen von Spielmannsleuten im Sommer, alte Höfe mit eigener Holzarchitektur, »Hemslöjd«-Produkte kunstgewerblicher Handarbeit und ursprünglicher Gebrauchsgegenstände und rote Holzpferde, die einst die Bauern ihren Kindern als Spielzeug schnitzten. Mit einer volkstümlichen Malerei beschäftigten sich die Dalekarlier, die Wände und Möbel mit eigentümlichen Kürbisbildern ausmalten. Dalarna, das sind auch Falu-röd, Vasaloppet und Mittsommer und melancholische Gedanken und Stimmungen, die die Bilder Anders Zorns

84 Falun, die Hauptstadt von Dalarna, wird von zwei Dingen beherrscht: der Erzgrube der Firma Stora, die hier seit dem 12. Jahrhundert tätig ist, und den alljährlich stattfindenden Nordischen Schispielen. Die Kirche erstrahlt im kalten Licht eines Spätwinternachmittags.

Folgende Abbildung:

85 Der Gesundaberget bietet ein eindrucksvolles Panorama über den gesamten Siljansee im Herzen Dalarnas. Im Winter wird der Berg als Schigebiet geschätzt, am Fuße liegt das Tomteland, wo der schwedische Weihnachtsmann wohnt.

MELKERS
MELKERS
NICORETTE
NICORETTE
SDI
IBM

und Carl Larssons widerspiegeln. Es sind vor allem die Traditionen und die ursprüngliche, bodenständige Lebensweise, die die gute alte Zeit, die »gamla goda tiden« aufleben und zurückerträumen lassen. Dalarna, für mich ein Grund, Schweden nicht mehr zu verlassen!

Mittsommernacht

In einem Land, das so weit in den Norden reicht und von Nacht und Kälte beherrscht wird, spielt die Länge und Intensität des Sommers eine besondere Rolle. Das ist der Grund dafür, daß die Schweden am Beginn eben dieses Sommers, wenn der längste Tag anbricht, so intensiv feiern. Der Sommer hat eine überaus große Bedeutung als Zeit der Wärme, des Lichtes und des Draußenseins in der Natur. Keine Jahreszeit hat die nordischen Dichter mehr inspiriert als der Sommer. Eine ganze Nation ändert ihre Lebensweise, Wald und Seen werden für einige Wochen die Behausung, und die zahllosen Sommerhäuschen sind von Leben erfüllt. Die Städte sind leer und den Touristen vorbehalten, ein echter Schwede weiß im Juli seinen Platz in seiner Hütte oder auf seinem Boot. Die Sommerfrische wird zur Lebensform, sie ist die Wahrheit, wofür man lebt und arbeitet. Keiner zählt die Winter oder die Jahre, hingegen reihen sich die Sommer wie Perlen an einer Kette.

Eine Menge volkstümlicher Gebräuche leben bei diesen Feiern auf. In Dorf und Stadt wird die »majstang« aufgestellt, um die am Abend getanzt wird, von »0 bis 99 Jahren«. Früh am Morgen des Mittsommertages wird der Laubschmuck aus frischen Birkenzweigen gefertigt. Haus und Hof, Kirchen, Tanzböden und Versammlungssäle werden geschmückt. Der Maibaum ist der zentrale Sammelpunkt. Jede Ortschaft und Region hat ihr eigenes Zentrum: Die Stockholmer fahren auf die Schären oder treffen sich in Skansen, die Uppländer zieht es zu den alten Eisenhütten, und die Dalekarlier feiern rund um den Siljansee das Kommen der warmen Zeit. Lieblingsessen ist der auf verschiedene Arten eingelegte Hering, dazu neue Kartoffeln, Dill, Lauch und als Nachspeise frische Erdbeeren. In dieser Nacht wird kein Auge zugemacht, die kürzeste und hellste des schwedischen Sommers gehört den Festlichkeiten. Zahlreiche Mythen haben sich gebildet; so wird dem Tau dieser Nacht eine wundersame Kraft nachgesagt. Mädchen sammeln Blumen und legen sie unter ihr Kopfpolster, danach erscheint ihnen im Traum ihr Bräutigam. Mittsommer in Schweden ist für den Mitteleuropäer wahrscheinlich wie so vieles in diesem Land etwas unverständlich. Dieser Brauch muß stets im Zeichen der Naturverbundenheit der Schweden und des Wissens der Menschen um ihre Abhängigkeit von dieser Natur gesehen werden.

86 Die bizarre Sprungschanzenanlage von Falun am Lugnet wurde aus Eisen erbaut, das in der Bergwerksgrube von Falun abgebaut wurde. Im März finden die traditionellen Schisprung- und Langlaufwettbewerbe im Reichsschistadion statt.

Nordschweden – Norrland – Lappland

Die Landschaften von Norrland

Norrland umfaßt beinahe die Hälfte Schwedens, dennoch leben hier nur fast eine Million Menschen. Die sechs Küstenlandschaften, die sanfter und noch eben sind, reichen vom Dalälv nördlich von Uppsala bis über den Polarkreis. *Gästrikland*, die südlichste Provinz, ist eine relativ junge Landschaft, deren größter Teil nach dem Rückzug des Eises Meeresboden war und sich zu heben begann. Nach Norden schließen sich *Hälsingland, Medelpad, Ångermanland, Väster- und Norrbotten*, die nördlichste Ostseeprovinz an. Hälsingland ist das eigentliche Herzland von Norrland. Die Hälsinger waren einst unernehmungslustige Kaufleute, die von den Svearn abstammten. Die Küstenlandschaften haben alle ihren großen Fluß wie Ångermanälv, Umeälv, Luleälv oder Ljusnan, waldbedeckte Flußtäler und ein niedriges, angeschwemmtes Küstenland kennzeichnen diesen Teil von Norrland. Ein Dutzend Städte belebt die lange bottnische Küste, während die Anzahl der Binnenstädte nur die Hälfte ausmacht. In Umeå, der Hauptstadt Västerbottens, wurde, um der südöstlichen Kopflastigkeit ein Gegengewicht zu setzen, 1965 eine Universität gegründet. Umeå, die Stadt der Birken, gilt als wichtiger Verkehrsknotenpunkt in Richtung Finnland. Etwas nördlicher, in Norrbotten, liegt Luleå, das bis vor kurzem größter schwedischer Exporthafen war. Hierher wurde vor dem Bau der Erzbahn nach Narvik das in Gällivare und Kiruna abgebaute Eisen transportiert und verschifft. Die Stadt selbst, um 1620 von Gustav II. Adolf gegründet, besticht eher durch die sie umgebende Schärenwelt, das Stadtbild selbst ist nüchtern und funktionell.

Gebirgiger als die Küstengebiete sind Hårjedalen und Jämtland, die einen Anteil am Skanden-Gebirge haben. Jetzt beginnt es ruhig zu werden, einsame Fjälls und menschenleere Wälder beherrschen das Landschaftsbild. Dazwischen liegen seltener als noch in Mittelschweden Siedlungen, so der Hauptort von Härjedalen, Sveg, und das Handelszentrum Jämtland Östersund. *Härjedalen* ist die am dünnsten besiedelte Provinz Schwedens. Da es keine Industrieorte gibt im Norden, ist es noch dünner besiedelt als Lappland. Nur ein Mensch kommt auf einen Quadratkilometer. Der Rest sind endlose Nadel- und Birkenwälder und großartige Fjälls, wie Idrefjäll oder Helagfjäll, das mit knapp 1800 Metern das höchste Fjäll Schwedens im südlichen Norrland ist. An gefundenen Felszeichen konnte man feststellen, daß trotz der Abgeschiedenheit schon in der Steinzeit hier Menschen siedelten. Jämtland gehörte noch im 11. Jahrhundert zu Norwegen, dennoch weist ein Runenstein am Rathaus auf die Zugehörigkeit zu Schweden. Jämtlands Geschichte ist gleichzusetzen mit der wechselnden Zugehörigkeit zu einem der beiden skandinavischen Länder. Reich an Fellen, Käse, Wild, Fisch und anderen Nahrungsmitteln besaß es schon im 17. Jahrhundert eine große Bedeutung. Heute noch ist Östersund am Ostufer des Storsjö das Handelszentrum des Nordens. Um 1786 von Gustav III. gegründet, wuchs es schnell und verstärkte den wirtschaftlichen und sozialen Aufstieg der Region.

Im Norden folgt *Lappland*, die größte Provinz Schwedens. Die letzte Wildnis Europas, obwohl auch hier immer mehr erschlossen, verbaut und zivilisiert wird, behält noch ihre Reize. Das Land der Mitternachtssonne oberhalb des Polarkreises, Heimat der Lappen und der Rentiere, entspricht so vielen Beschreibungen, daß es schwer wird auszuwählen. Ausgedehnte Wälder, endlose Moore, rauschende lachsreiche Flüsse, karge Fjälls, schroffe Berge und zauberhafte Täler geben Raum für den Traum des Abenteuers. Ein Viertel von Schweden wird zum Paradies für Natur und im Sommer für Mücken. Zahlreiche Nationalparks schützen die majestätische Natur. Nur rund 120000 Menschen siedeln heute im Land der Unendlichkeit, der Vielfältigkeit, der unvorstellbaren Weite, der Urwüchsigkeit und der heute zur Energiegewinnung ausgetrockneten Flüsse und der Hochspannungsleitungen. Norwegen und Finnland haben ebenso Anteil an Lappland wie die südlicheren schwedischen Provinzen Norrbotten, Ångermanland und Jämtland. Beherrscht wird alles von einer fast baumlosen Tundra mit Teppichen aus Pilzen, Zwergsträuchern und kleinen Blumen, die im kurzen Som-

Vorhergehende Abbildung:

87 Der Winter ist rauh im Norden, Schneesturm in der Nähe des Idrefjälls nördlich von Mora.

88 und 89 Gävle gilt als die letzte Stadt mit mondänem Gepräge am Weg in den hohen Norden. Obwohl es nicht weit von Stockholm entfernt ist, gehört es bereits zum »Norrland«. Berühmt ist die Altstadt, das »Gamla Gefle«, die ausschließlich aus Holzhäuschen mit Gassen aus Kopfsteinpflaster besteht. Der Hauptplatz (89) in der Neustadt bildet das belebte Zentrum der sehr interessanten Kleinstadt.

1221
P

90 Die Erzbahn, die die Bergwerkszentren von Gällivare und Kiruna mit der norwegischen Hafenstadt Narvik verbinden, beherrscht den nördlichsten Teil Schwedens. Die Bahnanlagen sind neben der Straße allgegenwärtig, so wie hier der Bahnhof von Abisko.

91 Ständig donnern die Erzzüge mit den charakteristischen Lokomotiven durch die lappländische Wildnis. Ungefähr 4000 Tonnen Erz werden in den stets aus 52 Waggons bestehenden Zügen transportiert. Dieser Erzzug befindet sich am Fuße des Noulja in Abisko Östra.

mer alle gleichzeitig die Urwälder mit ihrer Farbenpracht erleuchten. Hier oben befindet sich auch Schwedens größtes Bergmassiv, das mit dem 2121 Meter hohen Kebnekaise auch Schwedens höchsten Berg beheimatet. Siedlungen werden selten, viele Namen deuten auf die samische Herkunft: Arjeplog, Arvidsjaur, Jokkmokk oder Kvikkjokk. Bekannt sind Kiruna und Gällivare, wo seit mehr als 300 Jahren Eisenerz gewonnen wird. Das größte Monument Kirunas ist der Erzberg, ein Terrassengebirge von 750 Metern Höhe. Lapplands Stille wird seltener. Obwohl der Erzabbau jedes Jahr abnimmt, so steigt die Zahl der Touristen, die mit Kanu und Wanderschuh zu der letzten Wildnis aufbrechen. Daß Einöde und Weite hier allerdings bestimmend sind, wird der Erschließungswut rasch Grenzen setzen.

Gällivare

Inmitten weiter Wälder entwickelte sich dieser ehemalige Samenstützpunkt zum zweiten Zentrum der Erzgewinnung in Schweden. Heute spielt der Tourismus eine große Rolle, rundherum sind jene Fjälls, Nationalparks und Wanderrouten zu finden, zu denen jährlich Tausende Wildnishungrige aufbrechen. Dementsprechend groß ist in der Stadt die Zahl an allerlei bunten Gesichtern, Wanderfreaks, Waldläufern und Pseudoabenteurern, die entweder zurück aus der Wildnis Zivilisation atmen oder auf dem Weg dorthin ihre Ausrüstung komplettieren oder nur zu zeigen versuchen, daß die Wildnis ihre Domäne ist, zumindest vom Auto aus. Geschäfte reihen sich um im Sommer birken- und blumenbestandene Plätze, überall im Zentrum wirbelt unlappländisches Treiben. Das Erz wird seit dem 19. Jahrhundert eigentlich im 6 Kilometer entfernten Malmberget gefunden, doch wuchsen die beiden Orte rasch zusammen. Heute werden jährlich bis zu zehn Millionen Tonnen Erz gefördert und mittels der Nordlandbahn nach Narvik gebracht.

Kiruna

Schwedens nördlichste Stadt wird ausschließlich vom Erzabbau geprägt. Überall wird das Stadtbild vom gewaltigen Erzberg überragt, Hämmern und das Rattern der unzähligen Eisenerzwaggons der Erzbahn erfüllen die Luft. Der Name der Stadt stammt, woher sonst, aus dem Lappischen. »Girun«, das Schneehuhn, ist heute noch im Wappen zu finden. Flächenmäßig wäre Kiruna die größte Stadt der Welt, wiederum ein Beweis der lappländischen Dimensionen. Erst um 1900 wurde sie als »Stadt der Zukunft« gegründet und weist eine ungewöhnliche und bizarre Hochhausarchitektur auf. Sonst bietet sie wenig, außer zweckmäßigen Einkaufsläden, um Vorräte zu ergänzen. Zwar kommen immer mehr Touristen in die Stadt, weil von hier aus die letzten Verbindungen nach Norden beginnen – seit 1984 führt die Nordkalottenstraße nach Narvik, und die beliebte Inlandsbahn wurde von Gällivare bis hierher verlängert –, aber das hebt weder Flair noch Atmosphäre. Die umfängt einen allerdings beim Besuch der hölzernen Kirche, die die Form einer Lappenhaube hat. Der Innenraum, schlicht und rein wie die typisch schwedische Wohnkultur, ist in Hellblau gehalten, das Altarbild ist ein Wandteppich und stellt eine nordische Landschaft dar. Ornamente lassen kulturelle Parallelen zu Finnland erkennen. Die Erzgrube von Kiruna, mit 25 Millionen abgebauten Tonnen Erz pro Jahr die größte der Welt, und die Grubengesellschaft LKAB beherrschen die Stadt. Fast 1000 Arbeiter schürfen mit modernsten Mitteln das Erz, die Grube ist eine unterirdische Stadt für sich von unglaublicher Größe und Technik.

Letzte »Großstadt« an der Nordlandküste: Gävle

Obwohl knapp oberhalb von Uppsala gelegen, will es die Provinzeinteilung Schwedens, daß dieses mondäne und belebte Städtchen zum Norrland gehört. Als weit vorgeschobener Vorbote der Zivilisation wird es von einer großzügigen Esplanade beherrscht, an deren beiden Enden das Rathaus und ein Theater liegen. Dazwischen breiten sich Parks mit Musikpavillon und Cafés aus, die Raum zum Flanieren und Genießen geben. Links und rechts folgen moderne Geschäftsstraßen mit Kaufhäusern hinter Glasfassaden. Die schon 1446 gegründete Stadt war lange die größte nördlich

von Stockholm und somit ein wichtiges Zentrum Nordschwedens. Das Verwaltungszentrum von Gästrikland beziehungsweise Gävleborgs Län besitzt viele Industriebetriebe und den fünftgrößten Hafen des Landes. Nach einem Brand 1869 wurde das Stadtgebiet rechtwinklig wieder aufgebaut, als reizvoller Kontrast dazu lassen sich heute noch ein paar Gäßchen Altstadt mit bunten romantischen Holzhäuschen und Kopfsteinpflaster bewundern, die aber nicht mehr repräsentativ für den heutigen lebhaften Charakter der Stadt sind. In der Umgebung liegen zahlreiche ehemalige Schmieden, am Beinamen »bruk« zu erkennen. Besonders reizvoll sind die beiden Täler mit den Flußläufen Ljusnan und Dalälv, die noch manch unentdeckten romantischen Winkel besitzen.

Urbane Bastion in der Wildnis: Östersund

Wer als Nordlandfahrer Östersund erreicht, bekommt leicht das Gefühl, er wäre schon bald in Lappland und im hohen Norden. Doch Östersund liegt beinahe in der Mitte Schwedens, und zu den lieblichen Landschaften Skånes ist es fast ebenso weit wie nach Riksgränsen. Östersund gilt als letzte menschliche Bastion am Tor zu Lappland, wurde dementsprechend wirtschaftliche Drehscheibe im nördlicheren Schweden. In der 1786 von Gustav III. gegründeten Stadt trennen sich die Wege nach Kiruna und nach Trondheim in Norwegen. Die jämtländische Hauptstadt am Storsjön weist nicht viel städtisches Gepräge auf, Hauptplatz und Einkaufsstraße lassen vielleicht noch Vergleiche mit mondäneren Städten zu, ansonsten ist Östersund eine Zwecksiedlung, die Verspieltheit durch Nützlichkeit ersetzt. Wieder einmal wirkt die Umgebung und gibt der Stadt, die auf beiden Seiten des Sees liegt, ein besonderes Gesicht. Doch weit wichtiger als Besichtigungstouren sind Einkaufsgänge, denn hier lassen sich noch einmal die Vorräte für die Fahrt nach Norden auffüllen.

Geschichtsträchtiger sind der Storsjön mit der Insel Frösön. Im alten Zentrum des Jämtlands, wo tausend Jahre das Thing zusammentrat, steht die Frösö-Kirche aus dem 13. Jahrhundert. Irgendwo in den Tiefen des Storsjön lebt der Sage nach das »Storsjödjuret«, das schwedische Seeungeheuer Nessy. Jämtland selbst zusammen mit dem benachbarten Härjedalen wird bereits von Wald und Einsamkeit beherrscht. Nur rund 150000 Einwohner leben auf einer Fläche, die so groß wie Dänemark ist. Wald, Wald und nochmals Wald umrahmen die höheren Bergmassive von Sylarna unmittelbar an der norwegischen Grenze und Areskuta beim bekanntesten schwedischen Wintersportort Åre.

Arjeplog, Arvidsjaur und Jokkmokk, die Zentren im Sami-Land

Wie allen Örtchen des Nordens ist ihnen eine gewaltige Naturumgebung zu eigen. Menschenleere Wälder und Fjäll-Landschaften, die von oft kilometerlang schnurgeraden Straßen durchschnitten werden, vorbei an rauschenden wilden Flüssen und ruhigen glasklaren Seen. Plötzlich ein Ortsschild, danach ein paar Häuser, mehr kennzeichnet die Ortschaften nicht. Stichstraßen führen links und rechts der Hauptdurchgangsstraßen zu einsamen Gehöften, der Nadelwald wird bald durch Birken ersetzt, seltener werden menschliche Wesen. Lappland naht, langsam, aber beständig.

Arvidsjaur ist das erste richtige Lappendorf auf der Fahrt nach Norden. Inmitten riesiger Waldlandschaften gelegen, hält es einmal im Jahr den traditionellen Markttag ab. Dann ist das Städtchen nicht wiederzuerkennen. Tausende Menschen und die Sami mit Holzkaten, die kaufen und verkaufen, erfüllen Arvidsjaur mit buntem Leben. Immer am letzten Sonntag im August findet das Schauspiel in diesem samischen Kulturzentrum statt, besonders eindrucksvoll gestaltet sich die Zählung der Rentierherden und Kennzeichnung der Kälber. Die typische Lappentracht muß dabeisein und natürlich auch die Rentiere. Schon seit dem 17. Jahrhundert ist die Stadt Markt- und Kirchplatz und damit das älteste Samen-Kirchdorf Lapplands.

Arjeplog liegt nicht unweit entfernt, an einer der schönsten Straßen, die ins benachbarte Norwegen führen. Es ist auch eine der schönsten schwedischen Kommunen mit vielen Seen und Wäldern und mit großem Pilz- und Bee-

92 In Lappland leben noch zahlreiche Ureinwohner, die als Samen bezeichnet werden. Die typischen Behausungen, die Lappenkaten, können als Kulturdenkmal noch besichtigt werden. Die echten Samen, die als Nomaden durch die Fjälls ziehen, sind selten zu sehen.

93 Ein Teil der geschäftstüchtigen Samen hat die Tourismusbewegung zum Anlaß genommen und verdient seinen Lebensunterhalt durch die Herstellung von Souvenirs. Jeder versucht, seinen Möglichkeiten entsprechend künstlerisch tätig zu werden.

renreichtum. Das niedliche, weitläufige Dorf in bezaubernder Lage hält einen Rekord in Schweden, der wohl in Europa uneinholbar bleibt: die Einwohnerdichte beträgt 0,3 Menschen pro Quadratkilometer! Silber prägte die Geschichte Arjeplogs, das bereits im 16. Jahrhundert abgebaut wurde. Ein Silbermuseum zeigt, wie vor 600 Jahren das Edelmetall gefördert wurde.

Jokkmokk, das liebliche kleine Örtchen mit für nordische Verhältnisse durchaus kleinstädtischem Charakter, ist ebenfalls ein Zentrum der Samen und liegt direkt am Polarkreis. Eine breite Birkenallee bildet das Zentrum, an der auch Hauptplatz und Kirche liegen. Bis zum 17. Jahrhundert war es ein Winterlagerplatz, seit dem 19. Jahrhundert kommen immer mehr »Südländer« hierher, um an den beginnenden Erschließungsarbeiten für Staudämme und Kraftwerke in der lappländischen Wildnis mitzuwirken. Seit 1605 wird hier der größte Lappenmarkt abgehalten. Der kälteste Jahrmarkt der Welt im Februar findet nicht selten bei minus 40 Grad Celsius statt. Dann sind bis zu 40000 Menschen in der Stadt, die alles kaufen und verkaufen, was beweglich ist. Das neu errichtete schwedische Fjäll- und Samenmuseum gibt Auskunft über Geschichte und Lebensweise der Samen sowie über die Fjällandschaften des Nordens.

94 Der Abisko-Nationalpark zählt zu den ältesten in Schweden. Vor allem der arktische Birkenwald mit den Fjälls soll geschützt werden. Am Eingang zum Park beginnt auch der Kungsleden, der den Park durchquert, ansonsten wird diese nördliche Wildnis im Torneträsk-Gebiet kaum gestört.

95 Der Abiskojokk, der Fluß, der aus den Bergen im Hinterland des Nationalparks zum Torneträsk fließt, hat kurz vor seiner Mündung eine tiefe Schlucht ausgebildet. Am Ausgang der Schlucht befindet sich das vogelreiche Delta, das durch den Abiskojokk geformt wird.

Der Abisko-Nationalpark – Schönheit der nordischen Landschaft

»Die Abstufungen von Blau und Grün trennen Wasser und Land und zeichnen die Konturen eines endlos weiten und für Lappland typischen Hochgebirgstales: Abisko. Hier liegt zu Füßen der mythisch anmutenden Lappenpforte der gleichnamige Nationalpark am Ufer des landschaftsbeherrschenden Torne Träsk.«

Abisko ist für seine Schönheit berühmt und war immer schon ein geschätztes Ziel von Naturfreunden aus ganz Europa. Was der Landschaft Schönheitswert und ihre Eigenart ausmacht, kann auf mancherlei Weise gesagt werden. Es ist nicht nur die Weite der Landschaft und die Mächtigkeit der Gebirge, es ist auch die Bläue des Torne-Träsk und die Lappenpforte, auch das Fenster zur Unendlichkeit genannt. Es ist der Himmel zwischen den Wolken über dem breiten Tal, das der Abiskogletscher in den Fels gegraben hat, aus dem Sonne und Licht auf eine überwältigende Szene des ständigen Wechselspiels von Farben und Tönen herniederfällt. Es ist die Weite des Birkenwaldes, der sich mit seinen frischen Blättern unbeschwert vom ernsten Grün des Nadelwaldes abhebt und im Herbst ein unübertreffbares Farbenspiel gestaltet. Es ist nicht zuletzt auch die Frische und Reinheit der Luft, die die Landschaft des Abiskodalen sowohl zur Zeit der Mitternachtssonne wie auch in den Polarnächten in der typischen nordischen Klarheit erstrahlen lassen. Abisko ist Sinnbild für eine Harmonie, wie sie nur eine unberührte Landschaft bieten kann.

Um die Jahrhundertwende waren die melancholischen Gegenden im äußersten Nordschweden nur den Arbeitern bekannt, die im Tal des Torne-Träsk die Eisenbahnlinie von Kiruna nach Narvik anzulegen hatten. Vielleicht war die frühe Erschließung die Ursache dafür, daß der Abisko-Nationalpark schon 1910 gegründet wurde. Heute führt eine bequeme Inlandschnellstraße hierher, und die touristischen Erschließungen vor allem im benachbarten Riksgränsen werden immer intensiver. Der 7700 Hektar große Park nimmt den größten Teil des Abiskodalen in Anspruch und wird vom Abiskojokk durchflossen, dessen vogelreiches Delta ein Fixpunkt aller Nationalparkbesucher ist. Innerhalb des Parks liegt der Berg Noulja, der einen weiten und unverstellten Ausblick über Torne-Träsk und Abisko-Park bietet, ja der Blick reicht bei klarem Wetter hunderte Kilometer weit.

Abisko weckt die Liebe zur Natur

Die üppigsten Wiesenbirkenwälder des Abisko-Parks, deretwegen der Schutzstatus erhoben wurde, kommen am Fuße des Noulja, des Slåttatjåkka und oberhalb des Abiskojaure vor. Sie beeindrucken durch eine beinahe urwaldähnliche bis 1,5 Meter hohe Krautflur. Hier liegt zumeist mehr Schnee, und die vielen Quellen ermöglichen mannsgroßen Straußenfarnen das Wachstum. Die Wiesenbirkenwäl-

der, die übersät sind mit Trollblumen, violettem Storchschnabel und weißem Mädesüß, beherbergen viele Kräuter und zahlreiche Weidenarten, die die Zwergsträucher völlig verdrängen. Die wichtigsten und für Lappland typischen Kräuter sind Tragant, Moltebeere, Helmkraut, Wintergrün, schwedischer Hartriegel, norwegisches Ruhrkraut und nordisches Moosglöckchen, das die Blume des Nationalparks ist und Linnés Namen trägt.

Die alpinen Fjällheiden sind keineswegs karg. Sie gehören zu den wertvollsten Teilen des Nationalparks und sind ausschließlich oberhalb der Waldgrenze zu finden. Diese liegt im Park bei etwa 550 Meter. Der Schlußwald wird ausschließlich von Birken gebildet. Die Blumenpracht der Fjälls im Sommer beeindruckt sehr. Zum Großteil sind es Arten der kahlen Hochflächen des Berglandes, die besonders harte und ungünstige klimatische Verhältnisse ertragen müssen. Zusammen mit Steinbrecharten blühen Krähenbeere und Bärentraube. Besonders zierlich und zerbrechlich wirken die zarten Blüten und Zweige der Alpenazalee, der Diapensie und der Rosmarinheide. Wird der Boden kalkreicher, dann gedeihen das Fettkraut und als eine Besonderheit die zart rosa-violette lappländische Alpenrose. Sie bewältigt am besten die Trockenheit und den Frost in schneearmen Wintern. Daher hält sie es an windexponierten Kuppen aus und ziert im Sommer oft malerisch den weißen Dolomitfels. Polsterpflanzen und Zwergsträucher müssen auf dem Fjäll jeden deckenden Winkel ausnützen, denn der Wind ist enorm. Jeder Zweig, der im Winter über den Schnee ragt, ist durch Frosttrockenheit im kommenden Frühjahr zum Tode verurteilt. Besonders die Zwergbirke muß sich am Fjäll der Schneedecke anpassen, sie kann kaum höher wachsen, als es die Schneebedeckung zuläßt. Nach der lappländischen Alpenrose blüht im Frühsommer die prächtig weiße Silberwurz, die auch in den Alpen beheimatet ist. Dazwischen ist immer wieder die vierkantige Cassiope zu finden, die ihre kleinen weißen Blüten auf einem schuppig geformten Stengel in die Höhe ragen läßt. Nun blüht es überall im Fjäll, und vor allem der Wiesenbirkenwald zeigt ein leuchtend buntes Bild. Die Pflanzen des Nationalparks führen ihr Farbenspiel und ihre Pracht vor, die dem Wanderer entlang der Knüppelpfade, Wälder, Sümpfe und Wiesen entgegenstrahlt. Sie wollen sich in ihrer Schönheit gleichsam dafür bedanken, daß durch die Errichtung des Nationalparks ihr Lebensraum vor Zerstörungen geschützt wurde.

Abisko – ein Reich der Tiere

Auch Abiskos Tierwelt ist reich. Elch und Fuchs sind im Torne-Träsk-Gebiet wie in Abisko weithin anzutreffen. Der Vielfraß, die größte Marderart, scheint sich nur sporadisch im Nationalpark aufzuhalten. Er gilt als das gefürchtetste Raubtier der nordischen Völker, fallen ihm doch weit mehr Rentiere zum Opfer als Luchsen oder Bären. Der Name Vielfraß rührt von einer falschen Ableitung vom älteren norwegischen Namen fjeldfross = Bergkatze her. Dennoch wurde seine Gefräßigkeit ebenso sprichwörtlich wie die Gefährlichkeit des Wolfes, die Stärke des Bären und die Sinnesschärfe des Luchses. Gerade dieser ist in den letzten Jahren eine große Seltenheit geworden, der Gesamtbestand ging auf wenige Tiere zurück. Der Wolf hingegen gilt bereits als biologisch ausgerottet, auch wenn immer wieder ein paar Tiere beobachtet wurden. Der Bär kommt nur mehr im östlichen Teil des Torne-Träsk-Gebietes vor, etwa 10 bis 15 Exemplare verteilen sich auf eine riesige Fläche im östlichen Bergland. Schneehuhn und Moorhuhn sind hingegen häufig. Das Moorhuhn findet in den lichten Birkenwäldern seinen angestammten Lebensraum, während sich das Schneehuhn ausschließlich auf der Bergheide aufhält. Dort lebt auch der Goldregenpfeifer, der als gut getarnter Vogel mit seinem schrillen Gesang die Stille der Fjälls erfüllt. Der Fitis ist neben Blaukehlchen, Wacholderdrossel, Leinfink oder Gelber Bachstelze der häufigste Vogel in den Birkenwäldern der Gebirge und in den Heidelandschaften der tieferen Lagen. Graumeise und Bergfink sind in den Fjällregionen beheimatet.

Als Erlebnis besonderer Art gestaltet sich der Besuch des Mündungsdeltas des Abiskojokk, das als Vogelschutzreservat zwischen April und Ende Juli für jedermann gesperrt ist.

96 Die Lappenpforte »Lapporten« bildet die Kulisse zum Abisko-Nationalpark. Die Bergkette, in der eines der größten U-Täler liegt, scheint nahe, ist aber mindestens zwei Tagesmärsche von Abisko entfernt.

97 Die einsamen Fjälls des Abisko-Nationalparks werden in den kurzen Sommern von zahlreichen Tieren bevölkert. Der Goldregenpfeifer erfüllt die Stille der Höhen mit seinem schrillen Gesang.

Folgende Abbildung:

98 Einen Samen nach der Menge seiner Rentiere zu fragen, gilt als unangebracht. Die Rentiere, die alljährlich im Februar bei dem großen Samenmarkt in Jokkmokk angeboten werden, gehören zum Kapital der Ureinwohner. Entsprechend ihrer Sonderstellung als Minderheit haben sie zahllose Bräuche bewahrt.

Viele Wasservögel benützen die Kiesflächen, die vom Abiskofluß aufgelandet werden, als Nahrungs- und Brutstätte. Besonders in den Morgen- und Abendstunden, wenn dämmriges Licht den Mündungsbereich umfängt und See und Berge in fahlem Blau erleuchten läßt, kommt die Zeit für Bekassine, Reiherente, Sandregenpfeifer, Silbermöwe, Rotschenkel und Kollerhahn. Dieser Lebensraum gehört den Vögeln, die an ständige Störungen durch Besucher nicht gewöhnt sind. Ehrfurcht und Einfühlsamkeit sind bei jedem Schritt angebracht und ein wichtiger Bestandteil für das Erleben dieses Naturschauspiels.

Kebnekaise und Kungsleden – in Europas letzter Wildnis

Der Kungsleden oder Königspfad führt über 500 Kilometer durch die lappländische Wildnis. Ausgehend vom Nationalpark Abisko windet sich der Pfad durch Fjäll- und Gebirgslandschaften, die in Europa ihresgleichen suchen. Drei Abschnitte sind zu unterscheiden, die auch einzeln bewältigt werden können. Der beliebteste, der nördliche, endet in Kvikkjokk. Bis dahin hat man bereits 220 lange, steinige und moorige Fjällkilometer zurückgelegt. Entlang der Strecke, die etwa in zwölf Tagesetappen zu bewältigen ist, liegen teils einfache Übernachtungshütten, teils bestens ausgerüstete Fjällstationen des Schwedischen Tourismusverbandes, die auch über Geschäfte zum Ergänzen des Proviantes verfügen. Sein südlichstes Ende liegt im fast 500 Kilometer entfernten Hemavan an der E 79 nach Mo i Rana in Norwegen. Der besondere Reiz dieser Wanderung liegt nicht nur darin, Weite, Einsamkeit, Wildnis und unberührte Natur zu spüren, sondern einen anderen, durch Müdigkeit und innere Umstände geprägten Lebensrhythmus anzunehmen. Der Takt des Schrittes bestimmt die Geschwindigkeit abseits der Zivilisation, auch wenn die absolute Wildnis wegen des stark begangenen Weges und der Sicherheitsvorkehrungen in den Stationen gewichen ist. Im Sommer, wenn 24 Stunden Licht ist, wird Wachen und Schlaf zur verwaschenen Grenze, bestimmt durch die eigenen Fähigkeiten und körperlichen Stimmungen. In dieser Weise wird der Kungsleden jeden Tag mehr, wenn die Anstrengungen sich addieren, zur tatsächlichen Einkehr in sich selbst. Das sollte man als Ziel des Kungsleden anstreben und mitnehmen, nicht aber das Prahlen mit dem großen Abenteuer in der weiten, einsamen Wildnis.

Über allem steht natürlich das Landschaftserleben: gewaltige Gebirgsmassive und einsame Hochebenen, ausgedehnte Täler mit gletschergeschliffenen Steinwüsten, Kare und die größten Trogtäler Europas, in denen der Wanderer winziger ist als eine Mücke, Heidelandschaften und krautreiche Birkenwälder, trollblumenerfüllte Talgründe, eiskalte Gebirgsflüsse mit schaukelnden Hängebrücken, Sumpflandschaften, in denen selbst Gummistiefel sinnlos sind, und reißende Ströme und weitverzweigte Flußschlingen, die für den Menschen unzugänglich sind. Entlang der Hauptstrecke ist ein Großteil des Pfades über Sümpfe und Moore befestigt, der berühmte skandinavische »Knüppelpfad« schützt ein wenig vor dem wasserdurchtränkten unbefestigten Boden. Das Wandertempo scheint in der Weite der Täler stillzustehen, Marken der Landschaft, wie Felsnasen, Waldrücken, Pässe oder Taleinschnitte, die schon längst am Horizont sichtbar werden, scheinen durch stundenlangen Marsch nicht näherzurücken.

Klingende Namen begleiten den Weg: die Station am Abiskojaure, der Opferplatz von Nissunjakka, der See von Alesjaure, die einsame Hütte von Sälkä, der Tjäktapaß, mit 1160 Meter der höchste Punkt des Kungsleden, Singi, am Taleinschnitt zum Kebnekaise, das kleine Lappendorf Kaitumjaure, das Lapplager Njunjes, die große Fjällstation Saltaluokta, die Hütten bei Akze oder das Ziel des nördlichen Teils Kvikkjokk, der Ausgangspunkt zu Sarek und Padjelanta.

Wetter und Wind sind das Hauptproblem des Pfades, auch wenn die Etappenlängen für normale Wanderer ausgelegt sind. Sie bleiben unbeeinflußbar, und man muß ihnen gut ausgerüstet begegnen. Starke Regenfälle und Winde wechseln mit wärmsten Sommertagen, Schnee bei Schlechtwetter auf den Pässen ist auch im Sommer keine Seltenheit. Die beste Zeit für die Wanderung fällt in den Sommer,

99 Nahe der Fjällstation am Kebnekaise beginnen die großen Trogtäler von Tarfala und Singi, die zum Kungsleden führen. Hier befindet man sich unmittelbar in der lappländischen Wildnis. Überall sind auf den kahlen Felskuppen die Spuren des Gletscherschliffs ersichtlich, der diese Täler gebildet hat.

von Mitte Juni bis Ende August herrschen die konstantesten äußeren Bedingungen, aber auch ständige Bedrohungen durch die Mücken. Vielleicht ist da eine Herbstwanderung im September durch das in allen Farben leuchtende Fjäll ein Ausweg, aber Achtung, nachts herrscht bereits Frost.

Ebenso eindrucksvoll gestaltet sich eine Wanderung zu Schwedens höchstem Berg, die organisatorisch leichter als der Kungsleden zu absolvieren ist. Die Kebnekaise-Fjällstation liegt von Nikkaluokta gerade eine Tagesetappe entfernt. Weithin schaut einem durch den Birkenwald die Turmspitze der kleinen Kapelle von Nikkaluokta nach und verabschiedet die in das Tal ziehenden Wanderer. Nimmt man das Boot nach ungefähr fünf Kilometer Wegstrecke, das den Ladtjojaure überquert, bleiben noch neun Kilometer bis zur Fjällstation. Weithin leuchtet die Tarfalapakte, eine dunkle Felswand, die eine gute Wegstrecke Orientierungspunkt innerhalb des mächtigen Tales ist. Wenn entlang des Weges zum ersten Mal die Station sichtbar wird, sind noch 1½ Stunden zu gehen, bis das Nachtlager erreicht ist. Jetzt heißt es, Kräfte zu sammeln und die ersten Blicke ins dunkle Tal zu wagen, durch das der Aufstieg führt.

Wird das Wetter halten? Der Abend verrät es selten. Auf alle Fälle wird der Rucksack gepackt. »Vi treffar i toppen« – »Wir treffen uns am Gipfel«, ruft man sich am Morgen zu, wenn zahllose Gruppen den Aufstieg zum Berg beginnen. Zuerst über Schutt, verläuft der Weg bald durch Schneefelder und das ewige Eis der Gletscher, die zu Füßen des majestätischen Berges liegen. Rentierherden, die wegen der Mücken und der Hitze im Tal die frischen mit Morgentau benetzten Weidegründe der Berge aufsuchen, begegnen dem Wanderer. Nach Überquerung eines Gletscherabschnittes ist eine Felswand zu durchklettern. Hat man die »Topstugorna«, die kleine Schutzhütte am Beginn des Gipfelplateaus, erreicht, fehlt noch ein einstündiger Marsch den schneebedeckten Grat entlang zum 2117 Meter hohen Südgipfel. Das Ziel ist erreicht und das Panorama belohnend. Die Erde oder besser Lapplands Wildnis liegt einem zu Füßen. Die Weite gibt Blicke auf Sarek, Abisko, Tarfala Fjäll und Stora Sjöfjäll frei, an denen man sich lange Zeit nicht sattsehen kann. Der Abstieg kann warten, denn es wird ja nicht dunkel. Doch sobald Wolken aufziehen, wird man daran gemahnt, daß der Mensch hier oben in gewisser Weise ein Eindringling ist. Zurück in der Fjällstation bekommt jeder, der mit einer geführten Wanderung den Gipfel bestiegen hat, ein Abzeichen und eine Urkunde für seine Leistung. Die gewonnenen Eindrücke und die Erlebnisse der grandiosen Landschaft werden länger dauern, als Plaketten zu glänzen vermögen.

Mit dem Lapplandpfeil durch den hohen Norden

Wohl keine andere Bahn in Europa wurde unter so schwierigen Bedingungen gebaut. Arktische Kälte, heftige langanhaltende Schneestürme, reißende Flüsse im Frühjahr und wochenlanges Ausbleiben der Versorgungslieferungen für die Arbeiter brachten Krankheiten, Seuchen und unmenschliche Schindereien. Nach Baubeginn 1884 bei Svartön im Bereich Luleå ging es nur schleppend voran. Im Herbst 1885 waren erst 1800 Meter der mehr als 400 Kilometer langen Strecke fertiggestellt. Ein Jahr später erreichte die Bahn die Stadt Boden. Im Dezember 1887 wurde Gällivare und im Februar des folgenden Jahres Malmberget, die Stadt der Erzgrube, erreicht. Am 12. März 1888 führten die ersten Erzwagen nach Luleå. Doch der auftauende Bahndamm hielt der Last der Erzzüge nicht stand, und der Weiterbau der geplanten Strecke nach Norwegen wurde eingestellt.

1898 entschloß man sich im schwedischen Parlament zum Weiterbau der Bahn von Gällivare bis an die norwegische Grenze. Schon am 15. Oktober 1899 erreichte die Bahn Kiruna, nur ein Jahr später den Torne-Träsk. Jetzt begann der schwierigste Abschnitt: unwegsamstes Gelände mit keinerlei Verkehrsverbindungen mußte sommers wie winters erschlossen werden. Am 14. Juli 1903 weihte König Oscar II. die Bahn feierlich ein. Der Lapplandpfeil war damals schon als erster Luxuszug Nordeuropas wegen der landschaftlichen Schönheiten eine Touristenattraktion.

100 Der höchste Berg Schwedens, der Kebnekaise, liegt inmitten der lappländischen Wildnis, nicht weit von den Nationalparks von Sarek und Padjelanta entfernt. Der ungefähr 2400 Meter hohe, vergletscherte Berg gilt als bergsteigerischer Leckerbissen, der einen mindestens 50 Kilometer langen Marsch erfordert.

101 Im Sommer ziehen sich die Rentierherden in die Weiten des Berglandes zurück, um der Hitze der Täler und den Mücken der Sümpfe zu entfliehen. Dann ernähren sie sich von den saftigen Alpenkräutern, die in den kurzen Sommern auf den Fjälls wachsen.

Entlang des Torneträsk

Zur Blütezeit der Erzbahn fuhren täglich zwischen 30 und 60 Erzzüge nacn Narvik, jeder mit 52 Waggons und einer Erzlast von 4000 Tonnen. Heute ist die Zahl auf zehn pro Tag gesunken, dazu kommen die fünf Personenzüge. Die etwas mehr als dreistündige Fahrt von Kiruna nach Narvik wird besonders reizvoll, sobald der Zug den Bahnhof Torneträsk in Richtung Narvik verlassen hat. Entlang des 70 Kilometer langen Bergsees wechseln die Landschaften rasch. Ein Zaun folgt der Bahnlinie, um Rentierherden vor den Gleisanlagen zu schützen. Zuerst ist alles gemächlich. Der See beginnt, und mit ihm ein typisch lappländisches Bild. Kleine Birken wischen am Zug vorbei, im Hintergrund öffnen sich majestätisch sanfte Gebirgsketten in einer unendlichen Weitläufigkeit. Dazwischen Moore, Seen und hin und wieder Wiesen, das alles unter einem tiefblauen Himmel. Die Trasse der Bahn verläuft fast ausschließlich am Ufer des Sees und kommt, je weiter es nach Norden geht, dem Wasser immer näher. Etwas weiter schiebt sich ein flacher bewaldeter Landstreifen in den See und mischt das tiefe Blau mit dem zarten Grün der sommerlichen Birken. Dazwischen liegen Sumpfseen, für Eingeweihte sind hier die nur oberhalb des Polarkreises möglichen Palsenmoore zu finden. Diese sind aufgewölbte Moore, die nur auf Permafrostböden entstehen können. Wird die Oberfläche von der Sonne auf bis zu 35 Grad Celsius aufgeheizt, so ist der Boden schon 50 Zentimeter tiefer gefroren, obwohl sich das Moor bis zu drei Meter über die Erdoberfläche hebt. Bald kommt das lappländische Wahrzeichen ins Bild, das als Kulisse für den Nationalpark von Abisko gilt: die Lappenpforte. Dieser Gletscherdurchbruch ist das größte schwedische Trogtal. Abisko ist erreicht, und die Bahn überquert die wilde Schlucht des Abiskojokks. Die aus Holzhäuschen bestehende und jährlich größer werdende Siedlung war einst Stützpunkt der Eisenbahnarbeiter. Weiter folgt die Trasse dem Ufer des Torneträsk und erreicht Björkliden, den alten Ferienort, in dem der nördlichste Golfplatz der Welt in den Birkenwald geschlagen wurde. Tornehamn in der Nähe des Seeufers besitzt heute noch einen Friedhof, auf dem »70 Rallare«, Bahnarbeiter, begraben liegen. Nun verläßt die Bahn das Seeufer und beschreibt einen weiten Bogen nach Westen. Schwedens nördlichster Bahnhof, Vassijaure, folgt, ehe der Zug zu Füßen der Urlandschaft des Vassijåkkas nach Riksgränsen, dem Grenzort zu Norwegen, kommt. 520 Seemeter sind erreicht, und der bekannte Wintersportort ist gleichzeitig Wasserscheide zwischen Ostsee und Atlantik.

Der Grenzübergang verläuft wie überall in Skandinavien ohne Formalitäten. Von jetzt an geht es in munterer Fahrt bergab durch fünfzehn Tunnels und fünf Schneebarrieren, ehe sich der Lapplandpfeil an den Felswänden des Rombakfjordes entlangschlängelt. Abenteuerliche Blicke in den 500 Meter tief liegenden, sich langsam weitenden Fjord werden frei und ebenso ein flaues Gefühl ob der schmalen im Fels liegenden Bahnstrecke. Dort, wo das enge Trogtal des Rombakfjordes in den breiten Ofotfjord mündet und den Blick auf die Lofoten freigibt, endet in Narvik die Fahrt mit dem Lapplandpfeil.

Hohes Naturverständnis als Voraussetzung – die Nationalparks

Die Nationalparks Schwedens, die von jeder Facette der typischen Landschaften ein Stückchen bewahren, gehören sicherlich zu den Hauptsehenswürdigkeiten des Landes. Sie sind vergleichbar mit der Bewahrung der kulturellen Höhepunkte anderer Länder. »Wir haben allen Grund, uns über die Nationalparks zu freuen und auf sie stolz zu sein«, meint Valfried Paulsson vom schwedischen Amt für Umweltschutz, »die Nationalparks sind unsere am stärksten geschützten Naturgebiete, geschützt sowohl für als auch vor dem Menschen.«

Im Jahre 1909 trat in Schweden das erste Naturschutzgesetz in Kraft, das es ermöglichte, Gebiete mit dem hohen Schutzstatus eines Nationalparks zu belegen. Bereits ein Jahr später gab es neun Nationalparks, unter ihnen die bekanntesten wie Sarek, Abisko, Padjelanta und Stora Sjöfallet. Damit war Schweden das erste Land in Europa, das Nationalparks einrichtete.

102 Der Torneträsk ist der größte See in Schwedisch-Lappland. Nur ungefähr drei Monate im Jahr ist seine Oberfläche eisfrei. Am Nordufer liegen unzugängliche und ferne Urwälder der lappländischen Tundra.

Schweden bestätigt, von Ausnahmen abgesehen, was häufig zu beobachten ist: je dünner ein Land besiedelt ist, desto konsequenter wird das Naturerbe geschützt.

Die Nationalparks haben entsprechend dem Gesetzestext die Aufgabe, größere zusammenhängende Flächen bestimmter Landschaftstypen zu bewahren. Sie sollen soweit irgend möglich in natürlichem Zustand erhalten werden und gleichzeitig den Besuchern den Zugang zu den Wundern der Natur eröffnen. Gleichzeitig wird dem Erholungssuchenden genügend Raum gegeben, innerhalb der Nationalparkregeln eine unverstellte Natur zu erleben.

Die 20 Nationalparks

Weit im Norden am Torneträsk liegt der *Abisko*-Nationalpark, den ich schon ausführlich vorgestellt habe. Etwas südlicher davon liegt eine Gruppe dreier Parks, die zugleich die größte geschützte Urlandschaft darstellt: *Sarek, Padjelanta und Stora Sjöfallet*, mit einer Gesamtgröße von mehr als 520000 Hektar. *Sarek* ist der älteste und größte Park des Landes. Auf einsamen Spuren läßt sich in ihm die skandinavische Bergwildnis auf mehr als 200000 Hektar durchqueren. Sarek ist Wildnis und kein Platz für Menschen: Gipfel, gewaltige unzugängliche Stromtäler wie das Rapadalen oder Rapasele beherbergen landschaftliche Schönheiten, in denen sich die Natur wiegt. Nirgends sonst in Schweden gibt es so mächtige Gipfel und Gletscher, die Höhenunterschiede können beträchtlich sein. Die größte Fläche wird vom Fjäll bedeckt, nur kleine Waldreste können sich behaupten. Nicht selten sind blumenerfüllte Täler mit gletscherweißen Bergrücken im Hintergrund. Wandern im Sarek ist selbst im Sommer sehr gefährlich und nur erfahrenen Wildniskennern vorbehalten. Der Mangel an Wegen und Hütten läßt Unfälle oder Unvorhergesehenes zum tödlichen Ereignis werden. *Padjelanta* kann als einziges riesiges offenes Plateau mit riesigen Seen und einigen herausragenden Gipfeln beschrieben werden. Es liegt fast zur Gänze oberhalb der Waldgrenze, nur ein kleiner Teil wird vom Birkenwald eingenommen. Die Weite des Horizontes zwischen Wasser, Land und Himmel nimmt den Besucher gefangen und macht ihm besonders eindrucksvoll die verschwindende menschliche Größe angesichts der Einsamkeit und Abgeschiedenheit dieser Landschaft deutlich. Für den Botaniker ist vor allem das Vorkommen der Serpentingesteine mit ihrer eigentümlichen Flora von Interesse. *Stora Sjöfallet* ist durch eine Straße und den durch den Park führenden Kungsleden am leichtesten von den dreien zugänglich, am Vakkotavarre steht eine Übernachtungshütte. Er liegt rund 100 Kilometer westlich von Gällivare zu beiden Seiten des Stora-Lule-Flusses in Lappland. Besonders die hochnordische Gebirgslandschaft und Flora wird hier geschützt. Durch die großen Höhenunterschiede sind Landschaft und Pflanzenwelt sehr unterschiedlich. Der größte Teil des Parks besteht aus kahlem Fels, das südliche Plateau wird von der 2013 Meter hohen »Königin von Lappland«, dem Akka, überragt. Berühmt ist der Kiefernurwald im Vietasvagge-Tal. Das Tal um Vietas hat in den letzten 50 Jahren durch den Bau einer Wasserkraftanlage besonders gelitten.

Muddus, Pieljekaise und Vadvetjåkka sind ebenfalls in Lappland angesiedelte Nationalparks. *Pieljekaise* wurde ebenfalls schon 1910 gegründet und liegt etwa 100 Kilometer westlich von Arjeplog. In den rund 1500 Hektar wird vor allem die Ausprägung des ursprünglichen Zustandes der Berg-Birkenwälder geschützt. Der markanteste Punkt ist der Pieljekaise mit 1138 Metern. Sonst dominiert in der wellig-hügeligen Landschaft der Wechsel von Bergbirkenwald und kleinen Seen mit Kiesbänken. Auch Wiesen- und Moorbirkenwälder sind anzutreffen, die auffallendste Blumenart ist die Trollblume. Auch dieser Park wird noch vom Kungsleden durchquert. *Muddus* wurde erst 1942 gegründet und hat die Erhaltung der natürlichen Wald- und Moorlandschaft Lapplands zum Ziel. 1967 erhielt er das Europadiplom der Kategorie A. Urwaldartige Gebiete wechseln mit riesigen Moorflächen ab, aus denen sich sanft gerundete Hügel erheben. Im Süden und Osten dominert die Kiefer, wobei es sich meist um 500–600 Jahre alte Baumbestände handelt. Am Muddusjaure brütet eine bemerkenswerte Anzahl an Vogelarten, wäh-

103 Der Nationalpark von Tiveden schützt einen Urwald im südlicheren Teil Schwedens. Am Vätternsee durchwandert man einen nördlichen Fichtenwald, der auf Granitkuppen gewachsen ist. Überall im Wald liegen große Felsblöcke, in den Senken sind Moore und Seen entstanden.

104 Dalby Söderskog liegt unmittelbar bei Malmö und schützt einen ursprünglichen Laubwald der Ebenen von Skåne. Eichen und Birken bilden einen schattigen und eindrücklichen Urwald mit saftig grünem Bodenbewuchs, überall liegen die abgestorbenen Baumriesen, die den Charakter des Urwaldes verstärken.

103 | 104

rend an Pflanzen besonders die Moosflora in der Schlucht des Muddusjokk zu erwähnen ist. Der Großteil des Parks ist für Besucher gesperrt. *Vadvetjåkka* ist der nördlichste schwedische Nationalpark am Nordufer des Torne-Träsk im norwegischen Grenzgebiet. Rund 80 Prozent der Landschaft sind kahl, es soll eine typische Gebirgslandschaft geschützt werden. Der kleinste aller lappländischen Parks ist wegen seiner Abgeschiedenheit praktisch kaum zugänglich, es gibt weder Wege noch Besuchereinrichtungen.

Die lappländischen Nationalparks sind die größten des Landes. Die weiter südlicher liegenden haben durchwegs eine Größe unter 10000 Hektar. In Mittelschweden, in Jämtland, liegt *Sånfjället*, der nur 2600 Hektar groß ist. Er wurde rund um den Gebirgsstock des Sånfjället errichtet und schützt ein typisch bewaldetes Bergland der südlichen Skandenregion. 15 Kilometer südlich von Hede liegt der Högfjället, die höchste Erhebung des Parks. Über die Hälfte der Fläche nehmen urwaldartige Nadelwälder ein, das Gebiet wurde auch wegen der zahlreichen Braunbären unter Schutz gestellt. Es ist geplant, den Park, der vom Hauptgebirge isoliert schon weithin sichtbar ist, in den nächsten Jahren um das Dreißigfache zu vergrößern. Westlich befindet sich *Töfsingdalen* an der norwegischen Grenze. 1930 gegründet, umfaßt er 1615 Hektar. Er liegt 35 Kilometer nördlich des Idrefjälls, eine Hochfläche, die schon von Dalarna aus zu erreichen ist. Geschützt wird eine Felsblock- und Nadelwaldlandschaft der südlichen Gebirgsregion Mittelschwedens. Bemerkenswert ist die echte Wildnis, die in diesem Park herrscht. Blockmeere und urwaldähnliche Nadelwälder machen eine Begehbarkeit fast unmöglich. Zwei Bergkämme sind durch ein tiefes Tal voneinander getrennt, überall kommen mächtige Felsblöcke und uralte Bäume vor. Am Ufer des Töfsingan-Flusses wächst ein üppiger borealer Fichtenwald mit reicher Flora. Das Gebiet wird lediglich von einem Wanderweg durchquert. Der kleinste aller schwedischen Nationalparks mit IUCN-Anerkennung, der zum Schutze eines zusammenhängenden Waldgebietes errichtet wurde, ist *Tiveden* am Nordwestende des Vätternsees in Västergötland. Nur 1300 Hektar groß, umschließt er einen Nadelwald, der zu den am besten erhaltenen des Landes zählt. Er besteht hauptsächlich aus Kiefern, die bis zu 200 Jahre alt sind. Eine geologische Besonderheit sind die riesigen Steinblöcke bei Stenkälla, die bis zu zehn Meter hoch und dicht mit Moos bewachsen sind. Der Park besitzt ein Besucherzentrum sowie 25 Kilometer Wanderwege.

Store Mosse, in Småland gelegen, erhält ein großes Moorgebiet in ungestörtem Zustand. Der Park wurde erst 1982 gegründet und umfaßt rund 7700 Hektar. Es ist das größte Moorgebiet Südschwedens, fast die gesamte Fläche des Parks wird davon eingenommen. Man fühlt sich hier wie in einer Landschaft Lapplands. Ringsherum wachsen Kiefern- und Fichtenwälder. Das Gebiet ist wegen des Vogelreichtums vom 1. März bis 30. September gesperrt. Die wichtigsten Brutvögel sind Kranich und Singschwan.

An der Küste Mittelschwedens wurde 40 Kilometer südlich von Ornsköldvik zum Schutze einer ursprünglichen Landschaft mit Wäldern, Felspartien und tiefen Schluchten das sehr kupierte Gelände von *Skuleskogen* 1984 zum Nationalpark erhoben. Der Park umfaßt ein wegloses Wildnisgebiet mit schmalen Tälern, kleinen Seen und klammartigen Schluchten. In der Region überlappen sich Pflanzenarten des Südens und des Westens und der Gebirge. Wahrscheinlich als Relikte einer früheren und wärmeren Zeit kommen noch Spitzahorn und Linde vor. Besonders bemerkenswert ist eine langwüchsige Bartflechte. Alle Vogelarten des nördlichen Nadelwaldes sind vertreten, erwähnt seien Spechte und Moorschneehühner. An der Küste befinden sich Steingräber aus der Bronzezeit.

Zum Zwecke der Erhaltung der Insellandschaft der Ostsee wurde *Gotska Sandön* 1910 gegründet und 1963 auf 3700 Hektar vergrößert. Diese Insel liegt nördlich von Gotland und ist als militärisches Sperrgebiet für Ausländer nicht zugänglich. Fast ganz mit Sand bedeckt, besteht die Insel aus großen, unter der Wasseroberfläche liegenden Kiesmoränen. Die Küstenlinien ändern sich ständig, und es gibt keinerlei Hafenbefestigungen. Etwa 400 Pflan-

105 Am Weg nach Norden liegt in der Nordecke Dalarnas der Nationalpark von Hamra, ein urwaldartiges Nadelwaldgebiet. Der Name kommt vom Sonnentau, einer Pflanze der Moore. Im Abendlicht erscheinen die Hügelketten wie Kulissen.

zen- und 50 Vogelarten beleben die Dünenlandschaft, viele Zugvögel dürfen, entgegen den Touristen, hier zur Nahrungsaufnahme Rast halten. Ein kleines Areal am Kap Säludden wurde als Schutzgebiet für Seehunde besonders ausgewiesen.

Die restlichen sieben Parks haben bisher den IUCN-Standard nicht erreicht. Dazu zählen *Blå Jungfrun*, der in der Ostsee zwischen dem Festland und der Insel Öland im Kalmarsund liegt und auf einer Größe von 66 Hektar die ungestörte Erhaltung einer Insel zum Ziel hat. *Dalby Söderskog* und *Stenshuvud* liegen an der schwedischen Südspitze in der Landschaft von Schonen. Während Dalby Söderskog auf nur 36 Hektar östlich der Stadt Lund einen typischen südschwedischen Laubwald schützt, wird Stenshuvud (390 Hektar) eine hohe ökologische und biologische Bedeutung eingeräumt. Der Hügel Stenshuvud ist Teil eines Karstausläufers. Das Grundgestein besteht aus rotem Gneis. Vor allem die reiche Flora, die verschiedenen Laubwälder und Heidegebiete bestimmen die Vegetation des Parks. Auch die Artenvielfalt der Tiere ist schutzwürdig: europäischer Laubfrosch, Fledermausarten, Glattnatter und zahlreiche Insekten mit vielen seltenen Käfern. In Dalby wird versucht, den typisch südschwedischen Laubwald, der einem europäischen gleicht, zum Urwald zurückzuentwickeln.

Vor allem im Frühjahr ist der Pflanzenreichtum der Insel *Ängsjö* im nördlichen Teil der Stockholmer Inselgruppe auffallend. Die von frühen Bewirtschaftungsformen geprägte Insel, die schon im 17. Jahrhundert besiedelt war, hat vor allem den Schutz dieser althergebrachten Kulturlandschaft zum Ziel. Viele Orchideen blühen im Sommer, darunter das Holunderknabenkraut. Eine der größten Haubentaucherkolonien ganz Schwedens ist hier zu finden. Der nur 73 Hektar große Nationalpark ist nur per Boot von Vettershåga aus zu erreichen.

Garphyttan, 1910 gegründet und 111 Hektar groß, schützt ebenfalls eine historische Kulturlandschaft. Westlich der Stadt Örebro in der Provinz Närke gelegen, geht der heutige Park auf die frühere Landnutzung zurück. Von besonderem Interesse sind die offenen Blumenwiesen, umgeben von Laubwäldern. Im 19. Jahrhundert war das gesamte Gebiet intensiv landwirtschaftlich genutzt. Bemerkenswert ist die Blumenfülle, vor allem im Frühjahr. Der Park wird möglicherweise in den nächsten Jahren zu einem Naturreservat zurückgestuft.

Hamra hat gar nur 28 Hektar und schützt einen urwaldartigen Nadelwald in Mittelschweden. Hauptsächlich Kiefern bedecken die sanft wellige Oberfläche und geben rund 450 Käferarten Lebensraum.

Der kleinste aller Nationalparks mit 27 Hektar geschützter Fläche ist *Norra Kvill* im Nordosten von Småland. Auch hier wird ein Nadelwald in unberührtem und ursprünglichem Zustand erhalten. Als Kontrast zur intensiven Bewirtschaftung Smålands besteht hier noch ein echter Urwald aus Kiefern und Fichten. Eine vielfältige Vegetation und reiche Moos- und Flechtenteppiche verstärken den Urwaldcharakter. Besonders die Höhlenbrüter lieben die alten Baumstämme.

Das Jedermannsrecht – »Allemannsrätten«

In Schweden existiert ein phantastisches und auf der Welt einzigartiges Gesetz, das das Verhältnis zwischen Mensch und Natur in bezug auf Nutzung und Beanspruchung der Naturgüter regelt. Das »Allemansrätt«, wie es auf schwedisch heißt, ist ein ungeschriebenes Gewohnheitsrecht, das aus der Zeit der Landfahrer überliefert wurde. Diese mußten in der end- und weglosen Wildnis bei schwerem Wetter und Gefahren nachts das Überleben für sich gewährleisten. Es ermöglicht ein friedliches Nebeneinander der Interessen der Grundbesitzer und der Natur gegenüber Reisenden. Als Grundvoraussetzung muß gegenseitige Rücksichtnahme und guter Wille herrschen. So durften Wanderer und Landfahrer im Notfall das Land anderer durchqueren, dort sogar für eine Nacht schlafen und sich von Beeren und Pilzen, die nicht im Privatbesitz standen, ernähren.

Durch den zunehmenden Tourismus, der vor allem motorisiert erfolgt, gerät der Grundgedanke des Jedermannsrechts zusehends wörtlich »unter die Räder«. Es wurde ausgenützt und damit gewaltiger, vor allem mora-

106 Tausende von Rucksacktouristen bevölkern alljährlich die Weiten der lappländischen Wildnis. Ohne gute Karten, Kompaß, Proviant und viel Erfahrung lassen sich jedoch die meist mehrere Tage dauernden Wanderungen nicht bewältigen. Am eindrucksvollsten und beliebtesten ist der Kungsleden, der über 280 km von Abisko nach Kvikkjokk führt.

107 Der Wind setzt auf den lappländischen Bergen nicht nur den Tieren und der Pflanzenwelt zu, sondern auch den Wanderern. Oft schafft er rauhere Bedingungen als die Kälte und der Schnee des Winters. Die Zwergstrauchheiden wie hier am Noulja in Abisko mit dem Torneträsk im Hintergrund sind jedoch bestens daran angepaßt.

lischer Schaden angerichtet. Denn für Autos gilt das Recht nicht. Es geht vielmehr davon aus, daß Natur und Umwelt wertvoll sind und daß man ihnen mit Achtung begegnen muß. Erst wenn man die Pflicht erfüllt hat, die Natur nicht zu beeinträchtigen oder gar zu zerstören, darf man bestimmte Rechte für sich in Anspruch nehmen. Dann erlaubt das Jedermannsrecht, im Gelände private Wege zu Fuß oder mit dem Rad zu benützen, auf Seen und Flüssen mit dem Boot zu fahren und anzulegen, wildwachsende Beeren und Pilze zum unmittelbaren Verzehr zu pflücken, mit herumliegenden abgestorbenen Ästen unter Beachtung größter Vorsicht Feuer zu entfachen und ohne extra Erlaubnis eine Nacht zu zelten, wenn man sich in genügendem Abstand zu Privatbesitz befindet. Das Gesetz gilt nicht für Gruppen, auch in Schutzgebieten muß auf die dort geltenden Rechte geachtet werden. Auf alle Fälle verbietet das Allemansrätt das Abreißen lebender Bäume und Büsche, das Plündern von Vogelnestern, private Gebäudeanlagen, Höfe oder Uferstreifen zu benützen, Abfall liegenzulassen, unnötigen Lärm zu machen, unter Naturschutz stehende Pflanzen zu pflücken und Feuer bei Verboten anzuzünden. Vor allem aber muß das Gelände so verlassen werden, wie man es vorgefunden hat, nämlich sauber. Dazu kommt in Lappland in besonderer Weise die Rücksicht auf die Rentiere, die meist jemandem gehören.

Die Umweltsituation in Schweden

Die an Bedeutung gewinnenden Fragen des Umweltschutzes in den letzten zwei Jahrzehnten resultieren zum Großteil aus der Zunahme des materiellen Wohlstandes. Dennoch sind die schwerwiegendsten Umweltprobleme Schwedens nicht hausgemacht. Vor allem die Luftverschmutzungen Mitteleuropas setzen der schwedischen Natur hart zu. In der Forschungsstation von Abisko registrierten Forscher schon in den fünfziger Jahren die Auswirkungen schwefel- und stickstoffhaltigen Regens auf Pflanzen und Gewässer. Heute sind, von gewissen Ausnahmen und zeitlichen Verzögerungen abgesehen, die Belastungen und Schädigungen der Böden, der Wälder und der Seen gleich groß wie in Mitteleuropa. Pro Jahr werden durch den Wind 600000 Tonnen Schwefel vor allem aus der englischen Industriezone, dem Ruhrgebiet und den osteuropäischen Ländern nach Schweden getragen. Nur ein Fünftel der Luftverschmutzung bewirken Schwedens Autos und Industrie. Ungefähr 20000 Seen sind übersäuert oder gelten schon als biologisch tot, darüber hinaus sind sie mit Aluminium verseucht. Aus Berechnungen geht hervor, daß Schweden im Jahre 1995 elfmal mehr an Schwefelemissionen importiert als es selbst erzeugt. Es gibt noch keine genaue Bestandsaufnahme für die Waldschäden. Ungefähr 25 Prozent aller Gewässer sind von der Übersäuerung betroffen, gut 3000 Seen müssen durch Pflegeprogramme gerettet werden.

Schwedens Umweltpolitik ist seit 1969 streng organisiert. Damals trat das erste Umweltgesetz in Kraft. Es regelt Verunreinigungen, die von festen Anlagen ausgehen: Emissionen, Lärm und Gewässerverschmutzungen. In der Folge wurden weitere gesetzliche Schutzmaßnahmen eingeführt, die Abfälle, chemische Produkte, Autoabgase und schwefelhaltige Brennstoffe betreffen. Trotz der strengen Bedingungen ist die schwedische Industrie insgesamt nicht umweltfreundlicher als die mitteleuropäische. Immer wieder kommt es zur Überschreitung von Grenzwerten. Ein wirksames, bestrafendes Gesetz für Umweltsünder gibt es bis jetzt noch nicht. So werden sich die industriebedingten Umweltbeeinträchtigungen in den nächsten Jahren nicht verändern. Durch Zellstoffherstellung, durch Bergbau sowie durch Chemikalien und Lösungsmittel werden nach wie vor große Probleme bestehen bleiben. Das Energiesystem soll bis 2010 von der Kernkraft unabhängig sein und nur mehr Methoden verwenden, die für Gesundheit und Umwelt auf lange Sicht ungefährlich sind.

108 Der Nationalpark von Tiveden ist auf Wanderwegen gut erreichbar. Teilweise führen die Pfade direkt über die vegetationsfreien Felskuppen, auf denen die Wurzeln der Bäume kunstvolle Gebilde schaffen müssen, um sich festzuhalten und an das Wasser zu kommen.

Epilog

Ein Jahr in Schwedens Natur

Im *Januar* vereist auch die Ostsee im äußeren Schärenbereich. Trotz Unwirtlichkeit und Kälte kommen in der Schneehöhle die Jungen der Braunbären zur Welt. Die Wasseramsel nützt trotz größter Kälte nicht vereiste Stromschnellen zur Nahrungssuche. Besonders die Greifvögel haben Not zu leiden. Überall liegt meterhoher Schnee.

Der *Februar* ist der kälteste Monat im Jahr. Schnee- und Eisdecke werden immer dicker. Im Winterwald sind krachende Geräusche zu hören, wenn die Rinde der Bäume bei starkem Frost aufreißt. Die klirrende Ruhe wird durch die beginnende Brunft von Fuchs und Wolf durchbrochen. Die Elche stoßen ihre Geweihe ab, Kiefern und Fichten bringen ihre Samen zur Reife, wodurch der Kreuzschnabel endlich wieder frische Nahrung bekommt.

Der *März* bringt den Frühlingsanfang, die Dunkelheit beginnt zu schwinden. Am 21. März sind Tag und Nacht gleich lang, aber Schnee und Eis sind jetzt erst am dicksten, doch schon kommt mehr Leben in den Winterwald. Die Luchse beginnen um die Weibchen zu werben, Auer- und Birkhähne führen ihre Balz vor, und die Äste der Birken werden rot. Die Dachse bringen ihre Jungen zur Welt.

Der *April* läßt im Süden das Eis schon schmelzen und das Wasser der Flüsse ansteigen. Die ersten Kraniche treffen ein und beginnen wenig später ihre Brut. Auf Seen, die bereits eisfrei sind, balzen die Singschwäne, und die Fischadler kehren in ihre Reviere zurück. Die Frühjahrsblüher durchsetzen die lichten Laubwälder des Südens mit ihren ersten zarten Blüten, während die Fjälls im Norden noch unter einer dicken Schneeschicht liegen.

Anfang *Mai* überzieht das Wollgras die Moore mit einem weißen Schleier, während Elch und Ren kalben. Die meisten Seen und der Bottnische Meerbusen sind nun wieder eisfrei, die Mehrzahl der Zugvögel trifft ein. Das Birkwild paart sich, und auch die Zwerggans kehrt in ihre Brutgebiete zurück. Gagelstrauch und Birken beginnen zu blühen. Das Frühjahr hat sich durchgesetzt. Schnell kommen nun der Sommer und die Wärme. Auch im Norden beginnt der Schnee zu schmelzen und erfüllt das Fjäll mit zahllosen kleinen Bächen.

Am 21. *Juni* geht nördlich des Polarkreises die Sonne nicht mehr unter, auch südlich davon sind die Nächte kurz und hell. Der Mittsommer ist angebrochen und wird für Mensch und Natur zur Festzeit. Die letzten Zugvögel wie Pirol, Sumpfrohrsänger und Nordischer Laubsänger treffen ein, um den Sommer zu feiern. Der Regenpfeifer durchschreitet stolz das schneefreie Fjäll, auf dem die Zwergsträucher und die Polsterpflanzen zu blühen beginnen. Multebeere und Schwedischer Hartriegel blühen, und gegen Ende des Monats entfaltet das Hochgebirge eine unvergleichliche Blütenpracht. Die Täler des Sarek sind vom Gelb der Sumpfdotterblumen überflutet, im Fjällbirkenwald blüht der Violette Storchschnabel, später der Milchlattich und der Eisenhut.

Allmählich erreicht das Fjäll die größte Blütenpracht, wenn es *Juli* wird. Trotzdem sind die Nordhänge der Berge noch mit Schnee bedeckt und glänzen in der Sommersonne. Doch kurz dauert die Blütenpracht, denn Ende des Monats muß schon wieder mit erstem Schnee gerechnet werden. Die Fjällvögel sind mit dem Brüten fertig, in der Monatsmitte werden die Jungen der Eulen und Greifvögel flügge und bereiten sich auf den kommenden Winter vor. Das Odinshühnchen legt Ende Juli bereits sein Winterkleid an. Im Süden blüht es so richtig, Blaubeeren und Himbeeren beginnen zu reifen, überall blühen Weideröschen, Glockenblumen und Margeriten. Am schönsten sind die Sommermorgen im Wald. Leicht läßt es

109 Die nördlichen Nadelwälder wirken zu allen Tageszeiten beinahe mystisch, besonders aber bei aufgehender Sonne, wie hier am Sandsjön bei Sveg.

sich hier eins werden mit der Natur, wenn noch die frühmorgendlichen Nebel über die Seen ziehen und von den ersten Sonnenstrahlen in nichts aufgelöst werden. Wenn die Natur erwacht und alles jungfräulich ist, dann kann man das Keimen der Pflanzen fast spüren. Überall ist Stille, die nur das muntere Gezwitscher der Vögel oder ein plötzlich auffliegendes Birkhuhn durchbricht.

Der *August* bricht an, und die Tage werden deutlich kürzer. Gegen Ende des Monats gibt es bereits Nachtfröste, und der Herbst beginnt. Der Pirol verläßt das Land, und die Schwalben und Stare sammeln sich. Ende des Monats bricht der Fischadler zu seinem Flug in den Mittelmeerraum auf. Die orangefarbenen Multebeeren werden reif und sogleich von den Menschen kübelweise für Marmelade gesammelt. Die Wälder Mittelschwedens stehen voller Pilze.

Der *September* bringt im Norden den ersten Schnee. Die Kraniche fliegen gen Süden, auch der Rauhfußbussard verläßt die bald wieder rauhe Nordlandwildnis. Im Süden beginnt die Elchbrunft. Die Fjälls leuchten in allen rötlichen und gelben Nuancen. Birke, Zwergbirke und arktische Bärentraube erleuchten die »Ruska«-Zeit. Die Natur beginnt, sich wieder auf einen langen und kalten Winter vorzubereiten.

Schon im *Oktober* sind Fjälls und Berge schneeerfüllt. Die Nebel umhüllen die Moore und schaffen mystische Szenerien. Ren- und Elchbrunft beginnen auch im Norden. Singschwäne sammeln sich in Buchten, um in großen Schwärmen ihre Reise in den wärmeren Süden anzutreten. Die Birken verlieren ihre Blätter.

Der *November* bringt auch dem Süden seine erste Schneedecke. Der immer dunkler werdende Himmel des Nordens wird von Polarlichtern erleuchtet, die durch kosmische Strahlung vor allem in Polnähe entstehen. Die Rentiere müssen Flechten in ihren Speiseplan aufnehmen, und für die Wasseramsel sind die Nahrungsquellen zu Ende. Sie zieht in südlichere Landesteile. Die Lorbeerweide wirft ihre Samen ab.

Im *Dezember* beginnt nördlich des Polarkreises die Polarnacht. Die Sonne geht auch tagsüber nicht mehr auf, die Seen vereisen. Die arktische Nacht ist ausgebrochen, gleichsam feindlich für jede Art von Leben. Jetzt sind nur mehr die hier überwinternden Vögel zu beobachten, die Elche und Rentiere ziehen sich zurück, die Rauhfußhühner übernachten in selbstgegrabenen Schneehöhlen. Auf den Fjälls weht ein scharfer kalter Wind und läßt kein Leben mehr zu. In den Wäldern herrscht Schweigen. Die nordische Natur beginnt ihren Winterschlaf, um im kommenden Jahr im kurzen, aber intensiven Sommer in faszinierender und einzigartiger Pracht von neuem hervorzubrechen.

110 Kälte und Schnee kennzeichnen den Nordlandwinter. Wenn die Verhältnisse stimmen, ist der Morgen erfüllt mit blaukalter Luft und die Bäume übersät mit zentimetergroßen Eiskristallen, so wie hier am Österdalälven bei Mora.

Folgende Abbildung:

111 Der Klarälven ist der größte Fluß des Värmlandes. Im Sommer kann man mit selbstgebauten Flößen auf dem ruhigen Fluß durch die hügelige Landschaft gleiten.

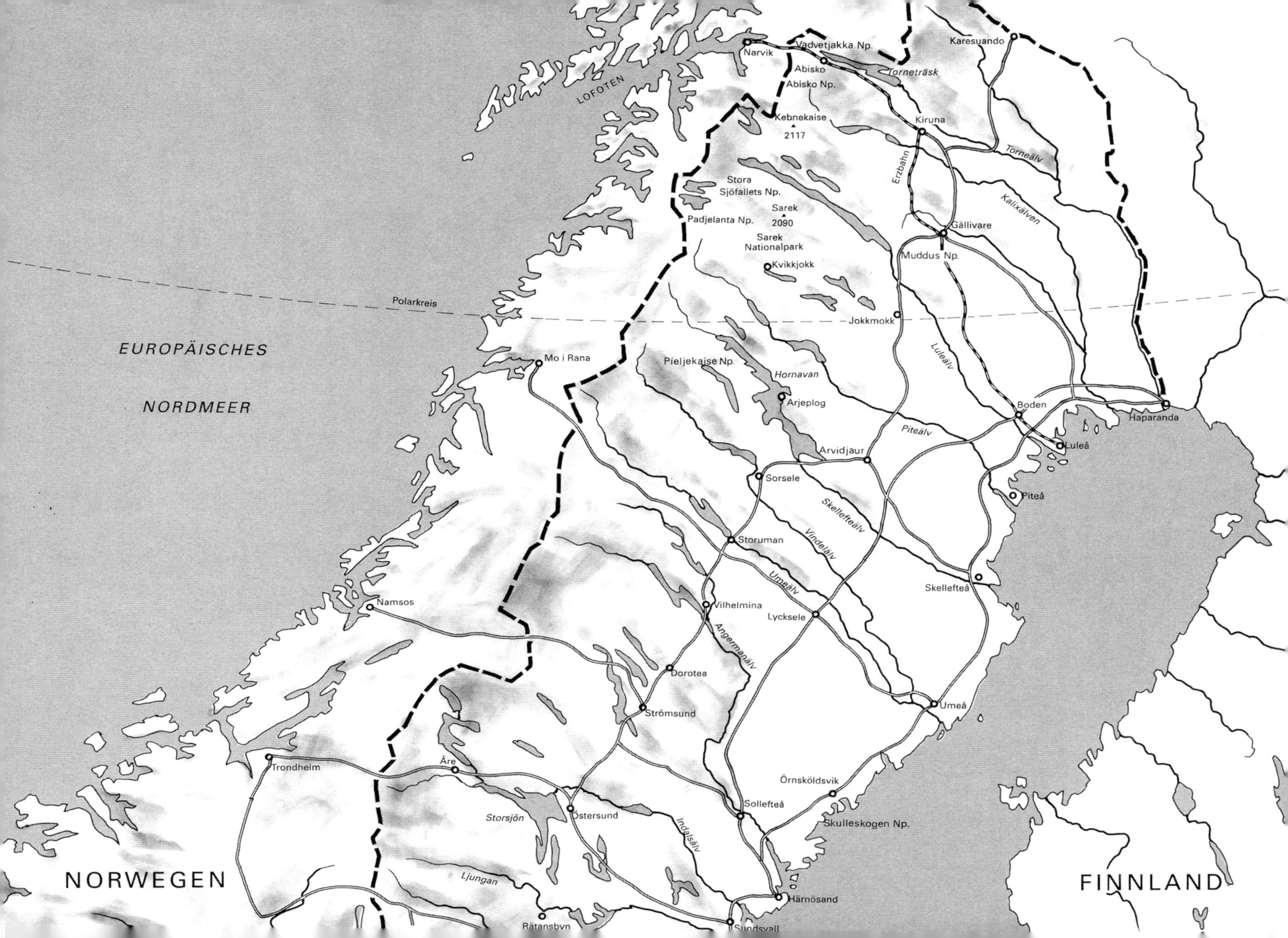

Narvik
Vadvetjakka Np.
Karesuando
Abisko
Torneträsk
Abisko Np.
LOFOTEN
Kebnekaise
2117
Kiruna
Torneälv
Erzbahn
Stora
Sjöfallets Np.
Kalixälven
Sarek
2090
Padjelanta Np.
Gällivare
Sarek
Nationalpark
Muddus Np.
Kvikkjokk
Polarkreis
Jokkmokk
EUROPÄISCHES
NORDMEER
Mo i Rana
Pieljekaise Np.
Hornavan
Luleälv
Arjeplog
Boden
Haparanda
Piteälv
Luleå
Arvidjaur
Sorsele
Piteå
Skellefteälv
Storuman
Vindelälv
Umeälv
Skellefteå
Namsos
Vilhelmina
Lycksele
Angermanälv
Dorotea
Strömsund
Umeå
Trondheim
Åre
Örnsköldsvik
Storsjön
Östersund
Sollefteå
Indalsälv
Skulleskogen Np.
NORWEGEN
Ljungan
FINNLAND
Härnösand
Rätansbyn
Sundsvall

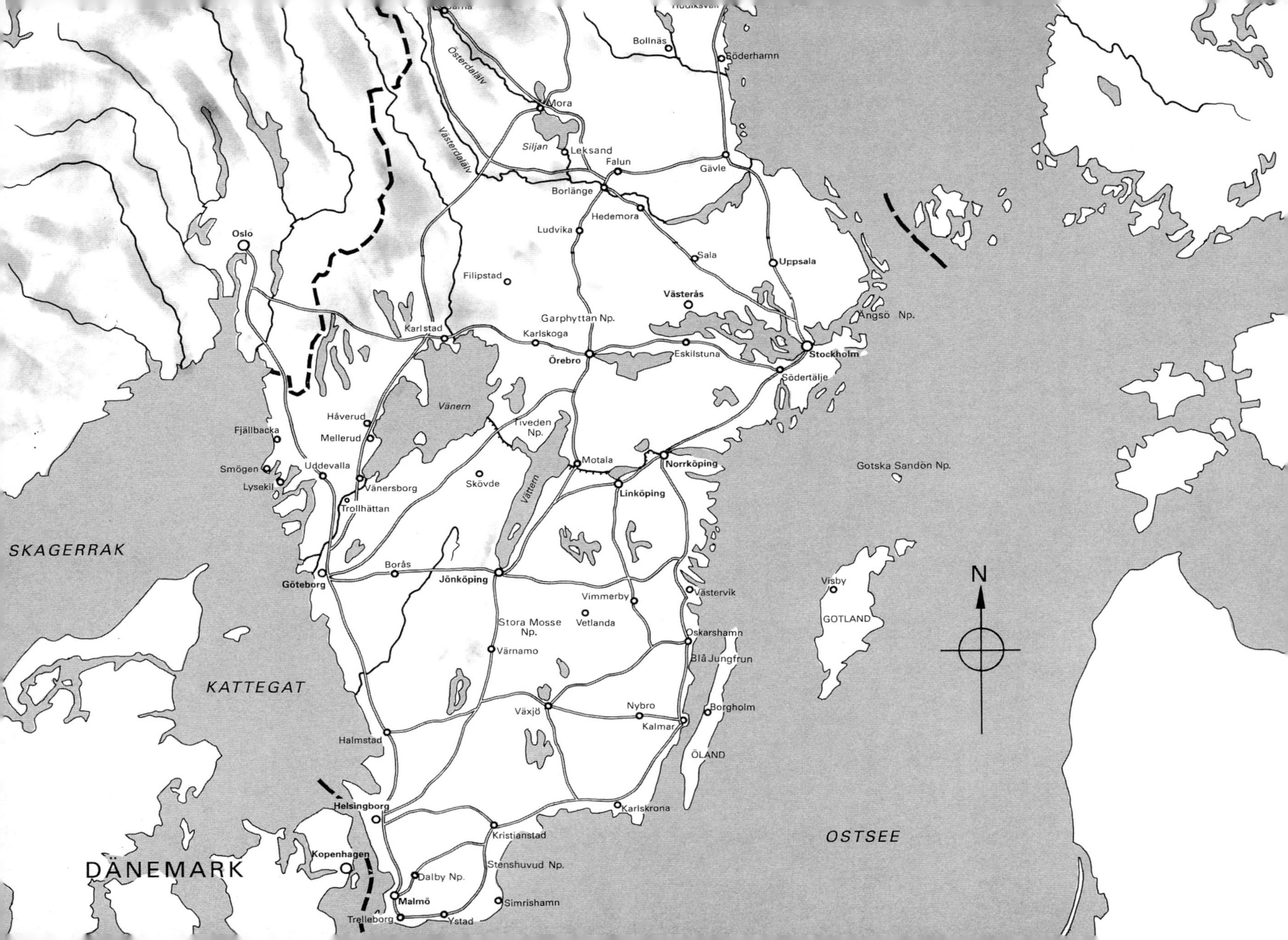

Bollnäs
Söderhamn
Österdalälv
Mora
Västerdalälv
Siljan
Leksand
Falun
Gävle
Borlänge
Hedemora
Ludvika
Oslo
Sala
Uppsala
Filipstad
Västerås
Garphyttan Np.
Ängsö Np.
Karlstad
Karlskoga
Örebro
Eskilstuna
Stockholm
Södertälje
Vänern
Håverud
Tiveden Np.
Fjällbacka
Mellerud
Motala
Norrköping
Gotska Sandön Np.
Smögen
Uddevalla
Lysekil
Vänersborg
Skövde
Vättern
Linköping
Trollhättan
SKAGERRAK
Borås
Göteborg
Jönköping
Visby
Västervik
Vimmerby
N
Stora Mosse Np.
Vetlanda
GOTLAND
Oskarshamn
Värnamo
Blå Jungfrun
KATTEGAT
Nybro
Växjö
Borgholm
Kalmar
Halmstad
ÖLAND
Helsingborg
Karlskrona
Kristianstad
OSTSEE
Kopenhagen
Stenshuvud Np.
DÄNEMARK
Dalby Np.
Malmö
Simrishamn
Trelleborg
Ystad

Norwegen

Knut Liese
Erica Wünsche

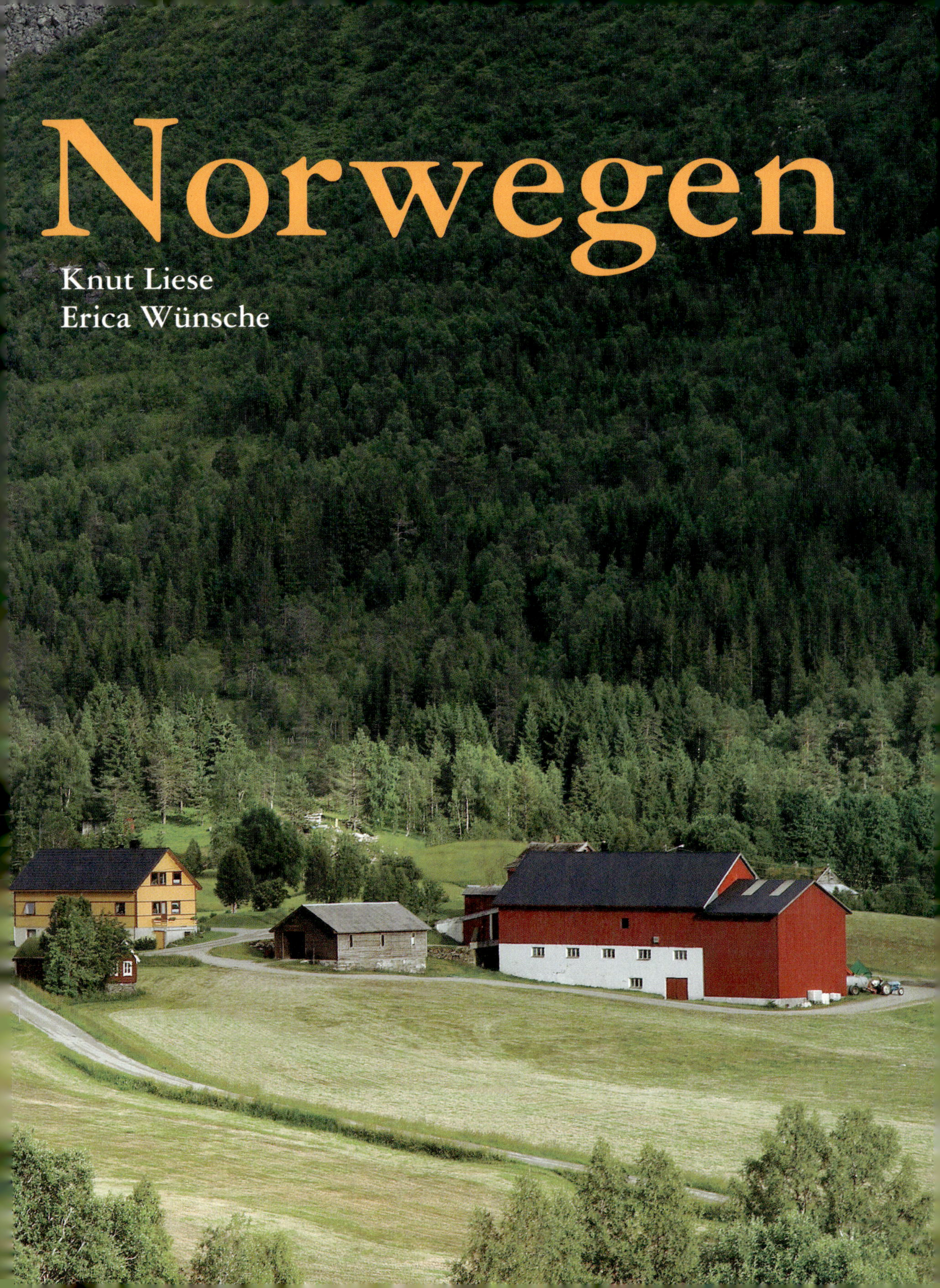

Inhalt

M-8-G

Vorwort

»Ja, wir lieben dieses Land«, singen die Norweger in ihrer Nationalhymne. Sie lieben es nicht nur, sie halten es für das schönste der Welt. Und wo gibt es Vergleichbares? Schärenküsten, an denen sich Urgesteine wie versteinerte Wassertropfen dem Meer vermählen, Fjorde, in denen das Meer tief zwischen steilwandigen Felsen ins Land einschneidet, Ufer, an denen im Frühjahr hunderttausend Obstbäume blühn, während die Berggipfel darüber im Eispanzer glitzern? Ungezählte Wasserfälle, Seen und Flüsse, von Gletschern vergangener Eiszeiten kahl geschmirgelte Hochebenen und Bergrücken. Und »junge«, erst zweieinhalbtausend Jahre alte Gletscher, deren Gletscherzungen und -brüche in begrünte Täler reichen.

Weil die Norweger ihr Land lieben und praktisch denken, bleiben sie in Norwegen. Deshalb trifft man sie fast nie als Touristen in andern Ländern. Sie segeln, angeln, wandern, laufen Ski, drehen Runden auf dem Eis (der erfolgreichste Athlet der Olympischen Winterspiele 1994 war der norwegische Eisschnelläufer Johann Olav Koss). Ihr Land ist, im Vergleich zur Bevölkerungsdichte, riesig. So stören ausländische Touristen nicht, sie sind herzlich willkommen. Kein anderes Land hilft dem Urlauber bei der Reisevorbereitung mit ähnlich perfektem Material, da stimmt vom Campingplatz- und Hüttenangebot bis zum Fahrplan für Bahn, Bus und Fähren einfach alles. Aber auch hier wird rationell gehandelt. Wer das schöne offizielle Reisehandbuch »Norwegen« anfordert, muß erst einmal einen Scheck ans Norwegische Fremdenverkehrsamt (NORTA) senden.

Der Urlauber, der den »Weg nach Norden« – Norwegen – nimmt, wird viel mehr erleben als grandiose Natur. Er wird feststellen, daß Menschen, die vierhundert Jahre unter dänischer, dann schwedischer Vorherrschaft standen, ihre Identität bewahrten und heute in friedlicher Harmonie mit ihren Nachbarn leben. Fast symbolisch zeigt das die gemeinsame skandinavische Fluglinie, auf deren Flugzeugen die Farben und Kronen ihrer Länder nebeneinander leuchten.

Der Besucher wird beobachten, daß die Norweger ausgesprochene Individualisten sind, so sehr, daß sie zwei offizielle Landessprachen haben, weil sie sich nicht einigen können, welche norwegischer ist (»Bokmål« und »Nynorsk«). Gleichzeitig besitzen sie einen ausgeprägten Sinn für Gemeinsamkeit: ihr begeistert zur Schau getragener Patriotismus verblüffte in Lillehammer viele Zuschauer. Dieser Sinn für das Gemeinsame ist geprägt von Verantwortung fürs Ganze. Geschwindigkeitslimit und Alkoholverbot am Steuer werden akzeptiert, weil beides allen Verkehrsteilnehmern nützt. Alkoholische Getränke (im Staatsmonopol) sind extrem teuer, auch Benzin, obwohl das Land zu den großen Ölexporteuren der Welt gehört.

Norwegen ist heute ein moderner Industriestaat. Gleichzeitig bemüht man sich, die kostbarste Ressource, die Natur, dadurch nicht Schaden nehmen zu lassen. So stören nur selten wirklich häßliche Industriebauten das Land; Elektrizitätswerke, die ihre Energie aus dem Wasser beziehen, sind kaum wahrnehmbar in Bergflanken gebaut. Große Kunstschätze wird niemand in Norwegen suchen, es ist das ideale Land für den »grünen Tourismus«.

Es gibt also sehr viele Gründe, in dies von extremer Schönheit der Natur geprägte Land am Polarkreis zu reisen. Diskret, aber doch unüberhörbar fügen Tourismusmanager einen weiteren Grund hinzu, der in unserer vom Fanatismus geprägten Zeit täglich an Bedeutung gewinnt: Norwegen ist ein friedvolles, sicheres Land.

4 Die Stabkirche von Heddal wird auch »Kathedrale unter den Stabkirchen« genannt. Ihr reich gegliedertes Äußeres korrespondiert mit einem dreischiffigen Innenraum, der nur durch kleine Luken unter dem Dach erhellt wird.

Fjelle und Fjorde

Zahl und Dauer der verschiedenen Eiszeiten in Norwegen kennt niemand: das Eis hat durch seine Hobelarbeit die Spuren älterer Eiszeiten vernichtet. Vor 20000 Jahren wurde ganz Skandinavien noch von einem mehrere Kilometer dicken Eispanzer der letzten großen Eiszeit niedergedrückt, dann taute das Eis, und das Land hob sich innerhalb von 10000 Jahren um mindestens 100 Meter.

Fjelle, Fjorde, Täler, zerfranste Küsten und Inseln: Norwegens vielgestaltige Landschaft zeigte sich. Die Bezeichnung »Fjell« entspricht unserm Wort »Fels« und bedeutet soviel wie »Berg, Gebirge«; allerdings werden verschiedene Fjell-Arten unterschieden. Der Skanden genannte, mächtige Kaledonische Gebirgszug, der das Land von Nord nach Süd durchzieht und großenteils die Grenze zu Schweden bildet, ist ein *alpines Fjell.*

Plateaufjelle sind dagegen weitgehend plan gehobelte Hochebenen, in deren Vertiefungen aus geschmolzenen Eisbrocken Seen und Moore entstanden. Zu den Plateaufjellen gehören die Hardangervidda und Norwegens Gebiet der höchsten Berge, Jotunheimen. Auch das *Einzelfjell* ist vorwiegend von der Gletscherarbeit geprägt, am häufigsten besitzt es die Form eines gleichmäßigen, fast langweilig wirkenden Bergrückens. Dagegen imponieren Berggipfel, die während der Eiszeit über die Eisdecke hinausragten, durch ihre wild gezackten, schroffen Formen und Spitzen. Die Trolltindane des Romsdals oder die Lofotwand sind solche »ungeschliffenen« und daher markanten Fjelle.

Sind schon die Fjelle beeindruckend, so wirken die *Fjorde* geradezu überwältigend. Auch die Fjorde haben im deutschen Wort »Förde« (Mündung) eine Entsprechung. Fjorde können nur an Meeresküsten im Zusammenspiel von Gletschern und Gezeiten entstehen, dabei ist der Fjord um so eindrucksvoller, je steiler ursprünglich das Festland zum Meer abfiel. Zu Tal fließende Gletscher schmirgelten enge Flußtäler zu weiten U-förmigen Trogtälern aus, die nach der Überflutung nur einen Teil ihrer felsigen Ufersteilwände zeigen. Sogar ein Laie erkennt die ungeheure Schubkraft und Schleifarbeit der Eismassen, die – ganz nebenbei – die Schönheit der Fjorde bewirkt haben. Jeden Besucher begeistern die fast senkrecht aufragenden Felswände des Geiranger- und Naerøyfjords, fast ungläubig nimmt man zur Kenntnis, daß sie sich unter dem Wasserspiegel ebenso lotrecht fortsetzen. So ragen die Berge um den Sognefjord bis zu 1600 Meter über dem Wasserspiegel, während der tiefste Punkt des Fjords bei 1300 Metern liegt. Kein Wunder, daß die Sagen von »Eisriesen« und Trollen erzählen, deren gewaltige Kräfte hier an der Arbeit waren.

Noch heute kann man die Arbeit der Gletscher am Jostedalsbreen oder Folgefonngletscher beobachten. Denn unter hohem Druck beginnt das Eis zu fließen, leckt mit Gletscherzungen zu Tal. Das Schmelzwasser ist durch fein zerriebenes Gestein milchig-trüb, auch die sich bildenden Seen (Vatn) sind – trotz spiegelnder Oberflächen – selten klar. Endmoränen geben Aufschluß über das Vor- und Zurückweichen der Gletscher, so schrumpft zur Zeit der Jostedalsbreen jährlich um dreißig Meter.

Küsten und Binnentäler

Auch Norwegens Küsten und Binnentäler wurden von den »Eisriesen« geformt. An der *Atlantikküste* stürzten die Eismassen fast senkrecht ins Meer oder schoben an den Fjordmündungen mächtige Gesteinsmassen heran, so entstand die zerfranste Küstenlandschaft mit vielen tausend vorgelagerten Inseln, Schären und Holmen; aber auch die Untiefen am

Vorhergehende Abbildung:

5 Die 2500 bis 6200 Jahre alten Felszeichnungen von Hjemmeluft bei Alta wurden erst 1972 entdeckt und überraschten die Fachwelt durch die Vielfalt ihrer Motive. Die Darstellungen aus der Bronzezeit zeigen Jäger mit Pfeil und Bogen inmitten von Rentieren und Elchen.

6 Am Tysefjord. Die zeitlos-stille Schönheit der Fjorde läßt ihre Entstehungsgeschichte vergessen. Doch die von Gletschern ausgeschürften und später überfluteten Trogtäler sind Protokolle unvorstellbar langwieriger erdgeschichtlicher Prozesse.

Folgende Abbildung:

7 Der Kråkmotinden in der Provinz Nordland. Im Dorf Kråkmo, über dem sich der Berg erhebt, schrieb Knut Hamsun die ersten Kapitel seines Romans »Segen der Erde«, der heute als sein schönstes Werk gilt.

Eingang der Fjorde. Am *Oslofjord* und der *Südküste* bilden die nach der Eiszeit aus dem Meer aufgetauchten Schären und Holme eine grandiose, abwechslungsreiche Inselwelt. Aus Granit und Gneis bestehend, vom Eis, Meer und Wind abgeschliffen und von Erosion zerfurcht, wirken viele nackt – als seien sie eben erst ans Licht gekommen. Andere sind trotz der dünnen Humusdecke bewaldet, tragen Polster aus Buschwindröschen und Moosen und erhalten durch die Sommerhäuschen farbige Akzente.

Der an Schweden grenzende Südosten Norwegens überrascht im Unterschied zu den Fjellen in Norwegens Westen und Mitte durch seine sanft gewellten Höhenzüge und *breiten Binnentäler*. Hier wurde das Urgestein von den verschiedenen, bis zu 70000 Jahre dauernden Eiszeiten vollständig abgeschliffen. Verwitterte und begrünte Moränen bilden eine mit Seen durchsetzte, fast liebliche Landschaft. Bauerntalungen wie das Øster-, Gudbrands- und Hallingdal sind die landwirtschaftlich ertragreichsten Regionen des Landes.

Bedenkt man, daß die Eiszeiten stets »totes« Land schufen, in dem weder *Pflanzen* noch *Tiere* existierten, so muß man die immer neuen Anfänge des Lebens bewundern. Auf der Hardangervidda kann man noch heute beobachten, wie Flechten, Moose und Gräser den kahlen Fels besiedeln; wie nach den Pionierpflanzen Zwergbirken und hochwüchsige Birken, dann Kiefern in Felsspalten wurzeln und wachsen. In klimatisch begünstigteren Tälern findet man schließlich ausgedehnte Mischwälder, in der Finnmark sind Birkenwälder die Vorposten des Lebens an der Grenze zum Eismeer. Daß der Golfstrom Norwegen mit Wärme versorgt, die Häfen bis Hammerfest eisfrei hält, daß am Bokna-, Hardanger- und Sognefjord Obstbäume blühen und in Trøndelag Erdbeeren und Korn reifen, gehört zum einzigartigen Zauber des Landes.

Auch die Tiere haben sich den Lebensraum immer wieder neu erobert. Lachse legen den weiten Weg über den Atlantik zurück, um in den Gebirgsflüssen zu laichen, Dorsche wandern von Norden zum Vestfjord, Heringsschwärme kommen zum großen Hochzeitsfest vor die Westküste. Verschiedene Möwenarten begleiten den Schiffsreisenden, auf den Vogelinseln an der Westküste brüten Papageientaucher, Trottellummen, Baßtölpel und Krähenscharben. Rentiere und Elche, Bären und Wölfe sind über die Finnmark von Osten eingewandert. Nur selten werden Laien die von Zoologen beschriebene Vielfalt der Fauna sehen. Doch in Naturparks und Freigehegen kann man Rentiere, Elche, Schneehasen, Biber und Fischotter beobachten, auf speziellen Farmen, zum Beispiel im Dovrefjell, auch die aus Grönland stammenden urtümlich wirkenden Moschusochsen.

Nur Trolle bleiben ewig – Menschen und ihre Geschichte

Die Trolle waren längst da, bevor Menschen nach Norwegen kamen, denn sie sind Teil der Natur. Sie leben im Wald und Gebirge, in Erd- und Felshöhlen oder hinter dem glitzernden Vorhang eines Wasserfalls. Und obwohl niemand sie jemals sah, weiß jeder Norweger, wie sie aussehen und was sie tun. Sie können Gnome oder Riesen sein, haben rundliche Köpfe, zotteliges Haar, lange Nasen, mächtige dicke Bäuche und spielen Menschen, die ihre Welt stören, böse Streiche. Überall kann man Trollfiguren kaufen, als Lampenfuß, Schlüsselanhänger, Buchstützen; oft ähneln sie verdächtig unsern Gartenzwergen. Doch sie haben die alten Götter überlebt und werden die Menschen überleben – sie werden ebenso lange existieren wie die Landschaft Norwegens.

8 Leuchtturm an der Steilküste westlich Flekkefjord. Die nahe der Südküste verlaufende »Nordseestraße« gehört zu den eindrucksvollsten Strecken Sørlands. Bis zu vierhundert Meter hohe Granitfelswände lassen die Bauten der Menschen klein und bescheiden wirken.

Frühgeschichte

Die Geschichte der Menschen ist nicht so zeitlos. Von ihrer Frühzeit berichten Felsbilder, »Helleristninger«, die, in Felsen eingeklopft und häufig nachgeschliffen, an vielen Plätzen gefunden wurden. Die nomadisierenden Jäger der Steinzeit bildeten – meist in Einzeldarstellungen – Elche, Hirsche und Rentiere ab, auch Fische und (seltener) Vögel. In der Bronzezeit wurden an mehreren, sicher magisch-bedeutsamen Orten, zu den großen älteren Tierbildern streng stilisierte Petroglyphen von Menschen, Schiffen und ringförmigen Symbolen gefügt. Manche Plätze, wie Bardal in Nord-Trøndelag, besaßen eine bis ins 7. Jahrhundert vor Christus anhaltende Tradition im Anbringen von Felsbildern; am Oslofjord (Ekeberg, Drammen) scheint sie bis zum 2. Jahrhundert vor Christus gedauert zu haben. Besonders faszinierend ist das häufig auftauchende Motiv geruderter Langschiffe, das von Forschern in den Kontext bäuerlichen Fruchtbarkeitsglaubens gestellt wird (der Vegetationsgott kam im Frühjahr von einer Insel im Meer). Gleichzeitig stehen diese Schiffe mit ihren hochgebogenen Steven am Beginn norwegischer Schiffsbau- und Seefahrtstradition.

Die Wikingerzeit

Die Wikinger, die am Ende der Völkerwanderung im 8. Jahrhundert ins Land kamen, bauten Schiffe mit Kiel und bestückten die geruderten Langschiffe zusätzlich mit Rahsegeln. Nun konnten sie schnell vor dem Wind weite Entfernungen zurücklegen, große Lasten (Pferde, Beutegut) transportieren und mit der Rudermannschaft gezielt manövrieren: Fertigkeiten, die sie zusammen mit ihrem Entdecker- und Eroberungsdrang zu den gefürchtetsten Piraten, aber auch Landnehmern und Reichsgründern des Nord- und Mittelmeers machten. Ihre Plünderungen und Zerstörungen schottischer, englischer und französischer Klöster brachten sie erstmalig in die Annalen der Geschichte, ihr Pioniergeist führte sie nach Rußland, Island, Grönland und Amerika; während die in Norwegen, der Normandie und Sizilien errichteten Reiche von ihrer Fähigkeit zur Organisation und Integration künden.

Auch für die Wikinger besaß das äußerst kunstfertig gebaute Holzschiff einen weit über den Gebrauchswert hinausreichenden Jenseitsaspekt, wie wir aus den eindrucksvollen »Schiffsbestattungen« ihrer Fürsten wissen. Gleichzeitig verrät das fantasiereiche, symbolträchtige Dekor eine kreative Kunst der Holzverarbeitung, die in den Stabkirchen ihren Höhepunkt erreichte.

Die Kunst der frühen Königszeit

Die Stabkirchen entstanden nach der gewaltsamen Christianisierung, welche – nach ersten Einigungsversuchen von Harald Hårfagre und Olav Trygvasson – die Kleinkönigreiche unter dem Zeichen des Kreuzes zusammenführte. König Olav II., der sich zu Lebzeiten ebenso energisch wie vergeblich für ein vereintes christliches Königreich einsetzte, wurde durch die wundersamen Ereignisse nach seinem Tod in der Schlacht von Stiklestad am 29. 7. 1030 zum Heiligen und Symbol nationaler Einheit. So konnten sich unter seinen Nachfolgern Christentum und Königreich festigen: um 1070 ließ Olav Kyrre (der Stille, Friedfertige) über dem Grab des heiligen Olav in Nidaros/Trondheim eine erste Kirche erbauen, 1152 wurde das Erzbistum Trondheim errichtet, und unter König Magnus Lagabøter (1263–1280) erhielt Norwegen eine einheitliche Rechtssprechung. Sie legte auch die Rechte und Pflichten des Königs fest, eine ständige Volksversammlung wurde eingerichtet.

Glänzendste Zeugen der Zeit vom

9 Felszeichnung bei Steinkjer. Nur bei schräg einfallendem Licht sind die eingeklopften »Helleristninger« zu erkennen. Sie verraten viel über die Menschen der Frühzeit und ihre Kultur. Besonders faszinierend: das Langschiff mit hoch gebogenem Steven und Tiere in einer Umzäunung.

10 | 11

11.–14. Jahrhundert sind die ganz aus Holz erbauten Stabkirchen (stavkirker), deren Name sich vom »stab«, dem tragenden Holzpfosten, ableitet. Von den 750 Kirchen in Stabbauweise, die Norwegen einst besaß, sind heute nur noch 25 am alten Platz, vier weitere wurden in Norwegen umgesetzt, am weitesten reiste die Kirche von Vang in der Nähe des Hardangerfjords: für 427 Mark erstand sie Preußens König Friedrich Wilhelm IV. über den norwegischen Maler Johan Christian Dahl und ließ sie (nach 140000 Mark Transportkosten) im heute polnischen Riesengebirge aufstellen.

Fast alle Stabkirchen wurden im Lauf der Jahrhunderte verändert und erweitert, blieben jedoch meist in ihrer Grundkonstruktion unangetastet: um einen hohen, viereckigen Kernbau mit mächtigen, bis zu neun Meter hohen Holzmasten als Stützen gruppieren sich durch Arkaden verbundene Gänge, so daß der Raum dreischiffig wirkt. In der oberen Zone stabilisieren Diagonalstreben, sogenannte Andreaskreuze, die Masten. Die Decke ist wie ein umgedrehtes Schiff konstruiert und wird von einem Satteldach geschützt. An den Kernbau grenzt im Osten der rechteckige Altarraum. Ein gedeckter Gang umgibt die Kirche zum Schutz vor Regen und Schnee. In diesem »Svalgang« wurden die Waffen abgelegt und nach dem Gottesdienst bei Schlechtwetter Neuigkeiten ausgetauscht. In der Pestzeit konnten von hier aus Kranke (durch winzige Luken) dem Gottesdienst beiwohnen. Fenster gab es in Stabkirchen nicht, lediglich kleine Bullaugen in der Dachregion spendeten etwas Licht. Auch Sitzbänke und Kanzeln gehörten vor der Reformation nicht zur Ausstattung. – Bei kleinen Stabkirchen ragt ein Einzelmast bis in die Turmspitze hinauf und trägt die Dachkonstruktion. Alle in der Schiffsbaukunst gemachten Erfahrungen kamen den Stabkirchen zugute, so widerstehen sie durch ihre Elastizität stärkstem Winddruck.

Die Außenansicht fasziniert durch verschiedene, übereinandergesetzte Dachkränze, Pult- und Satteldächer, deren fantastisch emporzüngelnder Firstschmuck vom Bug der Wikingerschiffe stammen könnte und die gleiche, böse Geister abwehrende Funktion besitzt. Der ganze vorchristliche Mythenschatz wie Drachenkampf und Sigurdsage spiegelt sich im Schnitzwerk von Portalen und Teilen des Innenraums, eingebettet in reiche Floral- und Tierornamentik. Zweifellos wurden die Holzkirchen von der bäuerlichen Bevölkerung auch in deutlicher Differenzierung zu den Steinkirchen des hohen Adels und Klerus errichtet, für geringe Finanzmittel sprechen auch die bescheidenen Proportionen. Aus der Stabkirchenzeit (zwischen 1100 und 1300) existieren nur wenige dörfliche Steinkirchen wie die von Hove bei Vik und die später sehr vergrößerte von Voss.

Die gleichzeitigen großen, aus Stein errichteten Bistumskirchen in Trondheim, Stavanger und Bergen orientierten sich am anglo-normannischen Stil, weisen aber in Details (Portale, Kapitelle) die gleichen, von heidnischen Sagen inspirierten Motive auf wie die Holzkirchen. Mit dem eleganten gotischen Chor-Oktogon im Trondheimer Dom entstand dann um 1200 in Norwegen eine ganz eigenständige, speziell für den Wallfahrtskult konzipierte Architektur.

Die Union mit Dänemark

Bis 1300 lag der religiöse, politische und wirtschaftliche Schwerpunkt Norwegens in den westlichen Städten Nidaros/Trondheim, Bergen und Stavanger, dann baute König Håkon V. (1280–1319) Oslo aus und erhob es zu seiner Residenz. War bis dahin die Festung Bergenhus in Bergen mit der Håkonshalle der bedeutendste Profanbau des Reichs gewesen, so trat

10 und 11 Die Stabkirche von Urnes am Lustrafjord steht auf der UNESCO-Liste erhaltenswerter Kulturdenkmäler. Als sie 1130-1150 errichtet wurde, betätigten sich ihre Baumeister ungewollt als Konservatoren: Sie übernahmen die geschnitzten Portalrahmen des Vorgängerbaus für die neue Kirche. Wahrscheinlich wollten sie nicht auf die Unheil abwehrende Funktion heidnischer Fabelwesen verzichten.

nun die um 1300 erbaute Festung Akershus an diese Stelle. Oslo wurde als wichtigste Hafenstadt Südnorwegens das politische Zentrum des Königreichs. Nicht für lange Zeit! Denn als Håkons Tochter einen schwedischen Prinzen heiratete, war der Sohn aus dieser Verbindung, Håkon VI. (1355–1380), der letzte König eines unabhängigen Norwegen. Er heiratete Margarete von Dänemark; ihr gemeinsamer Sohn Olav IV. (1380–1387) regierte nochmals in Oslo, doch das Machtzentrum lag bereits in Kopenhagen. Nach seinem Tod vereinigte seine Mutter Margarete von Dänemark in der Kalmarer Union Dänemark, Norwegen und Schweden. Bis 1814 blieb Norwegen bei Dänemark.

Wirtschaftlich vollzog sich in den ersten Jahrzehnten des 14. Jahrhunderts ein großer Wandel, denn die deutsch dominierte Hanse kontrollierte bald nach der Gründung ihres Kontors in Bergen den gesamten Handel West- und Nordnorwegens. Die Absatzchancen, speziell für Stockfisch, stiegen zwar und sicherten die Existenz vieler Fischer, doch das große Geld blieb in Händen der Kaufleute und Händler. Aus der Hansezeit stammt das (nach dem Brand von 1702 erneuerte) schöne Ensemble alter Giebelhäuser »Bryggen« mit Kaufmannshöfen, Lagern und Kontoren, das von der UNESCO zum Weltkulturerbe erklärt wurde.

In der Mitte des 14. Jahrhunderts dezimierte die Pest die Bevölkerung weiter Landstriche fast auf die Hälfte, viele Orte verödeten, Landgüter wurden aufgegeben, weil der Adel ausstarb. Ein weiteres, schwerwiegendes Ereignis war die gewaltsame Einführung der Reformation 1536/37: Trondheim verlor seine Bedeutung als Wallfahrtsstätte, der kostbare Silbersarkophag, welcher den Reliquienschrein des heiligen Olav umschloß, kam nach Dänemark, die Reliquien verschwanden. Dänisch wurde Amts-, Kirchen- und Schulsprache; die verschiedenen norwegischen Dialekte konnten nur als Umgangssprache überdauern.

Auf künstlerischem Gebiet übernahm Dänemark ebenfalls die Führung, doch gerade die fehlenden finanziellen Mittel trugen in Norwegen zum Fortleben der überaus reichen Holzbaukunst in Stadt (Giebelhäuser, Holzpaläste) und Land (Höfe mit Ställen, Scheunen und Vorratshäusern, den Stabburs) bei. Wirtschaftlich erholte sich das Land im 16. Jahrhundert langsam, 1559 wurde die Vormacht der Hanse in Bergen gebrochen, im 17. Jahrhundert begann in Kongsberg und Røros der Silber- und Kupferbergbau, und die Städte entwickelten sich zu Handels- und Schiffsbauzentren. In den abgelegenen Tälern blühte – im wahrsten Sinn – die Volkskunst der Rosen- und Rankenmalerei, deren farbenfroh-heitere Werke heute vorwiegend in Kirchen und Museen zu besichtigen sind. Im 18. Jahrhundert entstanden im ganzen Land Holzkirchen über oktogonalem Grundriß, die einer größeren Anzahl von Gläubigen Platz boten.

Union mit Schweden

Das mit Napoleon verbündete Dänemark gehörte zu den Verlierern der Völkerschlacht von 1813; Schweden, das sich bereits 1523 von Dänemark gelöst hatte, stand auf der Siegerseite. Im Frieden von Kiel (Januar 1814) wurde deshalb Dänemark gezwungen, Norwegen an Schweden abzutreten. Obwohl die als Beutegut behandelten Norweger sofort handelten, sich in Eidsvoll eine Verfassung gaben und ihr Land zur unabhängigen Monarchie erklärten, mußten sie nach schwedischer Militärintervention den neuen schwedischen König Karl Johan, den ehemaligen napoleonischen Marschall Bernadotte, anerkennen.

Im Lauf des 19. Jahrhunderts verstärkte sich das in Eidsvoll bewiesene nationa-

12 Stabbur (Vorratshaus) im Freilichtmuseum Maihaugen/ Lillehammer. Im Unterschied zur Stabbau-Architektur der Kirchen wurden Bauernhäuser in Blockbauweise errichtet, dabei bestimmte die Funktion Aufriß und Geschoßeinteilung der Gebäude. So wurde der Stabbur meist zum Schutz vor Mäusen auf Steinsockel gestellt, besaß im Erdgeschoß Mehltruhen und im ersten Stock einen Raum für Dörrfleisch.

13 Die Häuser der Minen- und Bergarbeiter waren früher von großer Armut geprägt. Heute stehen sie, wie die Hütten der Minenarbeiter von Helleren nahe Egersund, unter Denkmalschutz. Unter der gewaltig überhängenden Granitwand wirken sie besonders armselig und schutzbedürftig.

le Selbstbewußtsein. In Oslo wurden Universität (1811) und Nationalmuseum (1836) gegründet, die Stadt schmückte sich mit repräsentativen Bauten im klassizistischen Stil. Die großen sozialen Veränderungen, welche die Industrialisierung mit sich brachte, festigten das Bürgertum, das beim interessierten Blick nach Europa den Wert der eigenen Nation entdeckte. 1858 schrieb Bjørnstjerne Bjørnson den Text der Nationalhymne; 1887 wurde das allgemeine Wahlrecht eingeführt. Das neue Selbstwertgefühl stützte sich einerseits auf die Rückbesinnung auf die eigenen Wurzeln, wie Sprache und Volkskunst, andererseits auf die europaweite Anerkennung norwegischer Künstler, Forscher und Entdecker. Speziell das Sprachenproblem sorgte allerdings für Unruhe, so spaltete die »Sprachenbewegung« die Nation in der Frage, wie die norwegische Sprache sich vom Dänischen lösen solle. Bis heute hat Norwegen zwei offizielle Sprachen: Bokmål und Nynorsk.

Endlich unabhängig

Als der letzte schwedische König kinderlos starb, votierten die Norweger in einer Volksabstimmung für die Lösung von Schweden. Geduld und Ausdauer hatten sich gelohnt: fast ohne Blutvergießen erhielt Norwegen im Vertrag von Karlstadt 1905 den Status eines souveränen Königreichs. Schon 1814 hatten sich die Delegierten in Eidsvoll für einen dänischen Herrscher entschieden, nun wurde erneut ein dänischer Prinz zum König gewählt, der durch seinen Namen Håkon VII. an die frühe Königszeit anknüpfte.

Aus der Entwicklung Norwegens zum modernen, selbstbewußten Staat im 20. Jahrhundert seien nur die wichtigsten Ereignisse genannt: Unabhängigkeit (1905); Wahlrecht für Frauen (1913); deutsche Besatzung (1940–45), die im nationalen Widerstand erstmals alle Volksschichten vereinte; der die Wirtschaft verändernde Ölboom (ab 1972) und die Winterolympiaden 1952 in Oslo und 1994 in Lillehammer. Speziell die Spiele von Lillehammer, die unter starker Beachtung ökologischer Gesichtspunkte durchgeführt wurden, waren für die Norweger mehr als ein gelungenes Sportfest. Die glückliche und heitere Stimmung der Bevölkerung resultierte aus dem Bewußtsein, der Völkergemeinschaft endlich das freie, friedliche und wunderschöne Heimatland angemessen vor Augen geführt zu haben, auf das sie selbst so stolz sind.

Ins Buch der Kulturgeschichte des 19. und 20. Jahrhunderts hat sich Norwegen mit einer Fülle hervorragender Persönlichkeiten eingetragen. Zu ihnen gehören drei Nobelpreisträger für Literatur: Bjørnstjerne Bjørnson (1903), Knut Hamsun (1920) und Sigrid Undset (1928), doch auch Henrik Ibsen und Trygve Gulbranssen genießen internationale literarische Anerkennung. Ferner Musiker wie die Komponisten Edvard Grieg, Christian Sinding und der Geiger Ole Bull; die Maler Johan Christian Dahl und Edvard Munch; die Forscher Roald Amundsen und Fridtjof Nansen. Und natürlich im Heimatland des Wintersports viele Sportler, von denen der Eislaufstar Sonja Henie zu den ersten weltweit berühmten zählte.

Besonders stolz können die Norweger auf ihren friedenstiftenden und humanitären Einsatz sein. Für seine Leistungen bei der Rückführung der Kriegsgefangenen aus Rußland erhielt Roald Amundsen 1922 den Friedensnobelpreis. In jedem Jahr schaut die Welt bei der Vergabe des Friedensnobelpreises nach Oslo, doch die Regierung leistet auch ganz in der Stille viel für den Weltfrieden. So werden immer wieder wichtige Geheimverhandlungen, speziell über Probleme des Nahen Ostens, von norwegischen Diplomaten initiiert.

PØLSER &
PIZZABODEN

Die Region um Oslo

Hauptstadt Oslo – Viel Grün und wenig Hektik

Die Statistik belegt's, und ein Blick auf den Plan macht es glaubhaft: Oslo ist die grünste Hauptstadt Europas. Nur zwanzig Prozent des 454 Quadratkilometer umfassenden Stadtareals sind bebaut, die Hälfte des Stadtgebiets besteht aus Wald. Vierzig, vorwiegend begrünte Inseln gehören zu Oslo und über dreihundert in Wiesen und Wälder eingebettete Seen! Da fallen die acht Quadratkilometer Parkgelände im Innenstadtbereich kaum noch ins Gewicht, obwohl sie in besonderer Weise das Stadtbild prägen. Ferner haben die 461000 Einwohner als »Klimaanlage« nicht nur Hügel, Wälder und Parks zur Verfügung, sondern ihren Oslofjord, der sich hier zu einer weiten, idealen Hafen- und Freizeitbucht verbreitert.

Hektisch geht es in der Stadt nur nachmittags zwischen vier und fünf zu, dann spürt man, daß sich Oslo während der vergangenen zwanzig Jahre zu einer pulsierenden Metropole entwickelt hat und mit Mühe den ständig wachsenden Autoverkehr verkraftet. Fremde mit wenig Ortskenntnis (und eilige Durchreisende) schickt man durch die Tunnel, die die ganze Stadt unterqueren; im übrigen hilft sich die Stadtverwaltung mit saftigen Parkgebühren. Daß bei der Stadteinfahrt Maut verlangt wird, haben andere norwegische Städte (Drammen, Kristiansand, Bergen) gern und schnell übernommen.

Und doch vermittelt die Hauptstadt nach wie vor das Gefühl, ein Ort zu sein, den man gern zu Fuß durchbummelt. Z.B. die *»Karl Johansgate«*, Oslos Renommierstraße. Wo findet man eine teure Einkaufsstraße, die auf ihrer Südseite zu zwei Dritteln »nur« aus Parkanlagen besteht, in denen Cafés zum Verweilen, Wasserbecken und Brunnen zum Planschen und Blumenstände zum Einkaufen verleiten? Und die schnurstracks auf einen weiteren Park, den *Schloßgarten*, zuführt? Da übersieht man gern die spartanische, wenig fantasievolle *Schloßarchitektur* und erinnert sich an Bilder vom Nationalfeiertag am 17. Mai, wenn die Bevölkerung dicht gedrängt und fähnchenschwingend Schloßpark und Karl Johansgate zur Kulisse eines heiteren Volksfests umfunktioniert.

Storting, *Nationaltheater*, vor allem aber der elegante klassizistische Bau der *Universität* sind wie das Schloß unverkennbar Bauten des 19. Jahrhunderts. Um so deutlicher hebt sich der monumentale, vom Stil des »Bauhaus« bestimmte Klinkerbau des *Rathauses* ab. Als Bindeglied zwischen Land und Fjord konzipiert, beherrscht er überraschend klar Stadt und Hafen. Im Norden fängt der runde Fridtjof-Nansen-Platz – wie Berninis Petersplatz in Rom – die Unruhe der Straßen auf, im Süden, am Fjord, signalisieren die beiden hohen Bürotürme wie überdimensionale Dalben – jedem Kapitän vertraute Seefahrtszeichen – weithin sichtbar den Hafen. Fast zwanzig Jahre, von 1931 bis 1950, hat man am Rathaus gebaut; die Fertigstellung wurde durch die deutsche Besatzungszeit verzögert. Die bedeutendsten Künstler Norwegens gestalteten Inneneinrichtung und Bauschmuck. Wer sich Zeit nimmt und die erläuternde Broschüre der Stadtverwaltung benutzt, kann hier nicht nur die verschiedenen Maler, Bildhauer, Möbeldesigner und Textilkünstler unterscheiden lernen, sondern wird mit der Geschichte von Stadt und Land vertraut gemacht.

Wer beim Rathaus vom vielen Emporschaun Genickbeschwerden bekommen hat, kann sie auf einem Spaziergang zu Oslos neuem Einkaufszentrum *Aker Brygge* schnell verlieren. Denn hier muß man vor allem nachmittags im Gewühl der Menschen auch auf seine Füße achten! Auf dem ehemaligen, recht herunter-

Vorhergehende Abbildung:

14 Oslo empfängt die Schiffsreisenden großzügig. Das mächtige Rathaus am Hafen wurde erst 1950 fertiggestellt und weist in der Außenansicht auf seine Funktionen hin: Die beiden Türme enthalten Büro- und Verwaltungsräume, der Flachbau Empfangshalle und Festsäle. Die Freilichtcafés am Kai sind nachmittags und abends besonders beliebte Treffs.

15 Blick über die Hafenbucht Pipervika zum Rathaus bei Nacht.

16 Strom kostet in Norwegen nur wenige Pfennige, so ist nicht nur das nächtliche Oslo prächtig erleuchtet. Auch die Konturen der berühmten Sprungschanze Holmenkollen zeichnen sich am Horizont im Lichterschmuck deutlich ab.

15 | 16

17 | 18

gekommenen Werftgelände westlich vom Rathaus ist ein hochmodernes, von Stahl und Glas dominiertes Viertel entstanden, das geschickt ein ehemaliges Fabrikgebäude miteinbezieht. Angeblich ist es Europas größtes Einkaufszentrum – aber alle Superlative, die in Norwegen so wohlfeil sind, muß man ja nicht glauben. Auf jeden Fall kann man vom Luxusartikel bis zum Troll so ziemlich alles erwerben und in den unterschiedlichsten Lokalen gut oder weniger gut essen. Unvermeidlich auch hier: Big Mac, Pappdeckel-Pizza und Souvenir-Kitsch.

So interessant die Architektur ist, am begehrtesten sind die Plätze im Freien mit Blick auf die *Pipervika*, wie die von der Festung Akershus begrenzte Bucht heißt. Ausflugs- und Rundfahrtschiffe legen an und ab, Möwen betteln um Futter, kurz: Seeluft steigt in die Nase. Und nach einer Erholungspause kann man sich zum *Schloß Akershus* aufmachen, das mit seinen Wällen und von hohen Bäumen beschatteten Türmen Blickfang der Bucht ist. Akershus wurde um 1300 von König Håkon V. als Residenz erbaut; fern vom durch die Hanse beherrschten Bergen hoffte der König, mehr Regierungskompetenz zu gewinnen. Der Dänenkönig Christian IV. baute nach einem Brand die Burg zu einem Renaissanceschloß um, was man allerdings weniger dem verwinkelten Äußeren, als den um den engen Burghof gelegenen Sälen anmerkt. Wenn Ministerpräsidentin Gro Harlem Brundtland Gäste der Regierung empfängt, werden sie für drei Tage für Normalbesucher geschlossen, dann muß man sich mit der prächtigen Aussicht auf den Hafen vom Burgwall begnügen. Jenseits der Burgbrücke liegt das *Widerstandsmuseum* (*Hjemmefrontmuseum*), das man schon deshalb besuchen sollte, um die Norweger besser zu verstehen. Zu schnell vergessen deutsche Touristen in Ausflugslaune, wie kurz fünfzig Jahre Geschichte sind, wie schwer die Erinnerung an fünf Jahre Besetzung und Unterdrückung auf den Betroffenen lastet.

Das ans Schloß grenzende Stadtviertel besitzt den schachbrettartigen Plan, den Christian IV. den von ihm erbauten Städten verordnete. In diesem Viertel stößt man wieder auf die Karl Johansgate, wo am Stortorget (dem großen Markt) die *Dom- oder Liebfrauenkirche* steht, Oslos Kathedrale. Sie wurde in der zweiten Hälfte des 17. Jahrhunderts erbaut und 1950 vollständig restauriert.

Kein Aufenthalt in Oslo, ohne die großen und weltweit berühmten Museen zu besuchen! Spätestens seit dem spektakulären Diebstahl des Munch-Gemäldes »Der Schrei« aus der Nationalgalerie weiß jeder, daß Bilder dieses international bekanntesten norwegischen Malers nicht nur im *»Munch-Museum«* zu finden sind. Dennoch lohnt sich der Weg zum 1963 eingeweihten Munch-Museum in Oslos Osten, denn nur hier kann man die Entwicklung und Eigenart des bedeutenden, 1863 geborenen Künstlers wirklich nachvollziehen. Wie er nach der Lehrzeit bei dem naturalistischen Maler Christian Krohg ab 1885 seinen eigenen Weg in Paris und Berlin findet, früh Farben und Formen so ausdrucksstark einsetzt, daß der Expressionismus längst zu seinen Stilmerkmalen gehört, bevor er als Stilrichtung in Mode kommt. Und wie ihn bis zu seinem Tod 1944 vorwiegend die düsteren menschlichen Themen gepackt halten: Angst, Leidenschaften, Krankheit, Tod; aber auch Sehnsucht nach menschlicher Wärme und Schönheit.

Die *Nationalgalerie* liegt im Zentrum, nahe Schloßpark und Karl-Johans-Straße. Weltweit zeigten die Fernsehnachrichten im Februar 1994 den Film, auf dem die Überwachungskamera der Galerie den dreisten Diebstahl des Munchbildes dokumentierte. Wie Hohn wirkte just zu Beginn der Winterolympiade mit ihren Ma-

17 Die Festung Akershus beherrscht das Ostufer der Hafenbucht Pipervika. Sie wurde um 1300 errichtet und im 16. Jahrhundert unter König Christian IV. zum Renaissanceschloß umgebaut. Der Dänenherrscher gab der Stadt auch für Jahrhunderte seinen Namen (Christiania), erst 1925 nahm Oslo wieder den alten Namen an. In der restaurierten Festung empfängt heute die Regierung Staatsgäste.

18 Krabbenverkäufer am Kai der Pipervika.

ximen »schneller, höher, weiter« die Rekord-Einbruchszeit von nur 30 Sekunden. Immerhin beschäftigte sich die Welt plötzlich fast nebenbei auch mit Edvard Munch und seinem Bild »Skrik« (»Der Schrei«; gemalt 1893 mit Fettstiften auf Pappe; Maße: 91×73,5 Zentimeter) und atmete auf, als es drei Monate später unversehrt aufgefunden wurde. – Wurde es so zum berühmtesten Bild der Nationalgalerie, das nach Meinung norwegischer Kunstexperten im Wert der »Mona Lisa« gleichzusetzen ist, so sollte man die Gemälde anderer Meister (Johan Christian Dahl, Thomas Fearnley, Christian Krohg, Harriet Backer) nicht weniger beachten; bedeutend sind ferner die französischen Impressionisten und die schöne Ikonensammlung.

Zu den Kunsteindrücken Oslos, die zum Pflichtprogramm gehören, zählt der Besuch des *Frognerparks* mit der *Vigeland-Anlage*. Ob man nun ein Freund von Kolossalmonumenten ist oder nicht: man muß die außerordentliche Gesamtkonzeption, die Vielfalt der in Eisen, Kupfer und Stein gestalteten Werke und die ungeheure Schaffenskraft von Gustav Vigeland (1869–1943) bewundern. Geschickt leitet der Künstler die Parkbesucher bergan, führt sie über »Stufen der Kindheit« zum großen »Lebensbrunnen«, einer riesigen, von sechs Männern kraftvoll gestemmten Bronzeschale, und weiter hinauf zum siebzehn Meter hohen »Obelisken«, einem Granitmonolithen, der scheinbar von 121 emporstrebenden Menschenleibern geformt wird. Gigantisch die Gruppen dieser Terrasse und der Treppenanlage; von Vigeland entworfen auch die schmiedeeisernen Eingangstore, die wie Scherenschnitte gegen den Himmel stehen, sogar die kubischen Leuchten wurden nach seinen Plänen gefertigt. Gekrönt wird sein Gedanke vom Werden und Vergehen, von Daseinsfreude und Existenzkampf der Menschen auf der obersten Terrasse, wo das »Rad des Lebens« den ewigen Kreislauf symbolisiert.

Mehrere Kilometer nordöstlich vom Frognerpark liegt die *Skisprungschanze Holmenkollen*. Auf vielen Aussichtspunkten von Oslo – Ekeberg, Akershus – ist sie im Hintergrund zu sehen und lockt zu einem Besuch. Es ist ein ganz besonderes Gefühl, in Holmenkollen mit dem Lift auf die weltbekannte Sprungschanze hochzufahren und deutlich zu spüren, wie sie leicht schwankend im Wind steht. Tief unten die Arena! Wie trügerisch sind Fernsehreportagen, die das riskante Abenteuer »Skispringen« auf schöne Bilder reduzieren! Natürlich fing die Sprungschanze – wie jeder Skispringer – klein an. Beim ersten Wettbewerb 1892 wurde der Weltrekord mit einer Sprungweite von 21,5 Metern aufgestellt, und als 1914 der Sprungturm auf neuneinhalb Meter erhöht wurde, warnten die Auguren vor den enormen Gefahren. Doch Skispringen entwickelte sich zum Volkssport, die Sprungschanze wurde weiter auf neunzig Meter erhöht. Zum großen Skispringen im März finden sich jedes Jahr hunderttausend Zuschauer in der Arena ein, die Königsfamilie kommt, und das Ganze ist ein riesiges, vom Fernsehen übertragenes Volksfest. Kein Wunder, daß Skispringer, zu denen auch der Vater des heutigen Königs gehörte, zu den Helden der sportbegeisterten Norweger zählen.

Hat man sich mit der schwankenden Höhe vertraut gemacht, kann man den Blick auf Oslo, den Fjord und die waldreiche Umgebung genießen. Noch umfassender ist der Rundblick nur noch oberhalb der nahe gelegenen Frogneralm (Frognerseteren) vom *Tryvannsturm* (Tryvannstårnet), 588 Meter über dem Meer. Hier kann man vom Gaustadthoppen im Westen bis zur schwedischen Grenze im Osten, vom Mjøsasee im Nor-

19 Der Stolz der Bürger von Oslo ist die moderne Architektur von Aker Bryggen. Hier entstand nahe beim Rathaus ein interessant gestaltetes Einkaufs-, Kultur- und Wohnzentrum. Durch verglaste Stahlfassaden kann man beim Einkauf, Bummel und Restaurantbesuch die Fährschiffe in der Pipervikabucht beobachten oder an schönen Sommertagen in Cafés am Kai die frische Brise am Hafen genießen.

20–23 Die Halbinsel Bygdøy gehört mit den Schätzen mehrerer Museen zum unbedingten »Muß« jedes Hauptstadtbesuchs. Zum Norwegischen Volksmuseum gehört das mit schönem Schnitzwerk geschmückte Vorratshaus (Stabbur) aus dem Jahr 1754 (20). Meistens betätigten sich handwerklich begabte Bauern während der langen Winterzeit als Holzschnitzer. Im Wikinger-Schiffsmuseum beeindruckt das reich verzierte Osebergschiff, dessen elegante Konstruktion in der Vorderansicht besonders deutlich wird (21, 22). Es diente als Grablege für eine sozial hochstehende Frau und besaß kostbare Grabbeigaben, zu denen der geschnitzte Zeremonienstab (23) gehörte.

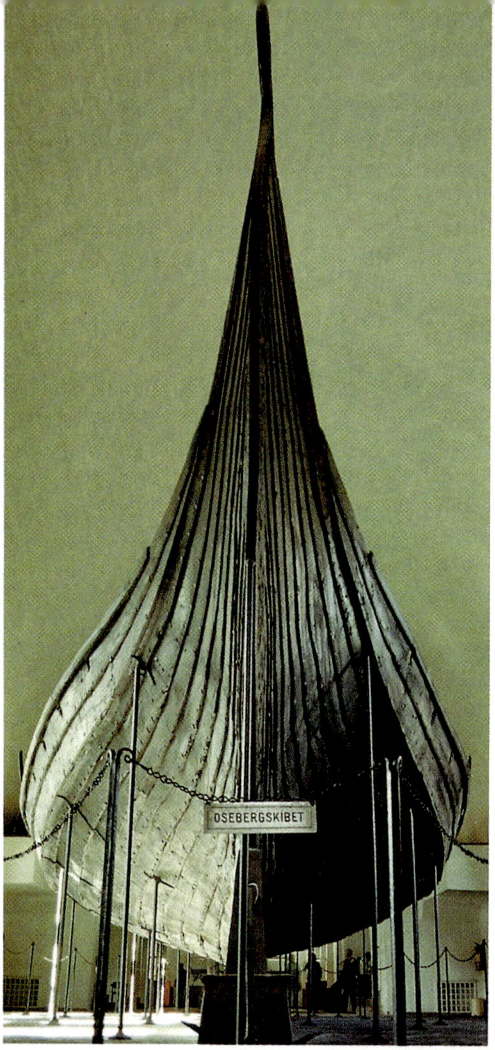

21–23

den bis Moss im Süden ein Gebiet von 12000 Quadratkilometern übersehen und noch einmal bestätigt finden, was man schon wußte: Oslo ist die grünste Hauptstadt Europas!

Museumshalbinsel Bygdøy und das Henie-Onstad-Kunstsenter

Nicht alle Besucher von Oslo interessieren sich für Malerei und gehen in die Nationalgalerie oder ins Munch-Museum. Doch fast jeder fährt zur Museums-Halbinsel Bygdøy. Natürlich per Fährschiff oder Motorboot, obwohl die Halbinsel auch über Straßen erreicht werden kann. Denn schon bei der Ankunft in der Bucht von Oslo stimmen die interessanten Dachkonstruktionen der Hallen auf Bygdøy neugierig. Was bergen die im Sonnenlicht glitzernden, bis zum Boden reichenden Dächer? Die Antwort: Schiffe! Und zwar Langschiffe aus der Wikingerzeit, ferner Expeditionsschiffe des 19. und 20. Jahrhunderts und – als jüngste Wasserfahrzeuge – Thor Heyerdahls Flöße »Ra« und »Kon-Tiki«.

Doch die Museumsinsel bietet noch viel mehr. Wer alles auf Bygdøy in Ruhe besehen will, braucht Zeit, bequeme Schuhe und Geld, denn die Wege sind weit und die Eintrittspreise hoch. Aber der Besuch lohnt sich! Am abwechslungsreichsten ist der Weg durch die Schätze des *Norsk Folkemuseum*. Dieses Museum, das 1994 mit zahlreichen Sonderveranstaltungen sein hundertjähriges Jubiläum feierte, bezeichnet sich als das älteste Freilichtmuseum der Welt. Es liegt in einem prächtigen, mehr als vierzehn Hektar großen Parkgelände und ist auf jeden Fall das umfangreichste Museum dieser Art in Norwegen.

Im Park verteilt findet man 140 Gebäude, die aus dem ganzen Land zusammengetragen wurden und einen getreuen Spiegel norwegischer Kulturgeschichte bieten. Originalgetreu wieder aufgebaute Höfe aus dem Setes-, Nume- und Gudbrandsdal, aus Trøndelag und den Fjordgebieten, die immer ganze Gruppen von Holzbauten umfassen: meist mit Grassoden gedeckte Wohnhäuser, Stallungen, Scheunen, Geräteschuppen und Stabburs (die charakteristischen, auf Pfosten stehenden Vorratsspeicher). Auch die Inneneinrichtung der Häuser wird gezeigt. Da wundert sich mancher über die lebhafte und bunte Rosen- und Rankenmalerei, mit der seit dem 17. Jahrhundert viele Bauernstuben und ihr Mobiliar – insbesondere im Setesdal – geschmückt wurden. Hausrat und Werkzeug geben eine Vorstellung von der Arbeitswelt; sakrale Gegenstände beweisen, daß nach der Reformation die Kirchen nicht puritanisch kahl, sondern in manchen Tälern durchaus kostbar ausgestattet waren.

Das beweist auch die *Stabkirche von Gol*, die den Höhepunkt der Wanderung durch den Museumspark darstellt. Für viele Ausländer ist sie überhaupt die erste Stabkirche, die sie sehen. Sie wurde bereits 1885, als sie den Leuten von Gol im Hallingdal zu klein geworden war, von König Oscar II. aufgekauft und nach Bygdøy umgesetzt. Mit der vielstufigen Schindel-Dachlandschaft, den zu Drachenköpfen stilisierten Firstbalken und dem Laufgang, der den Baukern umgibt und schützt, wirkt die um 1200 erbaute Stabkirche ungemein harmonisch. Die Ausmalung stammt aus dem 17. Jahrhundert.

Was alle Fotografen besonders entzückt: junge Leute in typischen Trachten führen durch das Freilichtmuseum! Denn leider werden im Land die regional verschiedenen Trachten nur noch bei besonderen Festen getragen – genau wie bei uns.

In einiger Entfernung vom Gelände des Norsk Folkemuseum steht das *Wikingerschiff-Museum*. Hier sind drei Schiffe aus der Zeit von 850 bis 900 ausgestellt, die als Grabstätten hoher Würdenträger dienten – gleichsam als Fortbestand irdi-

24 **Das Schloß wurde 1823–48 für König Karl Johan erbaut und bildet den optischen Abschluß von Oslos Pracht- und Hauptstraße. Vor dem klassizistischen Mittelbau steht das Reiterstandbild Karl Johans, der als erster König Schweden und Norwegen in Personalunion regierte.**

25 **Die schmucke Schloßwache besitzt vorwiegend symbolischen Charakter und ist ein beliebtes Fotomotiv für Touristen. Der populäre König wohnt auf seinem Landsitz, fährt morgens selbst seinen Wagen zum Schloß und betritt es ganz unspektakulär durch einen Seiteneingang.**

schen Reichtums und Fahrzeug für die letzte Reise. Alle drei wurden zwischen 1867 und 1904 am Oslofjord gefunden (in Tune, Gokstad und Oseberg). Das nur fragmentarisch erhaltene *Tuneschiff* blieb als einziges unrestauriert. Es war wie das größere, 23,3 Meter lange *Gokstadschiff* ein typisches, benutztes Wikingerschiff, wie wir sie auch aus dem dänischen Roskilde kennen, wo fünf Wikingerschiffe ausgestellt sind.

Dagegen wurde das prächtig verzierte *Osebergschiff* entweder extra für den Totenkult angefertigt oder nur bei ganz besonderen Anlässen benutzt. Denn mit derart aufwendigem holzgeschnitztem Zierat hat man kaum Schiffe ausgestattet, die für weite Fahrten übers Meer gedacht waren. Wie sich auf den langen Ornamentbändern elegant-stilisierte Tierleiber miteinander verschlingen, gefährlich wirken, ohne den Rahmen zu sprengen, wie sich das Band harmonisch verbreitert und verschmälert – das muß man schon aus der Nähe gesehen haben. Prächtig auch die hoch geschwungenen Steven, interessant die Seitenruder (erst im 13. Jahrhundert setzte sich das kompliziertere, wesentlich funktionstüchtigere Hecksteuer durch). Im Osebergschiff fand wahrscheinlich eine Königin, vielleicht zusammen mit ihrer Sklavin, die letzte Ruhestätte. Die kostbaren Grabbeigaben – Schlitten, Goldschmuck – vermitteln ein einzigartiges Bild dieser frühen Kultur Norwegens.

War es zur Wikingerzeit eher Abenteuer- als Forschungsdrang, der die Männer aufs Meer hinaustrieb, so dienten doch die übrigen ausgestellten Schiffe dem gleichen Mut zum Wagnis und Pioniergeist norwegischer Seefahrer. Im *Frammuseum* kann man Fridtjof Nansens Polarschiff bestaunen, das in Larvik für Nansens Nordpol-Expedition gebaut und später von Roald Amundsen für seine Südpolexpedition benutzt wurde. – Auch die von Thor Heyerdahl verwendeten Flöße im *Kon-Tiki-Museum* gehören ins ruhmreiche Kapitel norwegischer Seefahrtsgeschichte. Hier ging es nicht um den gewinnbringenden Transport von Pfeffersäcken oder militärische Ziele, sondern um Forschung und Menschheitsgeschichte. So bewies Heyerdahl mit seiner berühmten Floßfahrt, daß die Bewohner Polynesiens im 6. Jahrhundert aus Peru und nicht aus Asien eingewandert waren, auf Flößen aus Balsamholz: genau wie die Kon-Tiki.

Setzt man für die Museumsinsel Bygdøy einen halben Tag an, so könnte man sehr gut genausoviel Zeit im schönsten (und größten) Museum für moderne Kunst verbringen, das Skandinavien zu bieten hat. Es ist das nur zwölf Kilometer südlich von Oslo über die Europastraße 18 zu erreichende *Henie-Onstad-Kunstsenter in Høvikodden*. Allein die Lage am Fjord ist großartig, das moderne Gebäude wird von einem Skulpturenpark umgeben, der mit kleinem Badeufer und Blick auf kiefernbewaldete Inseln und Yachthafen zu erholsamen Stunden einlädt.

Das Kunstzentrum ist eine Stiftung von Norwegens erstem, international gefeiertem Eislaufstar Sonja Henie und ihrem Mann, dem schwerreichen Reeder Onstad. Natürlich birgt es unter anderem die beeindruckende Trophäen-Sammlung der mehrmaligen Olympiasiegerin und Weltmeisterin. Herz der Sammlung sind jedoch Bilder von Bonnard, Picasso, Matisse, Léger, Klee und Miró; ständig finden begeisternde Sonderausstellungen statt. So zeigte im Sommer 1994 eine Andy-Warhol-Ausstellung Bilder, die dieser nach Motiven Edvard Munchs angefertigt hat.

Der Oslofjord – Wasserweg zur Hauptstadt

Herzlich willkommen – mit weit ausgebreiteten Armen – heißt der Oslofjord

26 Im Westen der Hauptstadt liegt im Frognerpark die viel besuchte Vigeland-Anlage. Ihr optischer Höhepunkt ist der siebzehn Meter hohe Monolith, zu dem eine durch schmiedeeiserne Gitter begrenzte Stufenanlage hinaufführt. Vigeland brauchte sechzehn Jahre, um die 121 Figuren mit Hilfe seiner Assistenten aus einem Granitblock vom Iddefjord zu meißeln.

27 | 28

die Schiffsreisenden nur am Anfang, wenn sie von der unruhigen See des Skagerrak in die breite Fjordmündung einfahren. Dann wird allmählich die Fahrrinne zwischen den Fjordufern schmaler und schmaler, bis sich der Fjord kurz nach der Insel Jeløy in Höhe der Stadt Moss in zwei Arme teilt, die wie Flüsse wirken. Manche Eindringlinge, die auf ihren Schiffen nach Norden fuhren, mögen dies als Bedrohung empfunden haben, nicht zu Unrecht, wie die dramatischen Ereignisse vom April 1940 zeigten. Damals wurde der deutsche Kreuzer »Blücher«, der Oslo angreifen sollte, durch wenige Kanonenschüsse von Land aus versenkt und zum Grab für zweitausend Marinesoldaten.

Für die Wikinger war dies das ideale Gelände. Die zahllosen, kaum übersehbaren Buchten (vik) gaben ihnen nicht nur den Namen, sondern Schutz und Lebensraum, boten ihren Langschiffen beste Rückzugs- und Angriffspositionen. Kein Wunder, daß hier am Oslofjord besonders viele Königssitze, Tingstätten und Grablegen gefunden wurden, so die drei auf der Halbinsel Bygdøy ausgestellten Schiffe.

Dem Schiffsreisenden heutiger Zeit bietet sich ein friedliches, ausgesprochen liebliches Bild: aus dem dunklen Grün bewaldeter Ufer leuchten farbenfrohe Ferienhäuser, jedes mit dem obligatorischen weißen Fahnenmast, manchmal auch eigenem Bootsanleger bestückt. Buchten, Landzungen, Inseln und von Wind und Meer blankgeschliffene Schären bilden an Sonnentagen ideale Bade- und Segelparadiese. Wiederholen sich hier die – bezaubernden – Bilder, so wird der auf dem Landweg Anreisende eher mit der *Kulturlandschaft Oslofjord* vertraut. »Tor nach Norwegen« nennt sich der Regierungsbezirk Østfold am Ostufer des Fjords, doch die vielen Bastionen, Forts und Festungsstädte beweisen, daß nicht jeder Ankömmling willkommen war.

Gleich nach Überquerung der kühn gebauten Svinesund-Brücke kann man in *Halden* das 128 Meter über der Stadt gelegene Fort Fredriksten besuchen. Das heute als Freizeitpark friedlich genutzte Bollwerk war seit der Erbauung um 1600 Schauplatz harter Grenzkämpfe. Noch eindrucksvoller, fast romantisch, gibt sich die Festungsstadt *Fredrikstad* an der Mündung von Norwegens längstem Fluß, der Glomma. Während der moderne Stadtteil eine quicklebendige Industrie- und Dienstleistungsstadt ist, gilt die Altstadt (Gamlebyen) als am besten bewahrte Festungsstadt Skandinaviens. Kopfsteingepflasterte Gassen führen durch den 1567 gegründeten, 1663 zur Festung ausgebauten Ort. Hier läßt es sich trefflich spazieren, seit Zugbrücke, Wallgräben und Kanonen zu Freizeit-Attraktionen geworden sind. Und der unbewegt auf seinem Denkmal stehende Dänenkönig Fredrik II. wäre darüber vermutlich nicht einmal bekümmert.

Um nach Fredrikstad zu kommen, sollte man von Skjeberg aus den »*Oldtidsveien*«, den Altertumsweg, nehmen, wie die Straße 110 genannt wird. Auf dieser Strecke wird am anschaulichsten die lange und reiche Geschichte des Oslofjords deutlich: Felszeichnungen, Grabhügel und Steinsetzungen führen bis an den Anfang des 3. Jahrtausends vor Christus zurück.

Wer den inneren Oslofjord kennt, setzt in *Moss* per Autofähre nach *Horten* über und befindet sich im Bezirk Vestfold. Schärengärten, Hafenstädte, Yachthäfen und Industrieanlagen verbinden sich auch hier durch die Vielgliedrigkeit der Küste zu einem erstaunlich harmonischen Ganzen. Bevor in unserer Zeit Bergen der bedeutendste Marinestandort Norwegens wurde, besaß *Horten* diese Funktion. Mehrere Museen erinnern in

27 und 28 Beim Blick auf den Oslofjord von Ekeberg offenbart sich der ganze Charme der Bucht. Die stadtnahen Strände, Halbinseln, Inseln und Schären sind ein ideales, wunderschönes Erholungsgebiet für die Einwohner der Hauptstadt.

der beschaulichen Kleinstadt an diese Zeit.

Von Horten sollte man auf der küstennahen Nebenstraße bis Verdens Ende (Land-Ende) fahren. Man kann das hübsche *Åsgårdstrand* besuchen, in dem Edvard Munch viele Sommerwochen verbrachte – fast ein Stück Ironie, daß im April 1994 die von Scotland Yard unterstützte Polizei hier in einem Hotel Munchs aus der Nationalgalerie gestohlenes Gemälde sicherstellte. Auch in *Tønsberg* sollte man haltmachen, ehe man sich in der Schärenwelt des Fjords beim Segeln, Surfen und Baden vergnügt. Denn Tønsberg beansprucht, die älteste Stadt Norwegens zu sein und feierte 1971 ihr elfhundertjähriges Bestehen. Der Schloßberg trägt die Reste des im 12. Jahrhundert erbauten Kastells, das 1503 durch Feuer zerstört wurde. Als traditionsreiche Kapitäns- und Reederstadt lebte und lebt Tønsberg vom Schiffsbau – nicht schlecht, wie man sieht.

Nahe der Europastraße 18 liegt *Sandefjord*, das durch sein kühnes und eindrucksvolles Walfang-Denkmal sehr bewußt und stolz an seine Tradition als Stadt der Walfänger erinnert. Daß in unserer Zeit, in der die Meereskolosse von Ausrottung bedroht sind, das gefährliche und blutige Gemetzel nicht mehr als ruhmbringend gilt, haben die Stadtväter nicht zu verantworten. Eher stimmt nachdenklich, daß die norwegische Regierung sich von Greenpeace vorwerfen lassen muß, bis heute zu wenig zum Schutz der Wale beizutragen.

Oslos Norden – Der Mjøsasee

Es scheint, als würden die geschichtlich gewachsenen Grenzen der norwegischen Bezirke (»fylker«) die verbindende Funktion der Hauptstadt betonen. So wird Oslo im Westen vom Regierungsbezirk Buskerud, im Osten von Akershus eingekreist, während im Norden die Südzipfel von Oppland und Hedmark zum unmittelbaren Nahbereich der Hauptstadt gehören. Wer nicht am langen Wochenende in seiner Hütte oder auf dem Boot am Oslofjord ist, zieht in den Norden, wo nicht nur das berühmte Gudbrandsdal mit vielen Wanderwegen und Sportangeboten lockt.

Hier im Norden Oslos ist die Europastraße 6 bis in die Höhe von Eidsvoll zur vierspurigen Autobahn ausgebaut, während sie auf der weiteren Strecke die üblichen zwei, gelegentlich drei Fahrbahnen aufweist. *Eidsvoll* ist ein Name, der das Herz jedes Norwegers höher schlagen läßt. Denn in Eidsvoll verabschiedeten am 17. Mai 1814 norwegische Delegierte die fortschrittliche Verfassung, die mit leichten Änderungen bis heute gültig ist. Genaugenommen ist nicht das Städtchen Eidsvoll gemeint, in dem vor der großen Brücke allerdings auch das Denkmal eines Freiheitskämpfers an die Ereignisse von 1814 erinnert. Vielmehr ist der *Gutshof* mehrere Kilometer südlich vom Ort gemeint, der auf der Autobahn als »Bygningen« ausgeschildert wird.

Schon als Schulkinder lernen Norweger, was es mit dieser Verfassung auf sich hat. Sie war eine rasche, mutige, wenn auch zunächst nicht erfolgreiche Reaktion auf die Vorgänge bei Napoleons Niederlage in der Völkerschlacht von Leipzig 1813. Als im Frieden von Kiel (Januar 1814) wieder einmal über die Köpfe der Norweger hinweg über ihr Schicksal entschieden wurde und Norwegen von Dänemark an Schweden abgetreten werden sollte, handelten die Einheimischen schnell. Sie sandten aus dem ganzen Land 112 »einflußreiche Männer« nach Eidsvoll, wo der Eisenfabrikant Carsten Anker sein Herrenhaus als Tagungsstätte zur Verfügung stellte. In relativ kurzer Zeit – vom 10. April bis zum 17. Mai 1814 – wurde eine Verfassung erarbeitet, die Norwegen zu einem unabhängigen Königreich

29 Die auf einem Hügel über der Stadt Halden liegende Festung Fredriksten wurde dreimal vergeblich von den Schweden belagert. Heute ist sie ein bedeutendes militärgeschichtliches Denkmal. Am Hafen nahe dem Iddefjord finden sich neben Freizeitkapitänen immer Angler ein – Angeln gehört zu den beliebtesten Hobbies »Ola Nordmanns«.

30 Steinsetzung bei Borge. Am Oslofjord liegen zahlreiche prähistorische Stätten, von denen mehrere durch die »Vorzeitstraße« bei Fredrikstad verbunden sind. Nicht alle gaben ihr Geheimnis preis, so ist die Funktion der aus je dreizehn Menhiren gesetzten Steinkreise unbekannt. Sie liegen in der Nähe eines Gräberfelds.

31 Ganz ohne Zutun des Menschen entstanden dagegen die prächtigen Formen der Schären, deren Gesteinsfarben und -formationen immer aufs neue begeistern.

32 Herbstfärbung am Oslofjord. In Südnorwegen sind traditionell die Herrenhäuser der Gutshöfe weiß, die Nebengebäude weinrot gestrichen. Und der Herbst erweitert die Farbskala zu bezaubernder Buntheit.

33 | 34

erklärte; als König wurde der Dänenprinz Christian Friedrich proklamiert. Doch als Schweden militärisch intervenierte, mußten die Norweger zurückstecken und den schwedischen König als Oberhaupt akzeptieren.

Das weiße, eher bescheidene Herrenhaus liegt in einem kleinen Park und wird jeden Morgen durch den Besuch von Schulklassen und Touristen aus seinem Dornröschenschlaf gerissen. Denn der Gutshof, der nach dem Konkurs des Besitzers schließlich in Staatsbesitz kam, hat heute wieder die Einrichtung von 1814. Man spürt den Willen zum Aufbruch, der die Männer beseelte und die ausgesprochen bescheidenen und beengten Verhältnisse vergessen ließ. Carsten Anker wird im Park durch ein Denkmal geehrt, ein zweites zeigt den Begründer der neueren norwegischen Literatur, Henrik Wergeland (1808–1845), der im Pfarrhof von Eidsvoll aufwuchs und sich politisch stark für sein Land engagierte.

Die Landschaft am Mjøsasee gehört zu den lieblichsten Norwegens. Hier gibt es nach wie vor schöne weiße Herrenhäuser inmitten gut bestellter Getreidefelder und Wiesen; niedrige Höhenzüge mit Baumgruppen; weiße Kirchen in kleinen Dörfern bestimmen in der flachwelligen weiten Landschaft das Bild. Der Mjøsavatn ist mit 369 Quadratkilometern der größte Binnensee Norwegens, dessen Umgebung im Sommer, wenn die Sonne erst gegen halb elf Uhr abends untergeht und die Nächte hell sind, besonders reizvoll ist – vielleicht auch deshalb, weil hier die Einheimischen unter sich bleiben. Zu den wenigen Angeboten für Touristen gehört die Rundfahrt auf dem See mit dem ältesten fahrplanmäßig verkehrenden Raddampfer der Welt, dem »Skibladner«. Er wurde 1854 in Betrieb genommen und seither nur geringfügig umgebaut.

Am Ostufer des Sees liegt die alte Bischofsstadt *Hamar*, die durch die Olympischen Winterspiele 1994 fast noch bekannter wurde als Lillehammer. Denn in der futuristischen, in der Außenansicht einer Austernschale ähnelnden Eishalle fanden die Wettbewerbe im Eiskunstlauf statt, für die sich weltweit stets die meisten Fernsehzuschauer interessieren. Die Deutschen hielten den Atem an, als im Paarlauf die Weltmeisterschaftszweite von 1993, Mandy Wöltzel, stürzte und von ihrem Partner vom Eis getragen wurde. Die Amerikaner machten aus dem skandalumwitterten Auftritt der beiden Konkurrentinnen Nancy Kerrigan und Tonya Harding beim Kunstlauf der Damen einen filmreifen Krimi. Und die eislaufbegeisterten Norweger jubelten ihrem phänomenalen Ausnahme-Athleten zu, dem Medizinstudenten Johann Olav Koss, der im Eisschnellauf drei Goldmedaillen mit drei neuen Weltrekordzeiten erwarb.

Auf der Westseite des Mjøsasees liegt die 26000 Einwohner zählende Stadt *Gjøvik*, die 1994 Austragungsort der Eishockeykämpfe war. Sechzehn Begegnungen der Eishockeyteams fanden in der größten Felsenhalle der Welt statt, die 120 Meter tief in den Berg gebaut ist und über fünftausend Zuschauern Platz bietet. Obwohl Gjøvik und Hamar nur vierzig Straßenkilometer von Lillehammer entfernt sind, trennt sie vom »Tor zum Gudbrandsdal«, wie Lillehammer genannt wird, entschieden das Landschaftsbild. Mit gutem Grund fanden in der flachen Uferlandschaft am Mjøsasee die Wettbewerbe im Eislauf statt, während Lillehammer und seine nördlich gelegene Fjellregion Austragungsorte der alpinen Disziplinen waren. Daß alle Orte trotz des Großereignisses liebenswerte Kleinstädte in einer wunderschönen, kaum veränderten Umgebung blieben, ist vielleicht das größte Verdienst der Organisatoren von 1994.

33 und 34 In der lieblichen Landschaft am Mjøsasee liegen viele große Gutshöfe, auf denen vorwiegend Ackerbau betrieben wird. Die sanft geschwungenen Hügel und fruchtbaren Böden sind Folgen der Eiszeiten, in denen die Gletscher weniger hartes Urgestein völlig zerrieben und einebneten.

Norwegens Süden

Die Südküste – Sommerparadies zwischen Kragerø und Egersund

Urlaub in Sørlandet hat für Ola Nordmann – den Durchschnittsnorweger – etwa den Stellenwert wie Ferien auf Mallorca oder den Kanarischen Inseln für Otto Normalverbraucher bei uns. Nur sind natürlich nach Meinung Ola Nordmanns die Ferientage in Sørlandet viel schöner und abwechslungsreicher. Man kann nicht nur am Sand- oder Felsstrand sonnen und baden, in netten Cafés sitzen, sondern in einer »Hütte« oder auf einem Campingplatz statt in einem Hotelkasten wohnen, Lachs und Forellen angeln oder zum Hochseefischen ausfahren, kann segeln, tauchen, surfen, Motorboot fahren und ganz in der Nähe viele, sehr verschiedenartige Museen, historische Gebäude und Städte besuchen. Im Hinterland der Küste gibt es einsame Gebirgstäler, prächtige Wildwasser für Rafting, stille Seen für Paddeltouren und wunderschöne Wanderwege.

Als Urlaubsregion »Sørlandet« gilt im allgemeinen die *Küstenregion zwischen Kragerø und Egersund*, die zu den Provinzen Aust Agder und Vest Agder gehört und noch einen kleinen Zipfel von Rogaland mit einschließt. Doch dem Besucher, der auf der Westseite des Oslofjords nach Süden fährt, ist die Unterscheidung nicht so wichtig. Er wird so früh und so oft wie möglich die schnellere, aber etwas langweilige Europastraße 18 verlassen und über Nebenstraßen das besondere Flair der Landschaft und Städte mit ihren berühmten weißen Holzhäusern zu erkunden versuchen.

Die Industriestadt *Skien* ist mit 48000 Einwohnern keine Urlaubsidylle, und doch werden Ibsen-Begeisterte hier Station machen. Im Bezirksmuseum ist Ibsens Arbeitszimmer zu besichtigen, und etwas außerhalb von Skien liegt der weiße Hof Venstøp, auf dem der 1828 geborene Dichter seine frühen Jugendjahre verbrachte. Als er konfirmiert war, ging die Firma seines Vaters bankrott, und Henrik mußte Apothekerlehrling in Grimstad werden. Er kam nie nach Skien zurück, aber die Stadt hat ihm im kleinen Stadtpark bei der neugotischen Backsteinkirche ein Denkmal errichtet und flicht ihm im Museum Kränze.

Beim östlich der Europastraße 18 gelegenen *Langesund* beginnen die »weißen Orte«, die wirklich, wie die Werbung verspricht, an der Südküste »aufgereiht sind wie Perlen«. Allerdings in einer Verbindung mit Industrieanlagen, von denen nicht gesprochen wird. Denn hier befand sich lange Zeit der Schwerpunkt von Handel und Gewerbe: Schiffahrt, Schiffsbau und -ausrüstung, Porzellan- und Aluminiumfabriken – noch bis nach dem Zweiten Weltkrieg standen im Raum Oslo, in Vest- und Østfold zwei Drittel aller norwegischen Industriebetriebe. Das Nordisk Aluminiumverk in Holmestrand z.B. ist jedoch als Nachbar des Yachthafens auch ein Beispiel für die geschickte Einbindung der Industriebauten in die Landschaft.

Und die Landschaft ist hinreißend. Wälder aus Fichten, Kiefern, lichte Wäldchen aus Eichen und Birken zwischen kleinen Seen, Wiesen, Feldern und Buckelfelsen; immer wieder Buchten, Sunde, baumbewachsene Inseln und Schären, die wie Robben in der Sonne glänzen. Am schönsten läßt sich die malerische Küste zwischen *Kragerø*, *Risør* und *Tvedestrand* per Boot erkunden. Unter blauem Himmel flitzen die roten und gelben Motorboote wie Wasserflöhe übers Wasser, weiße Segelyachten gleiten still dahin, Möwen schreien, die Luft schmeckt salzig. An den Bootsstegen der Häfen dümpeln weiße Yachten und Motorboote unter bunten Planen dicht an dicht. Einzelne rote Häuschen im Grün, überall das hinreißende Rosa der Busch-

Vorhergehende Abbildung:

35 Wer einen Fahrplan für Binnenfähren besitzt, spart im Sommer Wartezeiten. Autofähren verbinden die durch Fjorde unterbrochenen Straßen, die jenseits des Fjords sogar ihre Straßennummer beibehalten.

36 Wenn der Fjordarm nicht zu tief ist, ergibt sich ein hinreißendes Farbenspiel, wie bei der türkisgrünen Bucht von Eydehavn zwischen Tvedestrand und Arendal. Denn natürlich entfalten die »weißen« Orte der Südküste ihren Reiz nur im Zusammenklang mit dem Meer.

Folgende Abbildung:

37 Zu den Perlen der Südküste gehört die autofreie Schärensiedlung Lyngør, die einen Preis als »bestbewahrter kleiner Ort Europas« erhielt. Wer hier ein Haus hat, besitzt auch ein Boot und hütet das Geheimnis der schönsten Badebucht.

windröschen, dann ein wirklich weißes Städtchen nach dem andern: weiße Holzhäuser mit dunklen Dächern, schmale Gassen, verschwiegene Strände. Wer den Landweg wählt, muß viel Zeit einkalkulieren. Kragerø liegt zum Beispiel, wie auch Risør, zwölf kurvenreiche Kilometer (an denen Polizeistreifen häufig Geschwindigkeitskontrollen vornehmen) von der Europastraße entfernt, auch die Suche nach einem freien Parkplatz erhöht das Urlaubsvergnügen nicht.

1991 wurde *Lyngør*, die Inselgemeinde bei Tvedestrand, als »bestbewahrter kleiner Ort Europas« ausgezeichnet, ein Jahr später erhielt *Arendal* eine Anerkennung für die musterhafte Restaurierung seines Altstadtensembles Tyholmen, das sich im Schutz des hohen Backsteinturms der Dreifaltigkeitskirche ausbreitet. Das weiße Rathaus am Kai wurde 1813 als Privathaus erbaut und ist einer der größten Holzbauten Norwegens. Es erinnert an Arendals große Zeit im 19. Jahrhundert, als hier 400 große Segelfrachtschiffe beheimatet waren und Arendal der bedeutendste Hafen des Landes war. Kann man das an den Stadthügel gebaute Rathaus nur vom Wasser aus wirklich würdigen, so fügt sich der neue, im gleichen Stil gehaltene weiße Holzbau des nahen Tyholmen-Hotels glücklich ins Bild der Altstadt. Auch sonst hat man hier Mut zu Neuem, denn eine reizende Bronzeskulptur stellt Gott Amor mit Pfeil und Bogen erstmals als Windsurfer auf einer Muschelschale vor – vielleicht findet er hier seine Ziele vorwiegend auf dem Fjord.

Ein kleines Paradies, das man eigentlich nicht stören sollte, ist das in Rosen- und Blumengärten gebettete *Lillesand*, das ebenfalls im vorigen Jahrhundert ein wichtiger Hafenort war. Die dunkle Kirchturmspitze überragt makellos weiße Holzhäuser, bewaldete Inseln liegen vor der Küste, wer hier sein Boot klarmachen und Kurs auf die Schärenwelt um die Insel Blindleia nehmen kann, ist zu beneiden.

Natürlich haben die malerischen Orte auch Künstler inspiriert. In *Kragerø* holte sich Edvard Munch die Anregung für den berühmten »Sonnenuntergang«; heute schmückt das Bild die Universitätsaula in Oslo, in der jährlich die Verleihung des Friedensnobelpreises stattfindet. Und wenn der Bezug zur Kunst nicht ganz so stark ist, hilft man mit der Werbetrommel ein wenig nach. So in *Grimstad*, das ganz im Zeichen von Ibsen steht, der hier von 1847–1850 in der Apotheke arbeitete und sein erstes Drama »Catilina« schrieb. Im Stadtmuseum, der einstigen Apotheke, wird Ibsens ganze Lebensgeschichte dokumentiert, und im August spielt man sein Werk auf der Freilichtbühne eines alten Steinbruchs.

Kristiansand ist mit 66000 Einwohnern als Industriestadt und internationaler Fährhafen der wirtschaftliche Mittelpunkt der Südküste und kaum der Urlaubsort der Wahl. Dennoch lohnt hier ein Besuch, nicht nur, weil viel für Touristen getan wird: es gibt einen Tierpark mit skandinavischen Tieren in Freigehegen und viele kinderfreundliche Einrichtungen. Am östlichen Stadtrand steht nahe der Mautstation die aus dem 11. Jahrhundert stammende Kirche von *Oddernes*, die von der frühen Christianisierung des Südens zeugt. Sie wurde im 18. Jahrhundert erweitert, aus dieser Zeit stammen auch Kanzel und Altarwand. Im Kirchgarten stand bis 1993 ein fünf Meter hoher Runenstein aus der Wikingerzeit (heute im Kircheninneren), erst durch das Christentum kam ja die lateinische Alphabetschrift nach Skandinavien. Dann liegt nahe der Europastraße 18 am Ostrand der Stadt das *Vest-Agder-Bezirksmuseum*, in dem unter anderem Stadthäuser aus Kristiansand mit originaler Einrichtung und Bauernhöfe aus dem Setesdal zu sehen sind.

38 Weiß gestrichene Holzhäuser wie dieses in Risør sind das besondere Kennzeichen Sørlands, der Südküste. Die stattlichen Paläste ehemaliger Kapitäne und Schiffseigner dienen heute meist als Rathaus, Museum oder Café. Denn der Unterhalt der großen Gebäude ist aufwendig und die Feuergefahr groß.

Kristiansand erinnert mit seinem Namen an den baulustigen Dänenkönig Christian IV., der auch Oslo nach einem Brand wieder aufbauen ließ. Christian sicherte die neu angelegte Stadt durch die Festung Christiansholm; zukünftigen Bränden versuchte er durch einen schachbrettartigen Stadtplan vorzubeugen. Das 1641 quadratisch angelegte Straßennetz gab der Altstadt den Namen *Kvadratur*, der Stadtplan könnte vom berühmtesten Stadtplaner der Antike, Hippodamos von Milet, stammen. Denn die klaren Formen der Antike waren auf vielen Gebieten Vorbild der europäischen Renaissance. Durch die Einrichtung einer autofreien Zone hat die Altstadt um den *Marktplatz* sehr an Reiz gewonnen. Vom Rastersystem hebt sich der diagonal stehende *Dom* ab, er wurde nach einem Brand im 19. Jahrhundert errichtet, neugotisch und mit mächtigem Querschiff. Überraschend, daß der Steinbau nach Westen orientiert ist und im Innern hohe schlanke Holzsäulen und eine Holzdecke aufweist. Recht bescheiden wirkt dagegen die restaurierte Rundfestung *Christiansholm* am Meer neben dem Yachthafen, und auch das Denkmal für die in Kristiansand geborene Schriftstellerin Camilla Collett (1813–1895) im Park ist eher unauffällig. Sie war die erste Frauenrechtlerin Norwegens und eine Schwester Henrik Wergelands.

Schließlich kann man noch den hundert Jahre alten *Ravnedalen-Naturpark* besuchen, der 1991 zu Norwegens grünstem Park gekürt wurde – aber lohnender ist ein Abstecher in das wunderschöne Setesdal, wo man unbegrenzte Natur und alte Bauernkultur erleben kann.

Der beliebteste Ferienort und zugleich Norwegens südlichste Stadt ist *Mandal* am Ausgang des von Kiefern bewaldeten gleichnamigen Tals. Natürlich gehören der 900 Meter lange, feinsandige Sjøsanden-Strand und der Kiefernhain Risøbank zu den Hauptattraktionen für Urlauber. Vor allem bezaubert aber das Ortszentrum, in dem weiße Holzhäuser aus dem 18. und 19. Jahrhundert die Gassen säumen, als sei die Zeit stehengeblieben. Aus dem Jahr 1801 stammt der alte Kaufmannshof »Andorsengården«, in dem heute ein Museum und eine Bibliothek untergebracht sind. Noch älter ist der von einem schottischen Architekten erbaute »Skrivergården«, der – zusammen mit einem Neubau – als Rathaus fungiert und Staunen erregt, weil er inmitten der Holzbauten aus Sandstein mit herrschaftlicher Freitreppe errichtet wurde. Ein großer Luxus in einem Land, das Holz im Überfluß besaß. Ungewöhnlich für einen Ort, aber typisch für den hier beginnenden Abschnitt der Sørküste, sind riesige Granitblöcke, die von den Gletschern wie Spielbälle liegengelassen wurden. Sie umgeben das Ortszentrum wie ein natürlicher Skulpturengarten.

Holz und Lachs waren lange die Hauptexportgüter von Mandal. Denn mitten durch den erst 1921 zur Stadt erhobenen Ort fließt der Mandalsfluß, dessen Lachse bis an die Königshöfe Europas geliefert wurden. Jahrelang war der Fluß so verschmutzt, daß die Lachse ausblieben, denn an der Flußmündung besitzt Mandal Werften und Industrie. Nach mehrjährigen Maßnahmen zur Verbesserung des Flußwassers und Kalkzugaben hofft der Bürgermeister, daß die Lachse im Mandalselv wieder steigen. Der Fluß mündet im Schärengarten vor der Küste, einem Bade- und Anglerparadies. Vom Frühjahr bis Herbst kann man zum Hochseeangeln ausfahren, je nach Saison und Anglerglück kommt man mit Dorsch, Seelachs, Makrele oder Lachs zurück – manchmal geht aber auch trotz »Skitt fiske« (Petri Heil) gar nichts, wie überall.

Der südlichste und älteste Leuchtturm Norwegens steht am *Kap Lindesnes*, er wurde 1655 erstmalig errichtet und war

39 und 40 Die Mittsommernacht ist ein Höhepunkt im Jahresablauf, den der Norweger am liebsten im Kreis seiner Freunde verbringt. Wenn dann über dem lodernden Sonnwendfeuer der Vollmond aufsteigt, ist das ein echter Glücksfall! In Grimstad formieren sich in der Mittsommernacht geschmückte Boote zu einer kleinen Bootsprozession (40).

39 | 40

I-28569

41 **Norwegen ist ein Land der Gegensätze. So werden schroffe Steilküsten an der zerfransten Südküste immer wieder durch begrünte Hügel und verschwiegene Buchten unterbrochen, deren Schönheit sich nur vom Wasser aus erschließt. Die per Boot erreichbare Schärenzone ist ein ideales Angelrevier.**

der erste Norwegens (1799 und 1822 erneuert). Von hier sind es 2518 Straßenkilometer bis zum Nordkap, in der Luftlinie »nur« 1750 Kilometer – genausoweit wie nach Rom oder Moskau. Das kahle Felskap ist von Gletschern abgeschmirgelt und von Erosion zerfurcht, doch landeinwärts bringt die Gemeinde Lindesnes mit ihren malerischen bunten Holzhäusern wieder Farben in die Granitlandschaft. Und im Fluß Audna gibt es angeblich wieder Lachse.

Auf der Fahrt nach Westen kommt man über *Vigeland*, den Ort, in dem der berühmte Bildhauer als Gustav Thorsen seine Jugend verbrachte (und nach dem er sich benannte), nach *Lyngdal*, wo eine der größten Holzkirchen des Landes steht. Dann steigt die Straße und ermöglicht bei *Kvinesdal* einen prächtigen Blick auf den schmalen, von Felsen gerahmten Fedafjord, in den die von Norden kommende Kvina mündet. Ab *Flekkefjord*, das wegen seiner weißen Holzhäuser und seiner langen Handelsbeziehungen zu den Niederlanden auch »Holländerstadt« genannt wird, sollte man sich für die von Granitfelsen geprägte Küstenstraße entscheiden. Kleine feine Sandstrände zwischen gewaltigen, wie von Riesenhand aufgeschichteten Felsblöcken, dann wieder kurvenreiche Strecken mit Mooren und Tümpeln: man braucht Zeit für den abwechslungsreichen *Nordsjøvegen* (Nordseestraße). *Egersund* gehört mit dem schönen Strand auf der vorgelagerten Insel Eigerø nochmals zu den beliebten Sørküstenorten, dann wird die Strecke weniger aufregend und führt durch gut bestelltes Kulturland nach Stavanger.

Von der Südküste ins Bergland – Das Setesdal

Welcher Norwegenreisende möchte sich mit einem reinen Küstenurlaub begnügen? Zu verlockend ist das großartige, im Hinterland der Küste aufsteigende Bergland, in das verschiedene Täler führen. Im Herbst ist der Viehabtrieb im *Sirdal* sehenswert: 40000 Schafe werden von den Weiden des Sirdalsfjells getrieben. Dann haben auf der wilden, kurvenreichen Straße, die bis ins Hochland der Hardangervidda geht, Schafe »Vorfahrt«.

Zu jeder Jahreszeit lockt das wegen seiner Ursprünglichkeit gerühmte *Setesdal*, das von der Otra geformt wurde. Man erreicht es am leichtesten von Kristiansand über die Reichsstraße 39. Die Landschaft im zweihundert Kilometer langen Otra-Tal hat sich nicht verändert, nach wie vor sind viele Höfe links und rechts über dem Talgrund bewohnt, aber natürlich wohnen heute nur noch wenige Bauern in grasgedeckten Holzhäusern mit Rosenmalerei an Zimmerwänden und Bauerntruhen. Die meisten unter Denkmalschutz stehenden Häuser sind in mehreren sehr schönen Freilichtmuseen zu betrachten.

Die kurvenreiche Straße 39 erreicht erst fünfzig Kilometer nördlich von Kristiansand das Otratal und schlängelt sich durch eine waldreiche Felsenlandschaft. Die Bäume krallen sich in schmale Gesteinsritzen und sprengen allmählich den Stein – immer wieder überrascht die dünne Humusdecke, die sich in zwölftausend Jahren seit der letzten Eiszeit bilden konnte.

Ehe sich bei *Evje* das Tal weitet und das Setesdal beginnt, trifft man auf den 1991 eröffneten *Setesdal Mineralienpark*. Denn in der Gemeinde Iveland og Evje liegen unter Wäldern, Äckern und Heideland außerordentliche Mineralienschätze, die Mineralogen und Geologen aus der ganzen Welt faszinieren und auch zu Forschungszwecken dienten. So bezog Madame Curie die Mineralien für ihre Experimente mit radioaktiver Strahlung aus Evje. Das bewußt als Tourismus-Attraktion geschaffene Museum macht in einer 1500 Quadratmeter großen unterir-

dischen Ausstellungshalle mit den reichen Mineralienvorkommen des Setesdals vertraut, allerdings werden auch Funde anderer Provenienzen gezeigt. Auf einem *»Mineralienweg«*, der mehrere stillgelegte Gruben miteinander verbindet, kann man sich sogar selbst als Schürfer und Sammler betätigen und – wenn man möchte – zwanzig Kilo Steine pro Person nach Hause tragen.

Nördlich von Evje läuft die Straße am herrlichen *Byglandsfjord* entlang, der mit seinen Halbinseln und bewaldeten Ufern so natürlich und harmonisch wirkt, daß man ihn nicht als Stausee der Otra erkennt. Hier sind Kanufahrten und Angeln angesagt. An den Seeufern stehen mehrere im 18. Jahrhundert erbaute Achteckkirchen. Die Orte *Helle* und *Valle* sind nicht nur alte Bauernsiedlungen, sondern Zentren der traditionsreichen Silberschmuck-Herstellung im Setesdal. Die bekannteste Silberschmiede, »Sylvartun«, befindet sich in einem aus dem 17. Jahrhundert stammenden Hof zwischen Rysstad und Valle. Im Sommer können Besucher bei der Herstellung des Schmucks zuschauen und, wenn sie Glück haben, bei Volksmusik und Tanzaufführungen auch die typischen Trachten des Tals sehen, die nach alten Vorlagen nachgeschneidert werden. Zur weiblichen Tracht gehörten früher bis zu dreißig Schmuckstücke, die von Generation zu Generation vererbt wurden. Die charakteristische, mit Silbertellerchen besetzte Filigranbrosche konnte den Wert einer guten Milchkuh haben, da muß man sich über die heutigen Preise nicht wundern.

Bietet das Tal bei Valle wieder viel Platz für Höfe inmitten von Weiden und Almen am halben Hang, so verengt es sich südlich von *Bykle* bei Gylii dramatisch zur Schlucht. Heute unterqueren zwei Tunnel die Felswände, die früher das obere Setesdal fast unzugänglich machten. Der berühmte *»Byklestigen«*, ehemals die einzige Passage, wird für Wanderer ausgeschildert. Erst 1770 wurde der alte Saumpfad am Felshang für Reiter passierbar, seit 1879 konnte man mit Pferd und Wagen den gefahrvollen und unfallträchtigen Bykleweg befahren. So war für die Bewohner des oberen Setesdals bei Bykle praktisch die Welt zu Ende, erst 1938 wurde die heutige Straße gebaut. Kein Wunder, daß sich hier besonders viele alte, mit Grassoden gedeckte Höfe erhalten haben. Im *Freilichtmuseum Huldreheimen* oberhalb des Dorfes trugen private Sammler in grandioser Aussichtslage Holzhäuser des 13. bis 18. Jahrhunderts zusammen, unter ihnen ein Wohnhaus von 1500. Es besitzt die typische offene Feuerstelle in der Raummitte, im fensterlosen Haus zog der Rauch durch ein Loch im Dach ab.

Nachbarschaft und Zusammenhalt im Kirchsprengel erleichterten das harte Bauernleben im Tal, noch heute können die Gläubigen in Bykle alternierend in drei Kirchen den Gottesdienst feiern. Die älteste und kleinste Kirche stammt von 1619 und ersetzt einen noch älteren Holzbau. Das äußerlich schlichte, weiß gestrichene Gotteshaus ist innen vollständig mit Rankenmalerei verziert.

Nördlich von Bykle wird die Landschaft ernster und karger, mächtige Felsbrocken werden von der Otra umspült, die als Wildbach die Schmelzwasser der umliegenden Fjelle auffängt. Bald wird die moorige Hochebene erreicht, in der bis in den Juni hinein Krüppelbirken zwischen Eisschollen stehen. Das 800 Meter hoch gelegene *Hovden* gilt als größtes Touristenzentrum des Setesdals, das im Winter viele Skifahrer anlockt. Wer hier im Frühjahr auf der gut ausgebauten, durch das einsame Hochmoor führenden Straße fährt, kann sich den lebhaften Winterbetrieb kaum vorstellen. Auf zahlreichen Kehren gelangt man dann hinab nach Haukeli an der Reichsstraße 11.

42 Der Byglandsfjord ist ein künstlich angelegter Stausee, der sich erstaunlich harmonisch ins stille, urtümliche Setesdal schmiegt.

Folgende Abbildungen:

43 Stavanger. Das Gebiet um die heutige Ölmetropole ist uralter Geschichtsboden. Der Dom wurde 1125 von Bischof Reinald von Winchester begonnen, sein basilikales Langhaus ist das schönste Beispiel romanischer Kunst in Norwegen.

44 In der Altstadt von Stavanger gibt es noch mehrere kopfsteingepflasterte Gassen mit weißen Holzhäusern. Ihr freundlicher, fast heiter wirkender Gesamteindruck ist charakteristisch für die Stadtarchitektur im südlichen Norwegen.

45 | 46

Hier, am Rand der arktisch wirkenden Hardangervidda, haben sich die Werbemanager einen wunderbaren, sehr passenden Werbespruch ausgedacht: »Erinnern Sie sich, wie Stille klingt?«

Stavanger – Der gut getarnte Ölreichtum

Eine ganz normale norwegische Hafenstadt, denkt der ahnungslose Besucher. Gepflegt, die Häuser im typischen Weiß südnorwegischer Städte aus dem 18. und 19. Jahrhundert. Ein guter Naturhafen im Schutz der Halbinsel, von sorgfältig restaurierten Häusern begrenzt, überragt vom massiven kupfergedeckten Feuerturm. Doch in den Straßen und hübschen Freilicht-Cafés einige fremdsprachige Männer, die nicht wie Touristen wirken. Sah man nicht bei der Anreise an der Skyline einige Hochhäuser, auf der Bucht eine im Bau befindliche Bohrinsel?

Und dann erinnert man sich: dies ist die Partnerstadt von Houston/Texas, Norwegens reichste Stadt! Hier liegt vor der Küste das Ekofisk-Feld, dessen Öl- und Gasvorkommen eine unterseeische moderne Märchen-Schatzkammer sind. 102 Milliarden Kronen betrug der Exportwert des Öls 1992, 14 Prozent des gesamten norwegischen Bruttosozialprodukts. Norwegen ist heute der viertgrößte Erdölexporteur der Welt.

Da können die Stadtväter leicht die Altstadt auf Hochglanz bringen und den *Dom* am Breiavatn in Grünanlagen betten. Den Dom? Schon er allein beweist, daß Stavanger kein traditionsloser »Neureich« ist, er und der Nidaros-Dom in Trondheim sind Norwegens schönste mittelalterliche Gotteshäuser. Dem einstigen Bischof von Winchester, Sankt Svithun, geweiht, wurde er ab 1125 im anglo-romanischen Stil erbaut und nach einem Brand 1272 im gotischen Stil vollendet. Die ungewöhnliche Ostpartie mit dem gotischen Fenster zwischen flankierenden Türmen überrascht zusätzlich durch eine steinerne Porträtgalerie in der Sockelzone. König Magnus VI. Lagabøter ist da zu sehen, ebenso seine beiden Söhne Erik und Håkon.

Die beiden Portale an der Nord- und Südseite besitzen die typische Zackenornamentik des anglo-normannischen Stils; der basilikale Innenraum beeindruckt durch spätromanische Strenge, die durch den gotischen Chor gemildert wird. In der Barockzeit kam die schöne Kanzel mit üppigem, farbig gefaßtem Schnitzwerk hinzu. Da muß ein Pfarrer ja inspiriert predigen, wenn der Heilige Geist in Gestalt einer weißen Taube direkt über seinem Haupt schwebt und Engel jubilieren! Interessant auch die Wappen auf den Epitaphien der Patrizierfamilien. 1939–42 wurde der Dom restauriert, erst 1957 erhielt das viergeteilte Ostfenster die farbige Verglasung.

Westlich vom Dom bietet sich auf dem *Marktplatz* (Torget) an Markttagen ein farbenfrohes Bild. Dann gibt's nicht nur fangfrische Krabben und Fische direkt vom Kutter am Kai, sondern Blumen, Gemüse und Obst in Hülle und Fülle – die Provinz Rogaland gilt wegen ihres milden Klimas als Gemüse- und Obstgarten Norwegens.

Bei dem Bummel durch das reizvoll restaurierte »*Gamle Stavanger*« kann man im *Konserven-Museum* lernen, daß Stavanger schon einmal mit Öl zu tun hatte und gut dabei verdiente. Ende des 19. Jahrhunderts existierte hier eine enorm erfolgreiche Ölsardinen-Konservenindustrie, so dürfte Stavanger wohl die einzige Stadt der Welt sein, die mit einem langen, schlüsselförmigen Ölsardinen-Büchsenöffner als Markenzeichen wirbt. Tonnenweise wurden damals die kleinen silbrig glänzenden Fische geräuchert, in Olivenöl eingelegt und als Ölsardinen in ganz Europa verkauft. Doch von den Spitzenlöhnen und Arbeitsbedingun-

45 Über dem Lysefjord bei Stavanger. »På fjellet« (in den Bergen) ist die Antwort auf die überflüssige Frage, wo man am Wochenende war. Für Norweger ist die Tour – im Sommer mit dem Rucksack, im Winter mit Skiern – notwendiges Lebenselixier.

46 Für Naturfreunde sind die Möglichkeiten auch beim Wassersport unerschöpflich: Wildwasserfahren im Kanu oder Schlauchboot, Segeln, Paddeln, Hochseefischen, Angeln im Meer oder See – immer ist der Urlaub zu kurz.

gen heutiger »Ölarbeiter« hätte man damals nicht zu träumen gewagt. Øl allerdings, Bier, dürfte damals wesentlich preiswerter gewesen sein als heute, wo die Flasche 35–38 Kronen (8–9 Mark) kostet.

Stavanger ist die viertgrößte Stadt Norwegens. Rein statistisch hat die Stadt (inklusive der Inseln) mit 100000 Einwohnern auf 71 Quadratkilometern die höchste Bevölkerungsdichte des Landes. Doch an der weiten Bucht spürt dies niemand. Schließlich gibt es *Ausflugsziele* genug. Auf der autobahnartig ausgebauten Europastraße 18 ist man rasch an den *Stränden der Südküste*, nach Norden durch zwei neue Meerestunnel und eine Fährverbindung in *Haugesund*. Und per Schiff, Auto und Schusters Rappen am schönsten Ziel: dem *Lysefjord* mit dem grandiosen Steilfelsen *»Prekestolen«*, der »Kanzel«. Dieser fast 600 Meter hohe »Predigtstuhl« hat die Menschen nicht zufällig zu einem Namen angeregt, der die wunderbare Schönheit der Natur in einen religiösen Kontext stellt.

Telemark – Mehr als Skigeschichte

Ältere Skifahrer haben ihn noch gelernt: den Telemarkschwung, jüngere kannten ihn vom Hörensagen. Da kam die neue Regelung im Skispringen, die nicht nur Sprungweite und Haltung, sondern auch die »Telemark-Landung« bewertet. Telemark? Ja, das sind zweierlei: die Landschaft im Südwesten Oslos und ein Stück Skigeschichte.

Zuerst die Geschichte, die natürlich mit der *Provinz Telemark* zusammenhängt, denn hier wurde der Pionier des modernen Skilaufs, Sondre Norheim (1825–1897), geboren. Der Bauer aus dem Morgedal brachte seine Nachbarn zum Kopfschütteln, wenn er, geschickt die langen Bretter unter seinen Füßen lenkend, die verschneiten Hänge herunterflitzte. Nicht der Ski, sondern die »Bindung« war das Neue: Er war auf die Idee gekommen, seine Stiefel durch eine Fersenschlaufe mit den Skiern zu verbinden. Die bisherigen Zehenriemen erlaubten lediglich ein Vorwärtsgehen und Gleiten, nun konnte man schwingen, bremsen, steuern und über kleine Hügel springen, ohne die Bretter zu verlieren. Rasch setzten sich nun Skier im praktischen Gebrauch durch, es dauerte jedoch noch einige Jahre, bis Norheim seine Landsleute vom Spaß an der Sache überzeugt hatte. Der moderne Skisport war geboren.

Daß Skier schon Jahrtausende in Gebrauch waren, kann man im Skimuseum Holmenkollen in Oslo sehen. Kopien von Felsbildern aus der Steinzeit zeigen Menschen auf Brettern; die im Moor von Øvrebo gefundenen Skier hat ein Mann vor 2500 Jahren verloren. Das waren lange, schwere Bretter, wie der Name (scidh = Holzscheit) verrät. Die ganze Welt lernte von den Norwegern das Skifahren und gönnte ihnen, daß sie bei der Winterolympiade 1994 in Lillehammer außerordentlich erfolgreiche Athleten stellten. Den Bauern Norheim aus Telemark, der völlig verarmt in Amerika starb, hätte das gefreut.

Und die *Provinz Telemark*? Sie wird als »Norwegen in der Nußschale« bezeichnet. Vom relativ kleinen *Küstenbereich* zwischen Helgeroa und Levang, in dem *Skien* und *Kragerø* die bekanntesten Städte sind, steigt das Land nach Westen und Nordwesten an, besitzt bewaldetes Mittelgebirge, fruchtbare Täler, grün gerahmte Seen, flache Hochmoore und geht dann in eine herbe Bergwelt über, die im Plateau der Hardangervidda fast arktisch anmutet.

Wer gemächlich reisen will, kann mit einem Ausflugsschiff von der Küste auf dem 100 Jahre alten *Telemark-Kanal* durch zahlreiche Schleusen an den Rand der Gebirgsregion fahren. Oder man wählt die Straße über die schöne, vom

47 Auf dem Prekestolen am Lysefjord. Als »schönste Bergtour Norwegens« bezeichnen viele Bergfreunde die zweistündige Wanderung von der Prekestolhytta auf den spektakulären Steilfelsen. 600 Meter unter dem Gipfelplateau glitzert die Wasseroberfläche, die Aussicht ist atemberaubend (hier Blick auf den Haukalivatn im Hintergrund).

Folgende Abbildung:

48 Die ungemein abwechslungsreiche Landschaft der Provinz Telemark wird zu Recht als »Ganz Norwegen in der Nußschale« bezeichnet.

Lågenfluß durchströmte Silberstadt *Kongsberg*, wo die stillgelegten Gruben jährlich viele tausend Besucher anziehen. Höhepunkt ist in jedem Fall die um 1250 erbaute Stabkirche von *Heddal*. Sie ist die schönste, größte und jüngste der alten Holzkirchen, die wahrscheinlich durch die Erweiterung eines älteren Baus entstand. Aus dem früheren Bau stammt sicher der einzigartige, reich geschnitzte, mit Drachenköpfen und Reliefs geschmückte Holzsessel, der »Wikingerstuhl«. Prächtige Schnitzornamentik aus Ranken, Fabeltieren und Vogelmenschen ziert auch Rahmen und Säulenkapitelle der Portale. Der dreischiffige Innenraum wurde – wie bei allen Stabkirchen – nur durch Kerzen und winzige Luken erhellt und besitzt Reste der Rankenmalerei aus dem 17. Jahrhundert.

Die abwechslungsreiche Straße 11 folgt mehrfach Tälern, unter anderem dem Morgedal (Norheims Heimat). Die Gegend ist von bäuerlichen Kleinbetrieben geprägt, besitzt noch viele alte Holzbauten und bietet immer wieder überraschende Ausblicke auf die kahlen Gipfel der Telemarkberge und der Hardangervidda.

Hardangervidda – Norwegens größter Nationalpark

Fast zentral liegt dieses großartige Hochfjellplateau im Süden Norwegens, von Oslo und Stavanger nur knapp 150 Luftlinien-Kilometer entfernt. Mit einer Fläche von 9000 Quadratkilometern ist die Hardangervidda Europas größtes Hochplateau mit einer durchschnittlichen Höhe von 1100–1300 Metern. »Vidda« heißt soviel wie Weite, Ebene; hier ist sie ein verwittertes, vom Meer vor 600 Millionen Jahren und den Gletschern der späteren Eiszeiten abgeschliffenes Grundgebirge, eine baumlose, unbesiedelte Urlandschaft von wildnishafter Weite und Einsamkeit.

Norwegens südlichste Gletscher liegen hier, an den kahlen Höhenzügen halten sich bis in den Sommer Schneefelder, große Seen, Heiden und Moore sind in die Moränenlandschaft eingebettet. Flora und Fauna haben der geographischen Breite entsprechend arktischen Charakter und gehören der alpinen Tundra an. In trockenen Zonen wachsen Flechten, Moose, Moltebeeren und Zwergstrauchheiden, in Feuchtgebieten Seggenarten und Wollgras. Das im Juni blühende braunspitzige Läusekraut hat hier sein südlichstes Vorkommen, auffälliger ist der gut einen Meter hohe Purpurenzian, den die Norweger »Søterot«, süße Wurzel, nennen.

In früheren Jahrzehnten waren auf der Vidda über 2000 Almen als Sommerweiden bewirtschaftet (Schafe, Ziegen, eine kleine Zahl Rinder und Rentierherden); nach dem Rückgang der Weidewirtschaft haben sich die wild lebenden Rentiere stark vermehrt. Ornithologen zählen ungefähr hundert Vogelarten, darunter das häufige, aber scheue Alpenschneehuhn, auch Sumpfohreule und Rauhfußbussard wird man nur auf speziellen Erkundungsgängen sehen. Dagegen hört man oft das melancholisch klingende Flöten des Goldregenpfeifers und den Warnruf des Rotschenkels. Ein Teil der Vidda wurde 1981 zum Nationalpark erklärt, vor allem der Norden ist durch Wanderwege und Berghütten dem »grünen Tourismus« erschlossen.

Im Osten senkt sich das Hochplateau langsam ab. Die auf der Hardangervidda entspringenden Flüsse sind großenteils durch Wasserkraftwerke erfaßt, die sehr geschickt in die Felsen hineingebaut wurden. Mehrere dieser Werke kann man besichtigen, so das im *Simadal* am Nordrand des Plateaus, das 270000 Menschen mit Strom versorgt und zu den größten Europas gehört. Manche Einheimischen beklagen, daß so die Urkraft der zahlrei-

49 Nationalpark Hardangervidda. In Jahrmillionen wurde das Hochfjellplateau von Gletschern plangeschliffen. Obwohl seit der letzten Eiszeit zwölftausend Jahre vergangen sind, wächst hier kein größerer Baum. Im arktischen Klima (auf der geographischen Breite Südgrönlands) brauchen Flechten und Moose mehr als hundert Jahre, um ein handtellergroßes Areal zu bedecken.

chen Wasserfälle geschmälert, ihr Wildnischarakter beinträchtigt wird (im Sommer, wenn die Touristen kommen, wird etwas weniger Wasser abgezapft). Insgesamt muß man aber bewundern, daß Norwegen nahezu seinen gesamten Strombedarf derart umweltfreundlich, fast unsichtbar deckt – als einziges Land der Welt.

Im Westen steigt das Plateau an und bricht fast senkrecht zu den Fjorden ab. Hier bieten sich geradezu dramatische Landschaftseindrücke: Steilhänge mit großartigen engen Serpentinenstraßen (wie die nur im Sommer befahrbare Lysebotnstraße mit ihren 27 Haarnadelkurven) oder gewaltige Wasserfälle. So der 280 Meter hohe, zweigeteilte *Låtefossen* südlich von Odda und der in eine tiefe Schlucht stürzende *Vøringsfossen* östlich von Eidfjord. Zu den unvergeßlichen Eindrücken gehört auch der 1660 Meter hohe Folgefonngletscher, der westlich von Odda das Gebiet beherrscht.

Im Süden wird die Hardangervidda durch den *Totaksee* (Totakvatn) begrenzt, im Norden durch den 1862 Meter hohen *Hardangerjøkul* mit seinem fast 120 Quadratkilometer großen Gletscherfeld und durch die östlich angrenzenden, bis 1933 Meter hohen Berge des *Hallingskarvet.* Diese Fjelle haben, wie auch der markant aufragende Hårteigen, bis heute allen Erosionskräften widerstanden. Zum nördlichen Viddabereich bietet *Geilo* den besten Zugang; als Norwegens bekanntester Wintersportort lebt Geilo fast ausschließlich vom Tourismus. Über die Reichsstraße 37 kommt man von Kongsberg dagegen rasch ins südliche Zentrum der Vidda bei *Rjukan*, das als Ort mit der längsten Winterdunkelheit in Südnorwegen gilt. Auf kurven-, gefäll- und tunnelreichen Straßen kann man aber auch die Hardangervidda mit dem Auto umrunden und abseits der Strecke Wandertouren unternehmen. Hierbei sollte man sich wegen der Gefahren bei Schlechtwetter-Einbrüchen unbedingt beraten lassen – jeder Norweger hat die »Fjellregeln« für Touren im Kopf und die Notfall-Ausrüstung im Rucksack.

Der kunst- und kulturhistorisch Interessierte findet auf dem Weg rund um die Vidda neben typischen Bauernhöfen viele alte Kirchen. Außer der Stabkirche von Heddal gibt es an der Reichsstraße 11 in *Vinje* eine sehenswerte Dorfkirche von 1796. Und seit die Straße über *Røldal* nach Odda ganzjährig befahrbar ist (1968), gehört die um 1200 erbaute Røldal-Stabkirche zu den Höhepunkten der Strecke. Røldal war bis 1835 eine vielbesuchte Wallfahrtskirche, zu deren Messe in der Johannisnacht Pilger aus dem ganzen Umland kamen. Dann konnten die Gläubigen das eindrucksvolle, aus dem 13. Jahrhundert stammende Kruzifix berühren, dem heilbringende Kraft zugeschrieben wurde. Der äußerlich schlichte Langbau mit Umgang und Viereckturm ist innen vollständig ausgemalt, wobei die unteren Wandflächen imitierte Stoffdrapierung, die oberen Rankenmalerei aufweisen. Der Wallfahrtstradition verdankt Røldal eine ungewöhnlich kostbare Ausstattung, die sich heute im Museum in Bergen befindet. Die Kirche wurde 1982 restauriert.

Auch im Norden und Nordosten der Hardangervidda ergänzen Kirchen die Landschaftseindrücke. Von der durch das *Numedal* führenden Reichsstraße 40 erreicht man die schöne *Stabkirche von Uvdal*, die 1992 gründlich restauriert wurde. Sie stammt aus dem 12. Jahrhundert und gehört zu den Bauten, deren Dachkonstruktion auf dem mächtigen Holzpfeiler (»stav«) in der Mitte des Schiffs ruht. Der runenverzierte Stav steht auf einem Sockel und besitzt ein zylindrisches Kapitell. Im 17. Jahrhundert wurde die Kirche mit Blumen und Ranken farbenfroh ausgemalt.

50 Ungezählte, von Berghängen tosend herabstürzende Wasserfälle bieten ein ständig wechselndes faszinierendes Schauspiel. Von mehreren Aussichtspunkten kann man den Vøringsfossen betrachten. Er gilt als Norwegens schönster Foss und stürzt in freiem Fall 182 Meter tief in eine Schlucht.

51 | 52

51 **Straßenbau ist im Land der Fjorde und Berge enorm aufwendig. Immer mehr Fährverbindungen werden durch elegante Brücken ersetzt, Bergstrecken durch bis zu 13 Kilometer lange Tunnel ganzjährig befahrbar. Auch beim Bau von Meerestunneln sind norwegische Ingenieure führend.**

52 **Aquakultur im Hardangerfjord. Der wichtige Exportartikel Lachs stammt kaum noch aus Fängen im offenen Meer oder Wildwasser. Aus vielen Fischern sind Manager von Fischzuchtbetrieben geworden. Mit 100000 Tonnen Zuchtlachs im Wert von fast einer Milliarde DM stellte die Aquakultur 1992 fast ein Drittel des gesamten norwegischen Fischexports.**

Der Hardangerfjord

»Wer ist der schönste Fjord im ganzen Land ?« fragen mit leicht abgewandeltem Märchentext Touristen und Einheimische. Die Wahl fällt wahrlich schwer. Wer auf einer zeitlich limitierten Reise in Norwegen war und Wetterglück hatte, wird den Lorbeerzweig dem Geirangerfjord zuerkennen. Mit seinen senkrecht abstürzenden Felsen, die sich im engen Fjord spiegeln, bietet er ein atemberaubendes Bild, sei es vom Ufer, vom Schiff, aus dem Wasserflugzeug oder vom 1476 Meter hohen Berg Dalsnibba.

Aber dann kommen diejenigen, die Jahr für Jahr den Hardangerfjord besuchen, insbesondere die Norweger. Sie halten ihn für den schönsten. Nur sind sie sich nicht so ganz einig, ob der *Bømlofjord* an der Südwestecke noch dazugehören soll oder nicht. Aber den Reiseveranstaltern ist alles klar: der Hardangerfjord beginnt bei *Kvinnherad* und erstreckt sich in nordöstlicher Richtung bis zum Ort *Eidfjord* am gleichnamigen Fjord. Vom Leuchtfeuer bei Bømlo bis Eidfjord ist der Hardangerfjord 180 Kilometer lang, doch nicht seine Länge zählt, sondern die Schönheit!

Und da hat der Hardangerfjord viel zu bieten. Im Frühjahr begeistert die Obstbaumblüte. Es ist ein fantastischer Anblick, wenn an den Ufergrünstreifen des *Sørfjord* Tausende von Kirsch-, Apfel- und Birnbäumen blühen. Im Herbst leuchten dann rotbäckige Äpfel aus dem Grün der Bäume, glänzen zwischen Himmel und Meer intensiver in einer Landschaft, die knapp nördlich vom 60. Breitengrad – in der Höhe der Südspitze Grönlands – liegt. Der Obstanbau in den geschützten Zonen der inneren Fjordarme geht auf die Mönche im Mittelalter zurück, die in den Klostergärten erste Setzlinge pflanzten und dann auf klostereigenen Ländereien große Obstgärten anlegten.

Speziell auf den zweihundert Höfen des Lyseklosters wurde Pionierarbeit geleistet. Heute wird die Zahl der Obstbäume am nördlichen Sørfjord und am Hardangerfjord auf 280 bis 300000 geschätzt. Ende Juni/Anfang Juli gibt es köstliche Erdbeeren direkt von den Höfen zu kaufen und kurz darauf Johannisbeeren und Kirschen. Die Hanglandschaft wirkt geradezu lieblich und steht in eindrucksvollem Kontrast zu den kargen Höhen der Hardangervidda und den Firnfeldern des *Folgefonngletschers*, der die westlichen Uferhöhen beherrscht.

Natürlich sind Orte wie der Verkehrsknotenpunkt *Kinsarvik*, *Lofthus* oder *Ullensvang* alte Siedlungen und beliebte Ferienorte. Hier besaß schon Edvard Grieg ein Ferienhäuschen. An der Südspitze des Sørfjords liegt *Odda*, das wegen seiner Lage noch immer bezaubert, obwohl es eine Industriestadt geworden ist. Kurz nach 1900 war Odda in Deutschland nahezu der bekannteste norwegische Ort, denn Kaiser Wilhelm II., der ein großer Norwegenfreund war, kam bis zum Ausbruch des Ersten Weltkriegs jedes Jahr mit seiner Yacht hierher.

Südlich von Odda kann man von Buar aus zur Gletscherzunge *Buarbreen* aufsteigen, einer von vielen des Folgefonngletschers, der Höhen bis knapp 1600 Meter erreicht. Nordöstlich von Kinsarvik beginnt der *Eidfjord*, auch er ist genaugenommen nur ein Seitenarm des Hardangerfjords. Der gleichnamige Ort Eidfjord gehört zu den Touristenmagneten. Er bietet, abgesehen von Fjordfahrten und Angelmöglichkeiten, ein vielfältiges Ausflugsangebot. So den zum Simadal und zum berühmten Vøringsfossen, mit einer freien Fallhöhe von 182 Metern. Und von Eidfjord und der nach Geilo weiterführenden Reichsstraße 7 gelangt man wieder auf die Hardangervidda mit ihrem über tausend Kilometer langen Netz markierter Wanderwege.

Norwegens Mitte

Hansestadt Bergen – Norwegens kulturelles Zentrum

Stockfisch und nochmals Stockfisch, Salz und Roggen – das waren die Güter, die in Bergens Hafen angelandet und in den berühmten Speichern zwischengelagert wurden. Stockfische kamen aus dem Norden von den Lofoten, Salz und Roggen aus Lübeck. Schon 1191 bemerkten dänische Pilger: »Stockfisch ist so viel da, daß man ihn weder zählen noch messen kann.« Stockfisch war in den fleischlosen Fastenzeiten des Mittelalters die wichtigste Fastenspeise, leicht transportier- und monatelang haltbar; früh hatten die in der Hanse zusammengeschlossenen Kaufherren Norddeutschlands das lohnende Geschäft erkannt.

1247 erwähnte erstmals ein amtliches Dokument die »Kontorischen«, wie die Norweger die Hansekaufleute nannten. Im Kontor von Bergen hatten sich fast hundert Handelshäuser zusammengetan, ihre Geschäfts-, Wohn- und Vorratshäuser lagen am Kai (Brygge) der Deutschen, daher der heutige Name *Bryggen*, bis zum Zweiten Weltkrieg *Tyske* Bryggen genannt. Mehrfach brannten die schmalbrüstigen Holzhäuser ab, nur wenige geben – zusammen mit dem *Hanseatischen Museum* – heute eine Vorstellung von den Arbeitsbedingungen. Wegen der Feuergefahr blieben die Räume unbeheizt, man stand (wie noch zu Buddenbrooks Zeiten) am Stehpult, der Arbeitstag begann im Morgengrauen. In den Handelshöfen, die eine Stadt innerhalb der Stadt bildeten, lebten zeitweise bis zu zweitausend vorwiegend junge Männer; wer als Kaufmann in den Handelsstädten an Nord- und Ostsee reüssieren wollte, verbrachte seine Lehrjahre in Bergen.

Die Hanse hatte Macht und ließ sie zum Ärger der Einheimischen spüren: mehrfach geriet sie mit dem Rat der Stadt Bergen, mit dem König oder Bischof in Konflikt, dann fielen die Lieferungen an Brotgetreide aus, oder ein Kloster wurde niedergebrannt. Kein Wunder, daß von norwegischer Seite alles getan wurde, um die Handels- und Steuerprivilegien zu beschneiden. Als nach der Reformation zusätzlich die Nachfrage nach Stockfisch nachließ und der Atlantikhandel ganz neue Verkehrsströme brachte, verlor die Hanse an Wirtschaftskraft. Die Kontore in Bergen wurden verkauft, das letzte 1754, als die Hanse nur noch dem Namen nach existierte.

Von der blühenden Städtekultur, welche die Hanse auch bewirkte, kündet in Bergen nur wenig. Die Kaufleute übernahmen die in ihrem Viertel liegende romanische *Marienkirche* und schmückten sie unter anderem mit einem spätgotischen Marienaltar, der wahrscheinlich von einem Meister in Lübeck gearbeitet wurde. 1676 stifteten die Bryggenkaufherrn dann die prächtige Barockkanzel, die als schönste Norwegens gilt. Die außerhalb der Saison (Mitte Mai bis Mitte September) leider nur mittags eine Stunde geöffnete Marienkirche ist die einzige von einem Dutzend romanischer Kirchen in Bergen, die fast unverändert die Jahrhunderte überstand; mit ihren beiden wuchtigen Vierecktürmen setzt sie im Bryggenviertel deutliche Akzente.

Schon die Zahl der Kirchen spricht für die Bedeutung der so anmutig zwischen sieben Hügeln auf der Innenseite des Fjords gelegenen Stadt, die – zum Kummer der Touristen – mit der größten Regenmenge des Landes in der Wetterstatistik steht. Bereits 1070 verlieh König Olav Kyrre der Siedlung Stadtrechte, 1217 verlegte König Håkon Håkonsson seine Residenz vom religiösen Zentrum Trondheim hierher. In strategisch günstiger Lage entstand eine Festung, deren repräsentatives Zentrum die zweitausend Personen Platz bietende *Håkonshalle* wurde. Sie war auch noch Schauplatz

Vorhergehende Abbildung:

53 Den umfassendsten Überblick über Bergen und die es umgebende Fjordregion bietet der 319 Meter hohe Aussichtsberg Fløyen, auf den eine Standseilbahn führt.

54 bis 56 Jung und alt am Hafen in Bergen. Noch will der kleine blauäugige Blondschopf Kapitän werden! Vielleicht aber auch Ingenieur... Die Lebenslinien im Antlitz des alten Kapitäns erzählen von Wind, Wetter und stillem Humor, während die jungen Leute »cool« auf den neuesten Trend der Gegenwart abfahren – schließlich ist Bergen Weltstadt.

54–56

57 | 58

57 In Bergen. Vom neuen Pontoncafé am Hafen Vågen blickt man zum Bryggen genannten Kai mit den denkmalgeschützten Häusern der Hansekaufleute.

58 und 59 Wohngassen und Speicherhäuser im Altstadtviertel Bryggen. Aus Gründen der Brandgefahr blieben sogar die Wohnräume unbeheizt, zum Essen und Gespräch traf man sich in der Schøtstuene, einer gemeinsamen Schankstube.

60 Der in zwei Arme geteilte Låtefossen versetzt alle Fotografen in Begeisterung und Schwierigkeiten. Mit Tausenden im Sonnenlicht funkelnden Wassertröpfchen nebelt sein Sprühregen jeden Näherkommenden ein.

61 Weidenröschen begleiten den Reisenden in der nordischen Landschaft überall. Sie säumen die Wegränder, beleben die Fjordufer und bezaubern durch ihr zartes Rosa, das durch den weißen Haarschopf ihrer flugfähigen Samen gebrochen wird.

prächtiger Feierlichkeiten, als 1299 König Håkon V. Magnusson Oslo zur königlichen Residenz machte. 1944 wurde die Håkonshalle durch die Explosion eines deutschen Munitionsschiffs im Hafen teilweise zerstört, inzwischen ist sie wieder hergestellt und dient als Empfangs- und Festsaal der Stadt. Als Teil der *Festung Bergenhus* wurde bereits im 13. Jahrhundert ein Steinturm errichtet, den 1560–1568 der Lehnsmann des Königs, Erik Rosenkrantz, erneuern und vergrößern ließ (*Rosenkrantzturm*).

Die Festung Bergenhus liegt strategisch günstig am Nordeingang des ausgezeichneten Naturhafens *Vågen* (= Bucht, Hafen). Hier spürt man noch heute den Herzschlag der Stadt. Man trifft sich am Fisch- und Gemüsemarkt, trinkt seinen Kaffee mit Blick zur Bryggen, kann einen Abstecher zur Dom- und Kreuzkirche machen oder bei der Fütterung der Seehunde im Aquarium am Ende der Halbinsel Nordnes zuschauen. Daß die Fische am weltberühmten Fischmarkt besonders teuer sind, ist verständlich – schließlich müssen die Fischhändler nicht nur hohe Standgebühren zahlen, sondern auch täglich als Statisten der Videofilmer und Fotografen dienen.

Die Bürger von Bergen sind besonders stolz auf die kulturelle Tradition ihrer Stadt. 1765 entstand in der Musikgesellschaft Harmonien eine der ältesten Philharmonien der Welt, und 1850 gründete Norwegens Paganini, der Geiger Ole Bull, das erste feste Theaterensemble des Landes. 1885 baute sich Edvard Grieg bei Bergen seine *Villa Troldhaugen*, in deren Gartenhäuschen die wunderbare Violin-Sonate in c-Moll entstand. Für den Kunstsinn der Bürger von Bergen spricht auch, daß 1883 ein Privatmann die zum Abbruch bestimmte Stabkirche von Fortun in Sogn aufkaufte und südlich der Stadt neu aufbauen ließ (*Fantoftkirche*). Der durch Brandstiftung 1992 zerstörte Holzbau wird originalgetreu wieder errichtet und bietet während des Aufbaus interessante Einblicke in die Konstruktion einer Stabkirche, ab 1995 steht sie in »alter« Schönheit den Besuchern offen.

Heute wird die Stadt ihrem Anspruch, heimliche Kulturhauptstadt Norwegens zu sein, durch die *Internationalen Festspielwochen* gerecht, die Ende Mai bis Anfang Juni viele Künstler aus der ganzen Welt anziehen. Von Ende Juni bis Ende August finden zusätzlich jeden Tag Konzerte in Troldhaugen statt, die natürlich den Werken Griegs gewidmet sind. Daß neuerdings auch Gelder durch die nordwestlich von Bergen erschlossenen *Ölfelder* in die Stadt kommen (Zulieferindustrie), erfreut den Kulturbeauftragten und den Stadtkämmerer. Doch allein mit Geld lassen sich die verkehrstechnischen Probleme der 216000-Einwohner-Stadt nicht lösen. Platz ist knapp und sehr teuer, wie jeder Autofahrer weiß, der Maut für die Fahrt in die Innenstadt und Höchstpreise für den Parkplatz bezahlen muß.

Die Bergenbahn – Trolle inbegriffen

Eine Fahrt mit der Bergenbahn und ihren Nebenstrecken Flåm- und Hardangerbahn gehört für viele Reisende zu den großartigsten Eindrücken in Norwegen. Die 470 Kilometer lange *Bergenbahn* ist mehr als eine Schienenverbindung zwischen Oslo und Bergen; sie ist eine ingenieurtechnische Meisterleistung, die sich Jahr für Jahr aufs neue der Macht der Natur stellen muß. Im technischen Schwierigkeitsgrad stellt sie das Gegenstück zur Bagdadbahn dar, die im Südtaurus fast die gleichen Probleme bewältigen mußte: Überwindung tausend Meter hoher Gebirgspässe, enormer Steigungs- und Gefällstrecken, Wechsel zwischen klimatisch milden Zonen in Meereshöhe und schneereichen Hochebenen im Gebirge.

Als 1871 ein in Voss lebender Forst-

meister den Bau einer Eisenbahn über den Nordrand der Hardangervidda nach Bergen vorschlug, hielten ihn fast alle für etwas verrückt. Doch 1875 wurde ein Teilabschnitt genehmigt, und nach jahrelangen finanziellen und technischen Schwierigkeiten konnten 1908 die Festgäste in 21 Stunden von Oslo nach Bergen fahren. Fast 200 Tunnel und Schneeschutzdächer waren nötig, der längste, der »Trollkona-Tunnel«, ist gut acht Kilometer lang; im Winter kämpften und kämpfen die Räumkolonnen auf der 100 Kilometer langen Strecke über das kahle Fjellplateau bei Finse mit meterhohen Schneeverwehungen.

Weniger die abenteuerliche Geschichte als der Wechsel der Landschaft machen die Bahnfahrt zu einem großartigen Erlebnis. Von Oslo kommend steigt die Strecke im grünen *Hallingdal* langsam an, steigt bei *Ustaoset* auf die Hochebene, erreicht den höchsten Punkt bei 1301 Meter über dem Meer. Die Bahn verkauft die Strecke nicht nur als »Trollstrecke«: In *Finse* (1222 m) werden die Reisenden in der Touristen-Saison von einem Ziehharmonika spielenden »Troll« begrüßt. Hier könnte man während einer Fahrtunterbrechung einen Spaziergang zum nahen, noch im Juli mit Eisschollen bedeckten *Finsevatn* unternehmen – der 1860 Meter hohe Hardangerjøkulen, der höchste Gipfel der Hardangervidda, liegt nur zehn Luftlinien-Kilometer entfernt. Inzwischen wurde die Gesamtfahrzeit Oslo–Bergen von einundzwanzig im Jahr 1908 auf sechseinhalb Stunden verkürzt.

Das 900 Meter hoch gelegene *Myrdal* ist Umsteigestation zur fast noch berühmteren »Flåmbahn«, die 1990 ihr fünfzigjähriges Bestehen feierte. Durch viele Tunnel, vorbei an zahlreichen Wasserfällen, geht's in zwanzig Kilometern bergab nach *Flåm*, das am Ende des *Aurlandsfjords* auf Meereshöhe liegt. Beim *Kjosfossen* (Fallhöhe 225 Meter) macht der Zug einen kurzen Fotostop, die Fahrt auf einer Gefällstrecke von bis zu zwanzig Prozent ist sogar bei Regen atemberaubend – zur Beruhigung erfährt man, daß der Zug mit fünf unabhängig voneinander einsetzbaren Bremssystemen ausgerüstet ist. Im Jubiläumsjahr unternahmen 250000 Touristen diese von Reiseunternehmen in Kombination mit Schiffsreisen angebotene Tour, die zu den großen Attraktionen des Fjordlands gehört.

Mindestens ebenso spektakulär ist die zweite Nebenstrecke, die bereits 1935 eröffnete »Hardangerbahn« von *Voss* nach *Granvin* am Hardangerfjord. Von kahlen Höhen, wilder Berglandschaft führt sie zum Fjord, an dessen Ufern im Frühjahr blühende Obstbäume vor der gewaltigen Kulisse des Folgefonngletschers stehen. Auch hier könnte der Landschaftswechsel nicht eindrucksvoller sein.

Der Sognefjord – Fjord der Superlative

Der Fjord, der sich am weitesten (204 Kilometer) in die Bergwelt von Norwegens Mitte eingeschnitten hat, der von 1000 Meter hohen Steilwänden gerahmt wird und unter der Wasseroberfläche Tiefen bis zu 1300 Meter aufweist, dessen Seitenarme von Gletscherzungen des Jostedalsbreen und Jotunheimen gespeist werden, heißt nicht umsonst »König der Fjorde«. Er ist nicht nur Norwegens Fjord der Superlative, sondern der längste Fjord der Welt.

Seine Ufer waren früh besiedelt. In *Vingen* an der Atlantikküste wurden Felszeichnungen aus der jüngeren Steinzeit entdeckt; aus der Völkerwanderungs- und Wikingerzeit stammen Hofanlagen und Grabhügel bei *Balestrand*, deren Grabbeigaben auf Wohlstand schließen lassen. Diese Zeit wird in der um 1300 auf Island schriftlich fixierten Sage vom tapferen und treuen Recken Fridtjof dem Kühnen (den frøkne) lebendig, der erst

62 und 63 Am Naerøyfjord. Blüten und Früchte am 60. Breitengrad (in Höhe des südlichen Alaska) sind immer aufs neue kleine Wunder, die nur durch den küstennahen Golfstrom möglich sind (62). – Noch werden am Fuß der steilen Uferfelsen in Norwegens engstem Fjord die winzigen Almwiesen bewirtschaftet (63).

Folgende Abbildungen:

64 und 65 Herbstfarben im Fjell. Die schönste Zeit im Gebirge ist der Herbst. Dann glühen zwischen blanken Felsen die Blätter der Beerensträucher in Rot, Rostbraun und Gelb, zeigen Heide, Wacholder und Krüppelbirken letztmalig Farbe, und an den Tümpeln leuchten die weißen Samenstände des Wollgrases.

66 Zu den genügsamen Blütenpolstern im Fjell gehört der Rote oder Gegenblättrige Steinbrech, der im Juni blüht.

64–66

67 | 68

nach Jahrzehnten seine Jugendliebe heiraten konnte und schließlich König von Sogn wurde. Der von der anrührenden Geschichte beeindruckte Kaiser Wilhelm II. ließ 1913 die Statue Fridtjofs auf hohem Granitsockel an dessen sagenhaftem Königssitz *Vangsnes* errichten, – mit gutem Gespür für die Landschaft, denn der Fridtjof-Hügel hoch über dem Fähranleger ist einer der schönsten Aussichtspunkte am Sognefjord. Etwas weniger romantisch, dafür realitätsbezogener, erinnert das Wikinger-Zentrum nördlich von Balestrand an die rauhe Wikingerzeit.

Die Christianisierung der Fjordanrainer ging von der Küste aus. Am Anfang des 12. Jahrhunderts wurde auf der kleinen *Insel Selja* am Nordwestrand der heutigen Sogneregion ein Benediktinerkloster gegründet, denn diesen Ort verband die Legende mit der heiligen Sunniva. Die fromme irische Königstochter Sunniva hatte im 10. Jahrhundert ihre Heimat verlassen, um sie vor der Zerstörung durch einen heidnischen Wikingerhäuptling zu bewahren und starb auf Selja als Märtyrerin. Ihre Reliquien wurden vor Ort verehrt, bis sie um 1170 nach Bergen überführt wurden. Bis zu diesem Zeitpunkt war *Selja* Bischofssitz.

Wie stark der Glauben hier Fuß faßte und wie konservativ die Bevölkerung die frühen Stabkirchen bewahrte, zeigt die Tatsache, daß die Provinz Sogn og Fjordane heute mehr *Stabkirchen* besitzt als andere Provinzen. Allein an den Fjordufern stehen vier, unter ihnen die älteste erhaltene Norwegens in *Urnes* am Lustrafjord. Die 1130–1150 errichtete Kirche wurde auf die UNESCO-Liste der erhaltenswerten Kulturdenkmäler gesetzt. Ihr mit Fabeltieren geschmücktes Nordportal stammt, wie einige andere Bauteile, sogar von einem noch älteren Bau.

Noch eindrucksvoller ist die auf einer Anhöhe stehende *Hopperstad-Stabkirche* bei *Vik*, deren prächtige Dachlandschaft durch wild emporzüngelnde Drachenköpfe an den Firstenden belebt wird. Laufgang und Portale sind vom häufigen Teeren geschwärzt (eine alte Konservierungsmaßnahme) und wie das Kircheninnere hervorragend erhalten. Einzigartig ist der geschnitzte und bemalte Altarbaldachin über dem nördlichen Seitenaltar, der mit Büsten von Christus, Maria und dem heiligen Olav verziert ist. Die südliche Säule schmückt ein »Beutestück«, ein wohl aus England importierter Apostelkopf. Wahrscheinlich besaß das Ziborium ursprünglich ein Pendant auf der Südseite, vielleicht war auch der Hauptaltar mit einem Baldachin überhöht. Außer der kleinsten Stabkirche Norwegens in *Undredal* am herrlichen Aurlandsfjord sei noch die berühmteste erwähnt: die *Borgund-Kirche* im Laerdal, die neben der von Heddal als bestbewahrte und schönste Stabkirche überhaupt gilt. Sie wird so stark von Touristen besucht, daß Denkmalschützer über ihre Schließung nachdenken.

Natürlich verdankt der Sognefjord seinen Ruhm nicht vorwiegend den Kulturschätzen, sondern seiner grandiosen Landschaft. Wie hier die verschiedenen Nebenarme in die Felswände des Urgesteins verzahnt sind, von Schneebergen und Gletschern überragt, wie sich kleine Gehöfte auf Almen an die Bergflanken schmiegen oder am Fjordufer größere Siedlungen Platz finden, das ist wahrlich begeisternd. Bei einer Schiffsreise ergeben sich ständig wechselnde, immer aufs neue faszinierende Eindrücke, ob man nun vom *Aurlandsfjord* in die engste Schlucht, den *Naerøyfjord*, einbiegt oder nach dem Laerdals- und Årdalsfjord in den *Lustrafjord* fährt. Hier und vom *Fjaerlandsfjord* aus kann man hautnah erleben, wie die Gletscherzungen des Jostedalsbreen in Bewegung sind und deutlich markierte Spuren ihres Vorrückens und Zurückweichens in verschiedenen Jahr-

67 Die Stabkirche Hopperstad bei Vik steht, von Rotbuchen beschirmt, auf einer kleinen Anhöhe. Viele Außenpartien sind vom Teer geschwärzt, der zum Schutz des Holzes aufgetragen wurde. Prächtig stechen die Drachenköpfe der Firstbalken in den Himmel, als wollten sie schon im Anflug alles Böse vernichten.

68 Portaldetail von der Stabkirche Borgund. Norwegens Priester waren klug genug, die symbolkräftigen alten Fabelwesen nicht zu verbannen, sondern in den Dienst des neuen Gottes zu stellen.

hunderten hinterlassen haben. Daß viele Orte, wie *Balestrand*, *Sogndal* oder *Laerdal*, zu den beliebtesten Ferienorten Norwegens zählen, ist bei der Vielfalt an Ausflugsmöglichkeiten kein Wunder. Doch neben Tourismus, Agrar- und Fischereiwesen sorgen auch Industriebetriebe für Arbeitsplätze, so die Aluminiumwerke des Norsk-Hydro-Konzerns. Selbstverständlich wird auch am Sognefjord Wasserkraft zur Stromgewinnung genutzt, so bei Vangen/Aurland und im Aurlandsdal, wo fast zwei Drittel des in Oslo verbrauchten elektrischen Stroms produziert werden. Doch wer auf dem langen Sognefjord mit dem Schiff unterwegs ist oder die Straße an der Nordküste mit dem Auto entlangfährt, sieht kaum Industriebauten: zu überwältigend sind die Blicke über den von Schneebergen gesäumten Fjord.

Europas größter Gletscher – der Jostedalsbreen

Nördlich des inneren Sognefjords und seiner Nebenarme erheben sich zwei gewaltige Gebirgsformationen. Über dem Fjaerlandsfjord steigt der größte Gletscher Festland-Europas, der Jostedalsbreen, auf; weiter im Osten liegt die Gebirgsformation Jotunheimen.

Der *Jostedalsgletscher* besitzt maximale Eisdecken von 500 Meter Höhe, seine Ausdehnung von rund 1000 Quadratkilometern (inklusive der angrenzenden Firnfelder) ist – nach dem Vatnajøkul auf Island – die größte Plateauvergletscherung Europas. Für Laien überraschend ist, daß seine Eismassen nicht die Überreste erdgeschichtlich früher Eiszeiten sind, sondern erst im Zuge einer Klimaverschlechterung um 500 vor Christus entstanden. Seine jüngere Geschichte, sein Vor- und Zurückweichen in den letzten 250 Jahren läßt sich vor Ort an den Gletscherzungen, den von ihnen gebildeten Moränen und Seen beobachten. Großartige Informationen bieten auch die beiden *Gletscher-Museen* bei *Fjaerland* und beim *Nigardsgletscher*. Vor allem im Bremuseum bei Fjaerland werden Gletschergeschichte und -struktur anschaulich und für Laien verständlich erklärt, der Panoramafilm zeigt eine Gletscherüberquerung aus der Vogelschau mit atemberaubenden Einblicken in Gletscherspalten und die blauschimmernde Vielfalt der Eiskristallformen.

Den fast 100 Kilometer langen, in Nord-Süd-Richtung liegenden Jostedalsbreen kann man per Auto umrunden, wenn von Juni bis September die Paßstraßen geöffnet sind. Die bekannteste Straße (Nr. 55) zwischen Lom und Sogndal führt über das Sognefjell und trennt das »Heim der Riesen«, Jotunheimen, von der Ostflanke des Plateaugletschers. Diese Strecke ist schon deshalb enorm eindrucksvoll, weil sie streckenweise noch im Juli und August von meterhohen Schneewänden flankiert wird und Berggipfel, Schnee- und Firnflächen den Horizont begrenzen. Die Paßhöhe liegt 1440 Meter über dem Meer. Im *Sognefjell* können Skibegeisterte in der Sommersonne langlaufen oder geführte Ski- und Gletschertouren unternehmen. Bei *Skjolden* stößt die Straße an das Nordende des *Lustrafjords*, den grandiosen Seitenarm des Sognefjords, und läuft an dessen Westufer über Gaupne nach Sogndal.

Der schönste Abstecher von dieser Route beginnt bei Gaupne und führt ins *Jostedalen*. Zuerst kann man in *Gaupne* die im 17. Jahrhundert erbaute Gamle Kirke mit ihrer hübschen Rankenmalerei besichtigen. Dann geht's im Tal des *Jostedalselv* flußaufwärts. Der eiskalte, milchiggrüne Fluß wird von zwei Gletscherzungen gespeist, dem steil abfallenden *Bersetbreen* und dem *Nigardsbreen*, auf dessen Gletschersee man spazierenfahren kann. Noch vor Erreichen des Sees zeigen Endmoränen, wie weit der Gletscher

69 und 70 Am Briksdalsbreen. Die Wanderung zur berühmten Gletscherzunge ist bei sonnigem Wetter unvergeßlich. Das schmale Hochtal wird im Westen von markanten Bergen umrahmt, die über dem Gletschersee ein Bild grandioser Geschlossenheit bilden (69). – »Unheimlich« schön wirkt das Spiegelbild des Gletscherbruchs im ruhigen Gletschersee. Die Gletscherspalten sind bis zu vierzig Meter tief. Ihre Blaufärbung entsteht, weil das Eis langwellige Lichtanteile abfiltert und nur die kurzwelligen Blautöne durchläßt (70).

69 | 70

71 **Von Oktober bis Anfang Juni sind die Paßstraßen im Fjell gesperrt. Passionierte Autofahrer genießen die Fahrten über die Bergstraßen in der ersten Junihälfte vor der Hauptsaison: meterhohe Schneewände links und rechts, prächtige Haarnadelkurven und fast leere Straßen! Und unten am Fjord: blühende Wiesen und Bäume.**

im 18. Jahrhundert vorgedrungen war. Geführte Touren bringen den Wanderer mitten in die ungeheuerliche, fantastisch formenreiche Eiswelt. Das Gebiet ist seit 1985 Naturschutzgebiet (Jostedalsbreen-Nationalpark).

Im Süden des Jostedalsbreen zieht die Reichsstraße 5 in zwei Tunnels unter dem Gletscher hindurch. Noch vor dem östlichen Tunnel sind zwei Gletscherzungen gut erreichbar, der *Suphellebreen* über eine fünf Kilometer lange Stichstraße, der *Bøyabreen* endet direkt oberhalb der Hauptstraße. Dann sollte man in *Skei* eine Pause einlegen, denn der langgestreckte, fischreiche Jølstravatn wirkt so idyllisch, daß man ihn kaum in der Nähe des mächtigen Gletschers vermuten würde. Über *Byrkjelo* gelangt man zum *Utvikfjell*, das einen großartigen Blick auf den *Nordfjord* bietet. Von hier ist es nicht mehr weit bis *Olden* am inneren Nordfjord, dem *Innvikfjord*, wo die Nebenstraße ins Oldendal beginnt. Sie führt am See entlang in gut zwanzig Kilometern zum Parkplatz unterhalb vom grandiosen *Briksdalsbreen*, der berühmtesten von rund zwei Dutzend Gletscherzungen des Jostedalsgletschers.

Schon vier Kilometer vor dem Straßenende liegt ein Gutshof, der Kutschenfahrten zum Gletscher anbietet, doch auch am Parkplatz kann man Kutschen mieten. Sie werden von Fjordingen, den genügsamen (und hübschen) Fjordpferden gezogen, die am Innvikfjord gezüchtet werden und bis zur Traktorzeit die treuesten Helfer bei der Feldarbeit waren. Wanderer legen den Weg hinauf zum Gletscher in einer Stunde zurück. Man überquert mehrfach den auf allen Werbeplakaten abgebildeten *Briksdalswasserfall*, hört sein Tosen und wird von der Gischt besprüht. Und oft weiß man nicht, ob man nach vorn oder zurückschauend die gewaltigeren Bergblicke hat. Denn das Tal wird von steilen, ungewöhnlich markanten, firnüberglänzten Bergen umrahmt, Wasserfälle stürzen herab und der Talboden ist waldgrün: Birken, Ebereschen, Hainbuchen, Ahorn, wilde Himbeeren wachsen zwischen Felsblöcken, die in früheren Zeiten vom Gletscher antransportiert wurden. Sogar dicht am kleinen See, der das Gletscherwasser auffängt, leuchtet das helle Grün der Birken.

Bei der Weiterfahrt von Olden erreicht man in *Stryn* die Reichsstraße 15, die am bergumkränzten *Strynsvatn* entlang nach Norden zieht. Zwölf Kilometer nördlich von Hjelle gilt es, sich zu entscheiden: man kann nach Osten abbiegend die Nordspitze des Folgefonnbreen umrunden oder weiter nach Norden fahren, wo der zu Recht gepriesene Geirangerfjord das lohnendste Ziel ist. Diese Route ist durch lange Tunnelstrecken leicht zu befahren.

Wählt man dagegen die Straße 258, den *Strynefjellvei*, so muß man noch Anfang Juni auf engen, nicht asphaltierten Kehren zwischen vier bis fünf Meter hohen Schneewänden zum Sommer-Skizentrum *Tystigbreen* hochkurven. Da kann es passieren, daß gerade eine ganze Sippe von feldmausgroßen Berglemmingen die Straße als Wanderpfad nutzt oder Radfahrer in rasender Fahrt um die Kurven brausen – nichts für besorgte, nervenschwache Fahrer. Durch die öde, aber eindrucksvolle Steinwüste am Sommerskizentrum gelangt man nach Grotli und auf die Nordseite von »Norwegens Dach«, ins *Ottadal*. Hier steht in *Lom* die Maria und Johannes dem Täufer geweihte Stabkirche aus dem 12. Jahrhundert. Der kreuzförmige Grundriß weist auf eine spätere Erweiterung nach der Pestzeit hin, damals wurde auch der dunkle Innenraum durch Fenster erhellt. Schnitzornamentik, Firstschmuck und der von zwanzig Masten dominierte Innenraum reihen die Stabkirche in die schönsten Norwegens ein.

Norwegens höchste Berge – Nationalpark Jotunheimen

Aus harten Tiefengesteinen, die vor 400 Millionen Jahren an ihren heutigen Platz geschoben wurden, ist Norwegens »Riesenheim« aufgebaut, das mit seinem Namen an die Frostriesen der »Edda« erinnert. Zwanzig Gipfel des Hochfjells ragen über 2300 Meter auf, die höchsten Berge liegen mit 2470 Metern (*Glittertind*) und 2469 Metern (*Galdhøpiggen*) fast gleichauf. Die Talzüge der Fjellregion sind von Seen mit den durch Gletschererosion verursachten großen Tiefen ausgefüllt. Bis in Höhen von 1100 Metern wächst hier Nadelwald, der Fjellbirkengürtel erreicht sogar 1200 Meter – in Jotunheimen werden die höchsten Waldgrenzen Nordeuropas erreicht. Dennoch dominieren kahle weite Flächen mit Fjellheiden und Mooren, die nur im Herbst – wie auf der Hardangervidda – kurze Zeit ihren ernsten, fast schwermütigen Charakter durch ein farbenprächtiges Vegetationskleid verlieren.

Die wilde, urtümliche Bergwelt von Jotunheimen war in vergangenen Jahrhunderten unter günstigeren Klimabedingungen Lebensraum für Bauern und ihre Viehherden. Im 19. Jahrhundert wurde Jotunheimen dann von Städtern als Berg- und Skiwandergebiet entdeckt. Auch Dichter ließen sich von Norwegens gewaltigstem Hochfjell inspirieren. So beginnt das erfolgreichste Werk Ibsens, »Peer Gynt«, mit Peers fantastischer Behauptung, er sei auf einem Renbock über den *Beseggenberg* auf Jotunheimen geritten. Insgesamt umfaßt die Bergregion ungefähr 3500 Quadratkilometer, von denen 1980 knapp die Hälfte (1140 Quadratkilometer) im zentralen Bereich als Nationalpark ausgewiesen wurden.

Heute ist Jotunheimen nicht nur ein beliebtes Feriengebiet der Norweger mit mehreren bekannten Hochfjellhotels, sondern zugleich das Ziel von Tagestouristen. Jeepausflüge führen von Oppland zum Gebiet des Galdhøpiggen, Bustouren zum Bygdinsee. Im Süden Jotunheimens wurde das für seine Ursprünglichkeit bekannte Gebiet um den Utlafluß unter Landschaftsschutz gestellt. Hier im *Utladal* befindet sich der *Vettisfossen*, der als einer der wenigen Wasserfälle Norwegens noch nicht zur Energiegewinnung genutzt wird. Seine freie Fallhöhe von 275 Metern beeindruckt auch dann, wenn er nicht, wie angepriesen, der »höchste Wasserfall Nordeuropas« sein sollte. Pferdekutschen bringen die Naturfreunde von Øvre Årdal durch das von Berggipfeln überragte grüne Utladal zum Hof Vetti Gård, von wo sie nach kurzer Wanderung den Foss erreichen. Wer sich von hier oder einem der Hochfjellhotels auf Jotunheimen zu einer längeren Bergtour aufmacht, wird in dem weiten Hochfjell die ersehnte Bergeinsamkeit erleben, die höchstens durch Elche, Rentiere oder einen am Himmel kreisenden Rauhfußbussard gestört wird.

Traditionsreiches Gudbrandsdal – Bauernsiedlungen und die Olympiastadt Lillehammer

»Königsweg« – so nannten die Norweger den Weg durchs Gudbrandsdal über das Dovrefjell nach Trondheim. Denn im Dom von Trondheim wurden im Mittelalter die Könige gekrönt. Der Königsweg war gleichzeitig die Pilgerstraße des Mittelalters, auf der in Scharen die heilsuchenden Menschen nach Norden zogen. Im Trondheimer Dom befand sich das Grab des heiligen Olav, geschahen immer wieder Wunder; wer nicht nach Rom reisen konnte, suchte hier Hilfe und Erlösung.

Doch zweifellos war der durchs Landesinnere führende »Weg nach Norden«, dem Norwegen seinen Namen verdankt, schon vor der Königs- und Pilgerzeit eine wichtige Route, auf der Jäger und Noma-

72 Kleiner Waldsee beim Rondane-Nationalpark. Wer an einem solchen See einen Nachmittag verträumt, glaubt den Märchenerzählern, die hier Berggeister und Trolle sahen.

73 Mißtrauisch aber tapfer beäugt die Elchkuh, die Königin der Wälder, den Fotografen, während ihr Junges seinen Durst stillt. Der majestätische Elch sucht außerhalb der Freigehege beim geringsten Geräusch Deckung.

74 | 75

74 bis 77 Bilder von der Winterolympiade 1994 in Lillehammer:
Beim Zieleinlauf im Langlaufstadion (74) und bei der Meßstation der Zwischenzeit (75) wurden die Langläufer aller Nationen von vielen tausend sachkundigen Zuschauern begeistert empfangen und angefeuert. Die Eröffnungsfeier wurde weltweit übertragen und machte Lillehammer einem Millionenpublikum bekannt (76). Dagegen war der abendliche Bummel in der kleinen Fußgängerzone ein Ereignis, das durch die Liebenswürdigkeit der Gastgeber in Erinnerung bleibt (77).

BONNA
MADSHUS
MADSHUS

den der Frühzeit wanderten. Bis heute ist sie – als Teil der Europastraße 6 – die wichtigste Alternative zum Seeweg.

Das *Gudbrandsdal* soll nach einem alten Herrscher- oder Häuptlingsgeschlecht Gudbrand benannt sein; jedenfalls trägt es nicht, wie die meisten Täler, den Namen des Flusses, der das Tal durchzieht (er heißt Lågen). Ursprünglich wurden mehrere Täler unter dem Namen Gudbrandsdalir zusammengefaßt, zu ihnen gehörten auch das *Ottatal* mit den Kirchorten Vågå und Lom, die Nebentäler der *Sjoa* und *Vinstra* sowie im Süden das *Espe-* und das *Gausdal*. Geographen unterscheiden im zweihundert Kilometer langen Talzug das »obere« und »untere« Gudbrandsdal und legen die Grenzen im Norden an den *Lesjaskogsvatn*, im Süden an den Nordrand des *Mjøsasees* bei Lillehammer. Doch Werbeleute haben sich für die Region einen viel schöneren Namen einfallen lassen: sie beschwören Norwegens Märchen mit der Bezeichnung »Troll Park«.

Denn im Gudbrandsdal, das wegen seiner stolzen Bauernkultur auch als »Tal der Täler« gepriesen wird, spielen Märchen und Sagen, verbergen sich Trolle in Wald und Fjell. Und die Dichter Bjørnson, Ibsen und Undset fanden hier Vorbilder und Schauplätze für ihre Helden. So verarbeitete Ibsen im »Peer Gynt« die Geschichte vom unruhigen Fantasten und Träumer, der auf der Suche nach seinem wahren Selbst das Glück verpaßt – ähnlich wie Goethes »Faust«. Ibsen fand sein Vorbild in Per på Hågå, der bei *Vinstra* im nördlichen Gudbrandsdal wohnte. Natürlich gibt es nach dem Welterfolg des von Grieg vertonten Dramas außer dem Peer-Gynt-Hof bei Vinstra einen Peer-Gynt-Weg und allerhand Andenken namens Peer Gynt. Auch Sigrid Undset machte das Gudbrandsdal zum Schauplatz mehrerer Romane.

Das ganz am Anfang des unteren Gudbrandsdals gelegene *Lillehammer* muß schon im Mittelalter ein Handelsplatz gewesen sein, denn bereits im Jahr 1205 wird ein »Litlikaupangr« erwähnt. Doch der heutige Name Litli Hamar bildete sich zur Unterscheidung vom größeren Bischofssitz Hamar am Mjøsavatn. Lillehammer weist als einzige Stadt der Welt einen Skifahrer im Stadtwappen auf. Er erinnert an die »Birkebeiner«, die 1206 den jungen König Håkon in Sicherheit brachten und eine Fußbekleidung aus Birkenrinden trugen.

Wegen der günstigen Lage war Lillehammer als Verwaltungssitz von Oppland längst ein bekannter Wintersportort mit Sprungschanze und mehreren hundert Kilometern (beleuchteten) Langlaufloipen, als im September 1988 das Olympische Komitee die Ausrichtung der Spiele 1994 in die 23000 Einwohner zählende Stadt vergab. Die norwegische Regierung beschloß, die Winterspiele mit dem enormen Bedarf an Hotels, Sportler-Unterkünften und Wettkampfstätten möglichst umweltverträglich und landschaftsschonend durchzuführen. So wurden nicht nur einige Wettbewerbe in Nachbargemeinden verlegt, eine riesige Halle in den Fels gesprengt (in Gjøvik), sondern mehrere Hotels und das olympische Dorf so errichtet, daß sie nach Beendigung der Spiele abgebaut und an anderer Stelle wieder aufgebaut werden konnten. Das fantastische Wetter: strahlender Sonnenschein, klirrende Kälte und die Begeisterung der zu Hunderttausenden angereisten Norweger zeigte die bis dahin weltweit unbekannte Stadt im Gudbrandsdal als idealen, unvergeßlichen Wettkampfort des olympischen Wintersports.

Lillehammers kleine *Fußgängerzone* war im Februar 1994 abendlicher Treffpunkt der Sportler und Gäste, doch die Stadt hatte im neu errichteten *Kunsthaus* am Stortorget, dem großen Markt, auch die Ausstellung »Winterbilder« zu Gast,

78 Lillehammer. Das Museumsdorf auf dem Maihügel (Maihaugen) über dem Mjøsasee gehört zu den größten Freilichtmuseen Europas. Der aus dem oberen Gudbrandsdal stammende Bjørnstadhof umfaßte 27 Einzelhäuser, die originalgetreu wieder aufgestellt wurden.

79 Wer zur rechten Zeit kommt, kann in Maihaugen der Spinnerin bei der Arbeit in der großen Stube zuschauen. Die Höfe waren autark, alle handwerklichen Arbeiten wurden von Familienmitgliedern, Knechten und Mägden ausgeführt.

die zuvor in mehreren früheren Olympiastädten der Welt für norwegische Malerei geworben hatte. Heute befindet sich hier die drittgrößte Gemäldesammlung Norwegens, deren Schwerpunkt die norwegische Malerei seit 1820 ist. Die alte Kultur des Gudbrandsdals stellt dagegen das großartige *Freilichtmuseum Maihaugen* vor. Die Sammlung geht auf die Initiative des Zahnarztes Sandvig zurück, der sich im 19. Jahrhundert altes Bauerngerät, ja ganze zum Abriß bestimmte Häuser als »Honorar« für seine Tätigkeit erbat. Mit 30000 Gegenständen und 150 Gebäuden gehört die Sammlung heute im Bereich bäuerlicher Kultur zu den umfangreichsten und eindrucksvollsten Europas. Das älteste Bauwerk ist die *Garmo-Stabkirche von Lom* aus dem 12. Jahrhundert, die größte Anlage der *Großhof Björnstad* mit 27 Einzelhäusern. Der Hof wurde so aufgebaut, wie er im 18. Jahrhundert aussah. Nicht nur der Häuserabstand, auch die Lage wurde wie beim ursprünglichen Standort Lalm in Vågå gewählt. Im Sommer werden in verschiedenen alten Werkstätten Maihaugens mehr als zwei Dutzend Handwerker bei der Arbeit gezeigt, und auf dem *Hof Øygarden* werkelt eine Familie wie zu Großmutters Zeiten bei der Haus- und Feldarbeit.

Ob allerdings der für die Olympiade erbaute *Maihaug-Salen* mit 730 Sitzplätzen und modernster Ton- und Bühnentechnik häufig gebraucht wird, muß die Zukunft erweisen. Zur Zeit herrscht nach Beendigung der Olympiade Stille in allen Großbauten, das gilt für das neue Zentrum in Maihaugen ebenso wie für die zehntausend Zuschauern Platz bietende *Håkonshalle*. Diese wurde bewußt als Mehrzweckhalle konzipiert und kann für Großveranstaltungen wie Rockkonzerte ebenso genutzt werden wie für verschiedenste Sportarten (Handball, Tennis, Squash und Freeclimbing). Die *beiden Skisprungschanzen*, deren gemeinsame Arena Schauplatz der Eröffnungs- und Schlußfeiern war, sind ganz sicher noch oft Austragungsort von Wettbewerben. Weithin sichtbar über der Stadt erinnern sie zu jeder Zeit die Autofahrer auf der Europastraße 6 an das großartige Winter-Festival.

Die talaufwärts liegenden Orte waren durch die Dovrebahn bereits im vorigen Jahrhundert von Oslo aus leicht erreichbar und sind bis heute beliebte Sommer- und Winterferienorte. Ursprünglich waren sie für ihre ertragreiche Landwirtschaft und Pferdezucht berühmt. Der bemerkenswerteste Bau im unteren Tal ist die Stabkirche von *Ringebu* auf dem Hochufer des Lågen. Sie stammt aus der Mitte des 13. Jahrhunderts und ist bereits der dritte Bau an diesem Platz, ganz in der Nähe befinden sich mehrere Tumuli aus der Wikingerzeit. Die Historiker vermuten, daß die erste Kirche hier kurz nach der Christianisierung des Gudbrandsdals durch König Olav 1021 erbaut wurde. Die Ringebukirche gehört zu den größten Stabkirchen Norwegens, wirkt allerdings nach mehreren Umbauten von außen etwas unproportioniert. Innen tragen zehn schlanke, farbig gefaßte Holzmasten das Holzdach, der Raum ist stimmungsvoll, obwohl später eingebaute Fenster den ursprünglichen Raumeindruck verändern. Der schöne, farbig gefaßte Altar stammt von 1686; viel älter, von 1250, ist die Holzstatue des heiligen Lorenz am Choreingang.

Nördlich von *Harpefoss* beginnt das *obere Gudbrandsdal*, das stärker durch Talengen und -ausweitungen zergliedert wird. Hier gibt es mehrere unter Denkmalschutz stehende Hofstellen, allein zwanzig im *Kirchort Heidal*. Zu den traditionsreichsten gehört das seit 25 Generationen in Familienbesitz befindliche *Gehöft Bjølstad* mit einem Stabbur von 1531 und der »Gamlestua« von 1743. Die Bjølstad-Kapelle stammt aus der Zeit um

80 Romsdalshorn bei Åndalsnes. Das von der Rauma durchflossene Romsdal gehört zu den Höhepunkten jeder Norwegenreise. Schon im 18. Jahrhundert kamen Angehörige des englischen Adels hierher und machten die wilde Schönheit der Berge berühmt. Beim nahen Fjellsportsenter kann man Kletterkurse, Gipfelbesteigungen und Gletscherwanderungen buchen.

81 | 82

1600, während die Heidal-Kirche eine originalgetreue Kopie der alten Kirche von 1752 ist.

Bei *Dombås* zweigt die Straße nach Norden zum herrlichen Dovrefjell-Nationalpark ab, während die Reichsstraße 9 am *Lesjakogsee* vorbei über den Touristenort Åndalsnes nach Ålesund zieht.

Romsdal – Markante Felsberge und der Geirangerfjord

Westlich vom Lesjakogsvatn liegt die Wasserscheide, die das obere Gudbrandsdal vom *Romsdal* trennt, das einem ganzen Bezirk den Namen lieh. Durch eine herrliche Berglandschaft fließt die Rauma westwärts zum Romsdalsfjord. Das kleine *Åndalsnes* an der Ostecke des Fjords hat außer dieser grandiosen Umgebung nichts zu bieten, aber diese sorgt dafür, daß hier die Fremdenbetten immer belegt sind.

Der Bezirk Romsdal besitzt breite, anbaugünstige Talböden, über denen steile Felswände mit markanten Gipfeln aufragen. Zu ihnen gehören das imponierende, über 1550 Meter hohe *Romsdalshorn* und die bizarren Felsformationen der *Trolltindane* südlich von Åndalsnes. Ihre bis 1800 Meter aufragenden, spitzzackigen Gipfel wurden nie von Gletschern abgehobelt; der Straßenbau durch das Isterdal am Fuß der Felsen gehörte zu den schwierigsten Aufgaben der Ingenieure. Mehr als zwanzig Jahre brauchten sie, um die elf Serpentinen des berühmten *Trollstigsveien* zu bauen, der mit Steigungen von zwölf Prozent 850 Höhenmeter auf wenigen Kilometern überwindet.

Daß diese Straße Nr. 63 zu den meistbefahrenen Norwegens gehört, versteht sich fast von selbst. Denn wer wollte nicht den in jedem Buch abgebildeten *Geirangerfjord* besuchen! Seinem besonderen Zauber ist bisher noch jeder Besucher verfallen. Fast senkrecht aufragende Felsen verbergen seine S-Form und vermitteln den Eindruck von intimer Geschlossenheit, ja Einsamkeit und Stille. Es gibt viele Möglichkeiten, seine Schönheit kennenzulernen. Man kann eine Bootsfahrt zu den *»Sieben Schwestern«* und dem *»Brautschleier«* unternehmen, welche nach den vielen gewaltig donnernden Wasserfällen eher sanft und zierlich wirken – vielleicht verdanken sie diesem Umstand ihre femininen Namen. Man kann von der »Adlerstraße« auf den Fjord schauen oder über den Aussichtspunkt Flydalsjuvet mit Bus oder Auto in vielen Spitzkehren auf den 1476 Meter hohen Aussichtsberg *Dalsnibba* fahren. Schließlich gibt es noch Wasserflugzeuge, mit denen sich die Welt des Fjords aus der Vogelperspektive erschließen läßt.

Am billigsten und stimmungsvollsten ist die einstündige Fahrt über den ganzen Fjord mit dem Fährschiff nach Hellesylt. Dann hört man außer den fantasiereichen Erläuterungen zu den Wasserfällen auch etwas über die Geschichte der Almbauern, welche auf den steilen Uferhängen ihre Kleinkinder anseilen mußten, damit sie nicht in den Abgrund stürzten. Der letzte Bauer verließ seinen Hof erst 1961. Und wenn es regnet und die Konturen der Berge kaum zu erkennen sind, weiß man wenigstens, daß man nicht allein enttäuscht ist: die Durchsagen erfolgen in Norwegisch, Dänisch, Englisch, Französisch, Deutsch, Italienisch und Japanisch...

Ålesund – Der Jugendstil kam bis Ålesund

Davon träumten die Künstler des Jugendstils: eine Stadt ganz aus einem Guß! Nicht nur die Fassaden einzelner Häuser, sondern ganze Haus-Ensembles im neuen, pflanzenhaft bewegten Stil gestalten! Endlich weg von der zum Überdruß geübten Imitation historischer Vorbilder! Der neue Stil – Art Nouveau – sollte alle Lebensbereiche erfassen: Häuser, Möbel,

81 Wer von Lom über Grotli zum Geirangerfjord fährt, passiert westlich von Grotli eine Landschaft von schwermütiger Kargheit. Bis in den Juni sind die Höhen am Breidalsvatn schneebedeckt. Nicht weit von hier liegt Norwegens bekanntestes Sommerskizentrum Tystigbreen.

82 Der Trollstigveien ist mit seinen elf gut ausgebauten Haarnadelkurven sicher die meist befahrene Bergstraße Norwegens. Auf halbem Weg führt eine Brücke über den Stigfossen, dessen Fallhöhe von 180 Metern den urtümlichen Charakter der Bergstrecke steigert.

Lampen, Porzellan, Gläser, Bücher, alles! So umfassend und einheitlich gelang die Neugestaltung in Ålesund nicht, aber immerhin entsprachen die Fassaden ganzer Häusergruppen dem neuen Geschmack.

Der Anlaß für diese einzigartige Chance war schrecklich: 1904 verheerte ein gewaltiges Feuer die gesamte Innenstadt. Es war eine der zahlreichen Brandkatastrophen, die seit dem Mittelalter immer wieder die vorwiegend aus Holz erbauten Städte Norwegens heimsuchten. Doch hier wurde sie erstmalig umfassend und detailliert dokumentiert. Auf dem Stadthügel Aksla standen Fotografen und bannten die von Januarstürmen ständig neu entfachten Brände auf die Platten ihrer Kameras. Die Bilder brennender und zerstörter Wohn- und Lagerhäuser gingen um die Welt, Zeitungen druckten Zahlen: über 800 Häuser zerstört, mehr als 10000 Menschen obdachlos! Unter denen, die rasch und großzügig Hilfe leisteten, war der deutsche Kaiser Wilhelm II., er schickte vier Schiffe mit Lebensmitteln, Kleidung und Baumaterial.

Nach der Erstversorgung stimmten alle Bürger von Ålesund dem Plan zu, die Häuser nun nicht mehr in Holz, sondern in Stein zu errichten. Doch keineswegs alle waren von der Idee begeistert, die Stadt durch junge Architekten weitgehend einheitlich aufbauen zu lassen. Denn diese Architekten hatten im Ausland den von England inaugurierten neuen Stil kennengelernt, der in Deutschland durch die Zeitschrift »Jugend« bekannt wurde. Doch die Chance war einmalig: Hatte die Holzarchitektur bisher Stile wie zum Beispiel den Barock nur in beschränktem Maß zugelassen, so konnte die Steinarchitektur nun »aufs Ganze« gehen. Heute kommen Besucher aus aller Welt, um die »Jugendstilstadt Ålesund« anzusehen. Sie wandern durch die *Kongens-*, *Apoteker-*, *Løvenvold-* und *Kirkegata*, den Blick auf geschwungene Giebel, runde Türmchen, rankenüberwucherte Erker, auf Schmuckfriese aus Medusenmasken und rotbäckigen Äpfeln gerichtet und staunen, denn nirgends gibt es so viele Jugendstilfassaden wie hier.

Vergebens wird man jedoch nach Möbeln von Gaillard oder Vasen von Gallé suchen, denn Ålesund war immer ein Seehafen, der von Schiffsbau, Schiffsausrüstung, vom Fischfang und Fischhandel lebte. Seit dem 18. Jahrhundert war Klippfisch der wichtigste Exportartikel: an der Luft getrocknete, eingesalzene und in charakteristische Dreieckform gepreßte Dorschfilets. Im *Stadtmuseum*, aber auch im liebevoll eingerichteten *Bryggenhotel*, einem ehemaligen Lagerhaus (sjøbuer), kann man die alten Versandstempel sehen, auf denen als Zielhafen Valparaiso, Havanna und Madrid stehen. Am Hafen *Brosundet* – eigentlich einem Kanal – erinnern die Denkmäler »Fischerjunge« und »Fischhändlerin« an diese Zeit.

Die Details der Häuser lassen sich auf einem Stadtbummel entdecken, den großen Überblick vermittelt dagegen der steil über Ålesund aufragende *Felshügel Aksla.* 418 Stufen führen vom Stadtpark aus hinauf, weit kräftesparender ist die gut ausgeschilderte (»Fjellstua«) Serpentinenstraße zu diesem idealen natürlichen Aussichtspunkt.

Bergbaustadt Røros – Auf der UNESCO-Liste der Kulturdenkmäler

Røros feierte 1994 das 350jährige Jubiläum seiner ältesten Grube. Einziger Wermutstropfen im Festumtrunk: die Grube ist seit Jahren geschlossen. Seit die Røros-Kupferwerk-Gesellschaft 1977 in Konkurs ging, sind die letzten Bergwerker im Ruhestand, arbeiten die Schmelzhütten nicht mehr. Trübsal wird dennoch nicht in Røros geblasen, denn der Ort ist die *besterhaltene Bergbaustadt Nordeuropas,* und die neue Freizeitgesellschaft in-

83 Bei jedem Wetter ist der Geirangerfjord ein Touristenmagnet. Viele Geschichten ranken sich um seine Anrainer und Naturerscheinungen. So erzählt man vom harten Leben der Almbewohner, von Trollen und der Entstehung der Wasserfälle (im Bild die »Sieben Schwestern«).

Folgende Abbildung:

84 Die Jugendstilstadt Ålesund erstreckt sich über drei Inseln und präsentiert sich vom Stadthügel Aksla aus am schönsten. Der von typischen Jugendstilhäusern gesäumte Hafen (Bildmitte) bleibt heute Fischerbooten und Yachten vorbehalten.

SCANDIC HOTEL
RICA
PARKEN HOTEL

Røros Gave- og
Blomsterforretning
Fjellpryd
LYSGAARD
KERAMIKK

85 | 86

85 **Die 1644 gegründete Bergbaustadt Røros steht auf der UNESCO-Liste der erhaltenswerten Kulturdenkmäler. Im Viertel der Bergleute gruppieren sich alte Holzhäuser um die aus Stein erbaute Kirche. Hammer und Schlegel am Turm künden vom Selbstbewußtsein der teilweise aus Deutschland und Schweden zugezogenen bergmännischen Fachleute.**

86 **Auch die ärmlichen Blockhütten der einfachen Kumpel am Rand der Schlackenhalden stehen unter Denkmalschutz und regen viele Besucher zum Nachdenken an.**

teressiert sich für Arbeits- und Wohnbedingungen vergangener Zeiten. Nun fahren anstelle der Hauer und Knappen Touristen in die Olavsgrube, staunen über die ärmlichen Arbeiterhütten am Fuß der Schlackenhalden, schlendern Fremde durch die *Bergmanns-* und *Kjerkgata* mit den schlichten Holzhäusern.

Die ersten Gruben- und Hüttenarbeiter waren Bauernsöhne aus Trøndelag, sie betrieben als Nebenerwerb noch etwas Landwirtschaft. Die Schichtmeister und »gelernten« Bergleute kamen von weither, einige aus Schweden, viele aus Sachsen. So gibt es bis heute Familiennamen deutscher Herkunft in Røros, auch manche Bezeichnungen der Fachsprache stammen aus dem Deutschen. Am härtesten war das Leben für die einfachen Gruben- und Hüttenarbeiter, die weder Haus noch Land besaßen. Sie mußten einen Teil ihres geringen Verdienstes für Unterkunft und Verpflegung auf den Höfen abgeben, den Rest durch Hilfsdienste bei der Weidewirtschaft abarbeiten.

Nach einem Brand wurde das *Bergmannsviertel* im klaren Rastermuster erbaut, das auch die von Christian IV. gegründeten Städte auszeichnet. Als man um 1700 neue Erzvorkommen entdeckte, kamen zur ersten und ältesten Schmelzhütte am *Malmplassen* (Erzplatz) weitere elf hinzu. Im 18. Jahrhundert war Røros mit 4000 Arbeitnehmern der größte industrielle Komplex von ganz Norwegen. Daß da viele Holzhäuser »auf die Schnelle« entstanden und schon aus diesem Grund winzig sind, ist verständlich, und doch erschrecken die Zweiraumhütten am Rand der Schlackenhalden. Wie mögen Hausfrauen und Mütter in diesen beengten Verhältnissen gelebt haben?

1780 bis 1784 wurde die *Kirche* erbaut, sie ist der einzige Steinbau im alten Røros und heißt im Volksmund mit Anklängen ans Deutsche »Bergstadens Ziir«. Wenn man bedenkt, unter welch ärmlichen Bedingungen viele Kumpel lebten, muß man den aufwendigen Steinbau mit dem schönen Kirchturm doppelt bewundern. Stolz künden die Embleme am Kirchturm, daß dies die Kirche der Bergwerker ist.

Die alte, fünfzig Meter unter der Erdoberfläche liegende *Olavsgrube* wurde 1979 in ein Museum umgewandelt. Sogar die Schlackenhalden sind unter Denkmalschutz gestellt und sollen überdacht werden. In der Olavshalle spielt eine Theatergruppe regelmäßig das Stück »Spell-Ola«, das einen Aufstand der Bergarbeiter von Røros zum Inhalt hat.

Nicht nur im Museum und in den Gassen der Stadt kann man dem Leben der Bergleute und ihrer Geschichte nachspüren, literarisch Interessierte finden in den Romanfolgen von Johan Falkberger faszinierende und spannende Schilderungen des harten Lebens der Bergleute und der Bergbaugeschichte. Der Schriftsteller wuchs in der Nähe von Røros auf und arbeitete einige Zeit selbst unter Tage.

Heute sind im größten Hotel der 5000-Einwohner-Stadt mehr Leute beschäftigt als in der Olavsgrube kurz vor ihrer Schließung. Dies hängt nicht nur mit dem Interesse der Tages-Touristen für die alte Bergbaustadt zusammen, sondern auch an der Umgebung von Røros. Denn der Ort liegt in 630 Meter Höhe in einer einsamen Berglandschaft, die im Sommer Wanderungen durch den *Nationalpark Femundsmarka* mit dem Femundsvatn ermöglicht. Im Winter werden 150 Kilometer Loipen für Skilanglauf angeboten, und begeisterte Langläufer schwärmen von der Möglichkeit, schon im Ort die Skier anzuschnallen. Kurzum, in Røros sind lediglich die Schmelzöfen ausgegangen, die Öfen in den Häusern brennen weiter. Und das ist schon wegen der Winterkälte notwendig, denn hier – fern von der Küste und ihrer angenehmen Golfstromheizung – gibt es Temperaturen bis minus dreißig Grad.

Norwegens Norden

Domstadt Trondheim – Einst Pilgerziel der Norweger

Zu Lebzeiten hat ihn garantiert niemand für einen Heiligen gehalten: Olav Haraldsson, Norwegens König Olav II. (1015–1030). Mit 20 Jahren kam der Nachkomme Harald Hårfagres' und Olavs I. ins Land, nach Jugendjahren in Gardarike (Nowgorod) und wüsten Wikinger-Raubzügen über die Meere. In der Normandie hatte er sich taufen lassen, nun wollte er Norwegen zu einem christlichen Reich machen. Aus seinem politischen Anspruch und autoritären Führungsstil erwuchsen ihm viele Feinde; als er in der Schlacht von Stiklestad fiel, konnten seine Getreuen den Leichnam nur provisorisch in der Nähe von Nidaros bestatten. Nach einem Jahr erwies sich der tote Olav als Heiliger: sein Körper war unverwest, eine wundertätige Quelle sprudelte bei seinem Grab. Mit unglaublicher Schnelligkeit verbreitete sich der Ruhm des wundertuenden Olav, er wurde zum Märtyrer und Heiligen erklärt und als »Norwegens ewiger König« (rex perpetuus Norvegiae) der Schutzpatron des Landes.

Die für seine Reliquien errichtete Kathedrale in Nidaros, dem späteren Trondheim, ist die imposanteste und bedeutendste Skandinaviens, ihre Geschichte ein Spiegel der norwegischen Geschichte. Um 1100 im normannisch-romanischen Stil begonnen, 1290 mit Ausnahme der Westtürme im anglo-gotischen Stil vollendet, mit großartiger Westfassade (sog. Screenfront) und dem einzigartigen gotischen Oktogon über dem Grab, wurde die Kirche mehrfach durch Feuer verwüstet, nach der Reformation – der Reliquien beraubt – zur Pfarrkirche und verfiel nach und nach. 1869 begann die Restaurierung und wurde zu einem nationalen Anliegen, bei dem sich die besten Künstler Norwegens engagierten.

Viele Teile des Baus mußten mühsam nachempfunden werden, so sind alle Glasfenster neu, und der »Könisspiegel« der oberen Westfassade wurde im gotischen Stil ergänzt. Erst 1968 war die Kirche wiederhergestellt. Als der heutige König Harald V. 1991 die Nachfolge seines Vaters antrat, wurde er zusammen mit Königin Sonja im Dom zu Trondheim eingesegnet, wie schon sein Vater und Großvater (eine Krönung findet nicht mehr statt). Die Könige des 20. Jahrhunderts knüpfen damit bewußt an die Traditionen der frühen Königszeit an.

Für die Stadt an der Nidelv-Mündung muß man sich Zeit nehmen, ihre geschützte Altstadtlage auf der vom Fluß umgebenen Halbinsel bewundern. Hier lag bereits eine kleine Siedlung, bevor Olav Trygvasson 997 Nidaros zu seiner Hauptstadt erkor. Als die Hansestädte ihre Privilegien im 16. Jahrhundert verloren, sorgten die üppigen Fischgründe im Norden, speziell bei den Lofoten, nun bei den Handelsherren von Trondheim für reiche Einnahmen (seit der Reformation hieß Nidaros Trondheim); außer Trockenfisch wurden Pelze, Holz und Kupfer gehandelt. Mindestens ebenso ergiebig waren Schiffsbau und Seefahrt, denn pro Jahr waren bis zu 150 Trønder Schiffe auf allen Meeren für ausländische Auftraggeber unterwegs. Da ließen sich von den erzielten Gewinnen prächtige, wenn auch äußerlich schlichte Holzpaläste errichten! Einige haben die Stadtbrände überlebt; das imponierendste, um 1770 erbaute Palais *Stiftsgården* besitzt 1500 Quadratmeter Wohnfläche und dient heute dem König bei seinen Besuchen in Trondheim als Wohnsitz. Es gehört zu den größten Holzhäusern der Welt.

Dagegen nimmt sich der ehemalige Sitz des Erzbischofs beim Dom, der *Erkebispegården*, obwohl aus Stein erbaut, recht bescheiden aus. Immerhin war der Erzbi-

Vorhergehende Abbildung:

87 Fischerhütte am Lyngenfjord. Die Weiträumigkeit Nordnorwegens gehört zu den Eindrücken, die im Zusammenklang mit dem besonderen Licht der Mittsommerzeit tief im Gedächtnis haften bleiben.

88 Detail der Trondheimer Domfassade. Die im englischen Stil errichtete Schaufassade ist ein Spiegel des Glaubensguts. Über der Fensterrose: das Jüngste Gericht. Die oberste Statuenreihe zeigt Könige und Propheten des Alten Testaments. In der Mitte: Vertreibung aus dem Paradies sowie Glaube, Barmherzigkeit, Friede und Gerechtigkeit. Neben der zentralen Kreuzigungsgruppe über dem Hauptportal stehen die Apostel und Lokalheiligen.

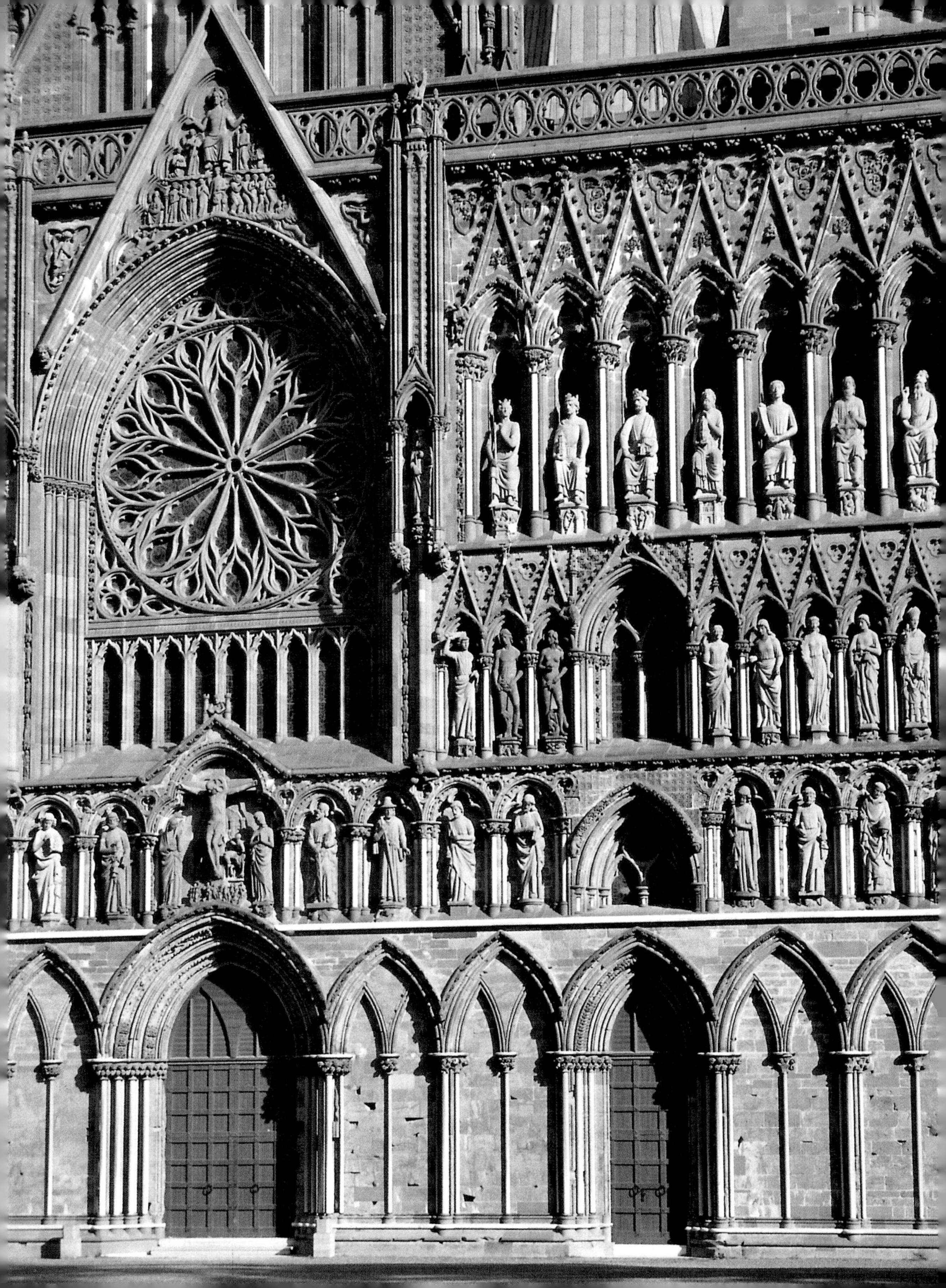

etabl. 1811
SVANE
APOTEKET
Strømsnes
FOTO
UR
ANTROPOSOFISKE MIDLER
HOMØOPATISKE MIDLER
URTE-MEDISINER
DEN NORSKE

schof von Trondheim der höchste Repräsentant der katholischen Kirche in Norwegen und gebot über sieben Bistümer in einem Bereich, der Grönland und Island mit einbezog. Nach der Reformation residierte hier der Statthalter des dänischen Königs; heute ist der aus zwei Flügeln bestehende Palast restauriert und beherbergt außer einem Widerstandsmuseum den Festsaal der Stadt, den »Rittersaal«.

Niemand kann sich in der Altstadt verlaufen, denn die Orientierung ist einfach: die alte *Munkegate* führt schnurstracks vom Kanalhafen im Norden zum Dom im Süden der Halbinsel, und wo sie die ebenso alte *Kongensgate* fast rechtwinklig schneidet, steht auf einer hohen Granitsäule der Stadtgründer König Olav Trygvasson. Unbewegt blickt der alte Wikinger auf den Betrieb der Flaniermeile in seinem Umkreis, denn nahe am *Markt* (Torget) stehen nicht nur Holzpaläste, Kirchen und Museen, sondern auch Kaufhäuser, Banken, Antiquitätenläden und Cafés.

Einen Katzensprung weiter erreicht man die *alte Stadtbrücke* (Gamlebybru) an der Kaufmannsgasse. Sie wurde im 17. Jahrhundert errichtet, ihre roten Holzaufbauten und Eisenketten erinnern an ihre Funktion als Zugbrücke. Am Flußufer imponieren die mächtigen Giebelfronten der auf Pfählen stehenden *Lagerhäuser*, man ahnt, welche Umsätze (und Gewinne) hier gemacht wurden. Da der Nidelv schiffbar ist, waren diese flußaufwärts liegenden Warenlager doppelt geschützt, denn ganz Trondheim liegt in einer weiten, fast wie ein See wirkenden Meeresbucht.

Mehrere Museen erinnern an Trondheims bewegte Vergangenheit. Das schönste ist das sehr originell geführte *Musikgeschichtliche Museum* in Ringve, etwas außerhalb der Stadt. Es verdankt seine Entstehung der Initiative eines Ehepaars und stellt in vielen, stilvoll eingerichteten Räumen nicht nur Instrumente aus: sie werden während der Führungen auch zum Klingen gebracht. Ein Cembalo aus Schloß Versailles, eine Amati-Geige gibt es, und weitere 2000 Instrumente in Zimmern und Sälen, die zum Teil einzelnen Komponisten (Mozart, Tschaikowsky, Chopin) gewidmet sind.

Das milde Klima am Trondheimfjord läßt hier Getreide und Erdbeeren reifen, doch Trondheim ist weit mehr als ein agrarwirtschaftliches Zentrum. Als Verwaltungssitz von Trøndelag besitzt die Stadt weiterführende Schulen, eine Universität, Forschungsinstitute und ist mit 140000 Einwohnern die drittgrößte Norwegens. Die Industrie arbeitet vornehmlich für den Schiffsbau, denn bis heute ist Trondheim ein wichtiger Hafen. An den Kais im Norden der Altstadt legen Fähr-, Fracht- und Kreuzfahrtschiffe an, natürlich auch die Linienschiffe der Hurtigroute. Für Touristen, die per Schiff zum Nordkap oder nach Kirkenes reisen möchten und bereits die Fjorde zwischen Bergen und Trondheim kennen, ist Trondheim der günstigste Start- und Zielhafen.

Die Hurtiglinie – »Reichsstraße Eins«

Die »schönste Seereise der Welt« nennen Werbeprospekte die Fahrt mit den Schiffen der Hurtiglinie über Hammerfest nach Kirkenes und zurück. Einzigartig ist sie bestimmt. Sie beginnt in Bergen, besucht unter anderem Trondheim und Bodø, die Lofoten und Vesterålen, macht Station in Honningsvåg und umrundet Nordnorwegen an der Grenze zum Eismeer. In elf Tagen werden 36 große und kleine Hafenstädte angelaufen: 2500 Seemeilen legen die Schiffe in dieser Zeit zurück.

Norweger nennen die Route der Hurtigschiffe schlicht »Reichsstraße Eins«. Sie ist auf allen Landkarten verzeichnet,

89 Schwanenapotheke in Trondheim. Die Holzarchitektur folgt eigenen Gesetzen und erlaubt nur selten stilistische Einordnungen. Anders ist dies bei der prächtigen Schwanenapotheke, die mit ihrem pompösen Portikus die Zeit des Klassizismus wachruft.

obwohl keine Autos auf ihr fahren können, denn die Straße über Meer und Fjorde ist bis heute die bedeutendste und regelmäßigste Verbindung zwischen Nord- und Mittelnorwegen. Und die älteste, denn 1893, als Landstraßen noch holprige Pisten waren, richtete der Vesterålener Reeder Richard With eine ganzjährige Schiffahrtslinie zwischen Trondheim und Hammerfest ein; niemand hatte es bis dahin für möglich gehalten, daß während der dunklen Wintermonate die zum Teil schwierige und gefährliche Strecke bewältigt werden könnte.

Hurtigschiffe sind etwas ganz Besonderes: sie sind, wie der Name sagt, schnell, fahren unter der Postflagge und leisten alles, was in unserm Land die Bahn bewältigt. Mit Präzision und Zuverlässigkeit transportieren sie Menschen, Postsäcke und Waren, ermöglichen einen Kurzbesuch in der Nachbarstadt, liefern den bestellten neuen Motor, laden Lebensmittel und Autos aus: kurzum, sie sind die Lastesel des Nordens.

Während Einheimische den praktischen Nutzen schätzen, haben Touristen aus anderen Gründen die Reichsstraße Eins entdeckt: Eindrucksvoller, schneller und origineller kann man Norwegens West- und Nordküste nicht kennenlernen. Die schönsten Landschaften ziehen vorbei, Gletscher, Fjelle, Buchten, Inseln und Schären. Nördlich vom Polarkreis zaubert die Sonne Lichtreflexe aufs Meer wie sonst nirgends, Regenbogen leuchten heller. Und im Winter tanzen die Lichter der Dörfer und Städte am Ufer vorüber, signalisieren Leben und Wärme in der schneebedeckten Einsamkeit und Weite.

Heute bieten alle Reiseveranstalter Hurtigreisen an. Die Reeder haben die Zahl der Postschiffe auf elf erhöht und unterscheiden dezent zwischen »neuen« und »traditionellen« Schiffen. Auf dem »traditionellen« kann es passieren, daß man (nach Geschlecht getrennt) in einer Zwei- oder Vierbettkabine untergebracht wird und mitten in der Nacht ein Kabinengenosse sein Bett verläßt. Dann kommt das Zimmermädchen, bezieht das Bett neu, und nach dem Zwischenstopp im nächsten Hafen legt sich ein anderer Passagier hinein. Also kein »Traumschiff« im Sinn unserer Fernsehserie, kein Captain's Dinner, kein Ball in eleganter Abendkleidung. Dafür menschliche Nähe, Alltagsleben beim Aufenthalt in fremden Häfen, landschaftliche Schönheit pur.

Die »neuen« Schiffe transportieren auch Touristenautos. Nun kann man per Schiff »hurtig« auf der Reichsstraße Eins zur Nordspitze reisen und auf dem Rückweg ganz gemächlich die Europastraße 6 nehmen: Zeit zum Wandern, Angeln, zum Entdecken von Kirchen und Felsbildern...

Über den Polarkreis ins Nordland – Helle Nächte von Mai bis August

Der Bezirk Trøndelag ist mit seinen beiden Provinzen Sør- und Nord-Trøndelag fast so groß wie Dänemark. Besonders früh zog die Landschaft am zentralen *Trondheimfjord* Menschen an, so gibt es auf dem Weg nach Norden zahlreiche Felsbilder aus prähistorischer Zeit. Zu ihnen gehören die von *Steimohaugen* 35 Kilometer nordöstlich von Trondheim und mehrere Bilder bei *Steinkjer*, darunter das berühmte »Rentier von Bøla«, das in die Zeit um 4000 vor Christus datiert wird. Bereits in der Eisenzeit war das Gebiet dann Bauernland, wie die große Nekropole mit 37 Hügelgräbern bei *Levanger* beweist. Auf die Bauern am Trondheimfjord stützten auch die Hauptwidersacher der frühen Könige, die Jarle von Trondheim, ihre Macht. Auf der *Halbinsel Frosta* versammelten sich die Männer zum Ting, vom 10. bis ins 16. Jahrhundert wurde hier Recht gesprochen, bis das Gericht nach Trondheim verlegt wurde.

90 Am Snåsavatn nördlich von Steinkjer. Der fast 120 Kilometer lange See vermittelt den Eindruck von Weiträumigkeit, Ruhe und Einsamkeit, der den ganzen Norden zum Erlebnis werden läßt. Alle Entfernungen sind riesig: Von Tromsø trennen den Autofahrer hier noch 1050 Kilometer und vom Nordkap 1502 Kilometer!

Folgende Abbildung:

91 Blick über den Kobbvatn (Kobbsee) zum 1517 Meter hohen Gaskačokka nördlich von Fauske. Der Bestand an Mischwald nimmt ab, je weiter man nach Norden vorstößt. Nur die so zierlich wirkenden Birken bilden in der Finnmark noch schüttere kleine Wäldchen.

92 **Am Ullsfjord in der Provinz Troms. Lange, dunkle Winter und ein Sommer, in dem Schneefelder auf kahlen Bergen liegen: Die Lebensbedingungen im Norden sind hart. Obwohl die norwegische Regierung neue Ausbildungsplätze und ein reiches Kulturangebot in Tromsø schuf, übersiedeln viele Menschen in den Süden.**

Überall wird in dieser Landschaft Geschichte sichtbar, so in den Klöstern und Kirchen, die kurz nach der Christianisierung entstanden. Die schönste steht in *Vaernes*, deren um 1250 entstandener Schmuck noch ganz von der heidnischen Fantasie der Bekehrten erzählt.

In *Stiklestad* erreicht man dann einen der großen historischen Plätze Norwegens: hier fand 1030 der erste christliche König Olav Haraldsson den Tod. Nach seiner Heiligsprechung drang sein Ruhm weit über Norwegen hinaus bis nach Rußland und Byzanz. 1180 wurde in Stiklestad zu seinem Gedenken eine Kirche errichtet; heute befindet sich in der Nähe ein Kulturhaus, in dem eine Wikinger-Ausstellung die frühe Geschichte vor Augen führt. Und der heilige Olav grüßt von seinem Denkmal hoch zu Roß, das Kreuz in der Hand, die Besucher. Ende Juli reitet er sogar bei den Laienspielen in Begleitung seiner Wikinger über die Festspielbühne, als erster Kämpfer Christi im hohen Norden.

Natürlich ist die Landschaft mit ihren Lachsflüssen, Seen und Bergen nicht weniger aufregend als die Geschichte. An der Atlantikküste erhebt sich südlich von *Mosjøen* der charakteristische »Berg mit dem Loch«, der *Torghatten*. Alte Sagen berichten, daß ein Wikinger mit seinem Schwert die steile Bergflanke durchbohrte. Nicht minder berühmt ist die Bergkette *Syv* Søstre (Sieben Schwestern), deren kahle Felskuppen an der Hurtigroute bei Sandnesjøen Parade stehen – in kleinen Abständen, als seien sie sich nicht so ganz grün. In der Nähe imponiert südlich von Mosjøen der gewaltige *Vefsna-Lachsfoss*, und bei *Mo i Rana* lockt ein geheimnisvolles Labyrinth von Grotten und Höhlen. Am eindrucksvollsten ist jedoch der zweitgrößte Gletscher Norwegens, der 1599 Meter hohe *Svartisen* (Schwarzeis), der das Land am Polarkreis beherrscht. Sein Firnfeld ist mit 465 Quadratkilometern fast so groß wie das gesamte Gletschergebiet der Berner Alpen.

Hier befindet sich der Nordlandreisende bereits im *Land der Mitternachtssonne*, denn das zum Nationalpark erklärte Hochplateau des Svartisen und Saltfjell wird vom Polarkreis durchschnitten. Ob man den »Polarcirkel« auf einem Kreuzfahrt-, Hurtig- oder Fährschiff überquert oder auf der Europastraße 6: ein besonderes Erlebnis ist es in jedem Fall. Der imaginäre Kreisbogen bei 66° 33' nördlicher Breite wird durch eine Reihe von Steinmalen sichtbar gemacht, so daß man mit den Augen der Krümmung des bedeutungsvollen Breitengrads folgen kann. Der Polarkreis begrenzt das Land, in dem während des Sommers die Sonne nicht untergeht: in Bodø vom 7. Juni bis 8. Juli, in Hammerfest vom 16. Mai bis zum 27. Juli und am Nordkap vom 21. April bis zum 22. August!

Daß der Sonnenball dennoch häufig kurz vor Mitternacht für einige Zeit hinter einer Wolkenbank oder einer Bergkette am orange-roten Himmel verschwindet, lernt man noch früh genug. Doch auch dann begeistern die fast kitschig-schönen Farben von Himmel und Meer! Und die nie erlebte nächtliche Helligkeit, die alle Einheimischen zu erstaunlicher Aktivität motiviert. So sitzen die Menschen in den Städten nicht nur um ein Uhr nachts im Straßencafé, sondern sägen Holz, streichen ihr Boot oder halten ein Schwätzchen mit der Nachbarin. Als Reisender reagiert man auf die ungewohnt hellen Nächte manchmal leicht irritiert, schreckt gegen Morgen aus dem Schlaf: ist es fünf Uhr am Nachmittag? Hat man den halben Tag verschlafen? Für »Jet-lag«-Gewöhnte ein völlig neues Gefühl.

Auf dem 680 Meter hohen *Saltfjell* verdeutlichen zahlreiche Eisenbahn-Schneetunnel, daß die schier endlose Weite der Landschaft im Winter unter einer Schnee-

decke liegt; dann fegen Stürme über die Ebenen, und von November bis Januar geht die Sonne nicht auf. Dennoch sinken die Temperaturen in den nördlich vom Polarkreis liegenden Küstenstädten der Provinzen Nordland und Troms im Januar selten unter minus fünf Grad Celsius (durchschnittliche Januartemperatur zum Beispiel in Bodø minus 2,4 Grad). Diese verhältnismäßig milden Wintertemperaturen verdankt die Küstenregion dem Golfstrom, der auch die Häfen eisfrei hält.

Die Eisenbahn erreicht in *Fauske* ihren nördlichsten Punkt, macht dann einen Abstecher nach Südwesten und hat nach einer Fahrt am *Skjerdalsfjord* entlang ihre Endstation in *Bodø*, dem Verwaltungszentrum der Provinz Nordland. Die 30000 Einwohner zählende Stadt gehört zu den Hafenstädten, die sommers wie winters von den Hurtigschiffen angelaufen werden. Wie fast alle Städte im Norden wurde sie im Zweiten Weltkrieg völlig zerstört. Die ungewöhnlich lange und hohe, von niedrigen Seitenschiffen flankierte *Kirche* wurde erst 1956 fertiggestellt. Ihr kupfergedecktes Satteldach und der schlanke, freistehende Kirchturm bestimmen die Stadtsilhouette und sind Wahrzeichen des Neuanfangs. Doch die Traditionen blieben bewahrt, so trägt der Pfarrer zur schlichten schwarzen Amtsrobe die gleiche steif-plissierte weiße Halskrause wie sein Amtsvorgänger im 17. Jahrhundert, der auf dem Epitaph der alten *Bodin-Kirche bei Bodø* abgebildet ist.

Im *Museum* in der Prinsensgate wird die Geschichte Nordlands von der Komsakultur (7000–4000 vor Christus) über die Nøstvetkultur (4000–2500 vor Christus) bis zur Gegenwart vorgestellt. Besonders interessant ist die Münzabteilung, die mit arabischen, englischen und russischen Münzen die enorme Bandbreite des Seehandels (und sicher auch der Piraterie) beweist.

Bodø lebt vom Fischfang und der fischverarbeitenden Industrie – die Lofoten mit ihren reichen Fanggebieten liegen in Sichtweite. Ehe man jedoch das Fährschiff zur einzigartigen Lofoten-Inselwelt besteigt, muß man eines der großen Naturwunder Nordlands besuchen. 30 Kilometer südlich von Bodø braust und wirbelt der stärkste Mahlstrom (Gezeitenstrom) der Welt, der *Saltstraumen*. Alle sechs Stunden pressen sich hier bei Flut und Ebbe gewaltige Wassermassen (bis zu 372 Millionen Kubikmeter!) durch den nur 150 Meter breiten Sund, der den inneren Teil des Saltfjords vom Meer trennt. Von der Saltstraumenbrücke blickt man auf die tosende Urgewalt des Mahlstroms mit Kribbeln in der Magengegend und ehrfürchtigem Staunen. Doch Anglerherzen schlagen höher, denn mit dem Wasser werden enorme Fischschwärme durch den Sund gepreßt. Bei Tidewechsel machen am felsigen Ufer sogar Unerfahrene reiche Beute: Heilbutt, Dorsch, Pollak und Köhler (bei uns in Öl eingelegt als Seelachs verkauft) zappeln an den Angeln, zum Glück nur ein Bruchteil der riesigen Zahl.

Die Inselwelt der Lofoten und Vesterålen

»Das schönste Stück Norwegens« nannte Knut Hamsun die Lofoten. Er mußte es wissen, denn er hatte seine Kindheit in ihrer Nähe auf Hamarøy an der Ostseite des Vestfjords verbracht. Doch die Inseln waren bereits berühmt, als sich noch niemand für die Schönheit ihrer Landschaft interessierte. Von den Lofoten kamen die wichtigsten Fastenspeisen des Mittelalters, Stockfisch und Klippfisch, die über die Handelskontore in Bergen nach halb Europa gingen. Stockfisch (norwegisch: tørrfisk) ist die – in unseren Ohren – sehr lautmalerische Bezeichnung für den knochenharten jungen Kabeljau oder Dorsch, der nach dem Fang sofort ausge-

93 Einzigartige Inselwelt der Lofoten. Schon der Blick auf den Yachthafen von Svolvaer lohnt die Anreise über den rauhen Vestfjord: Dicht hinter den Booten ragen die schroffen Felswände der Lofotberge auf.

94 und 95 Die Lofoten bieten mit ihrer bizarren Fels- und Küstenlandschaft ideale Bedingungen für den »grünen Tourismus«. Man kann sich an der Naturschönheit als Bergsteiger, Wanderer, Radfahrer erfreuen, kann hochseeangeln oder einfach vor einer Rorbu (Fischerhütte) träumen . . .

96 Nur wer seinen Lachs selbst fängt, muß ihn nicht nach Gewicht bezahlen! Auch Zuchtlachs ist teuer, und die Zeiten, in denen Hauspersonal sich vertraglich absicherte, nicht täglich Wildlachs essen zu müssen, sind lange vorüber.

97 | 98

97 und 98 **Noch immer trocknet reichlich Dorsch auf Hjelleren, den typischen Trockengestellen. Er dörrt zwar zehn Wochen gratis in Wind und Sonne, macht aber dennoch viel Arbeit: Die Fische müssen geköpft, filetiert, an den Schwanzenden zusammengebunden und vor Vogelfraß geschützt werden. Stockfisch war die begehrteste Fastenspeise des Mittelalters. Seit der Reformation ist das Wort in unserer Sprache negativ besetzt: Ein »Stockfisch« ist zwar nicht kopflos, doch trocken, klapperdürr und fad…**

nommen und filetiert wird. An den Schwanzenden zusammengebunden und auf typischen, zeltartigen Stangengerüsten (den Hjeller) aufgehängt, wird er im Wind ungefähr zehn Wochen getrocknet, ehe er verschifft wird. Kommt der Dorsch eingesalzen in den Handel, wird er als Klippfisch gehandelt. Fischmehl und Lebertran sind wichtige Nebenprodukte.

Bereits um die Jahrtausendwende haben Wikingerfürsten die ersten Rorbuer, Fischerhütten, bauen lassen, in denen während der Kaubeljau-Saison »Fischer auf Zeit« Quartier bezogen. Schon damals wußte man aus Erfahrung, was später Wissenschaftler erklärten. Der *gadus morrhua*, Kabeljau, lebt im Nordmeer östlich von Spitzbergen. Im vierten Lebensjahr machen sich die geschlechtsreifen Tiere, die Dorsche, zum gewaltigen Hochzeitszug nach Süden auf, zu den vom Golfstrom auf sechs bis sieben Grad erwärmten Wasserschichten vor den Lofoten. Wenn Milliarden befruchteter Eier abgelaicht sind, begeben sich die Flitterwöchner auf den Rückweg – und gelangen in den sich trichterförmig nach Norden verschmälernden *Vestfjord* wie in eine riesige Fischreuse.

Das ist die Stunde der Fischer, die häufig im übrigen Jahr als Bauern tätig sind. Seit Jahrhunderten packt sie Anfang Januar das Jagdfieber, weckt den Traum vom großen Geld. Von allen Nachbarregionen machen sie sich auf, um ihre Netze zu füllen, schuften Tag und Nacht bis Ende März, Anfang April. Früher kamen sie in offenen Booten, heute in modernen Fangschiffen. Noch gehören die Hjeller, die Holzgerüste, zum Landschaftsbild der Lofoten, doch die Gaumen der Menschen sind feiner geworden, Stockfische weniger gefragt. So sind moderne Fischfabriken entstanden, Gefriertechnik ersetzt das zehn Wochen dauernde Trocknen.

Wenn der Frühling kommt, wenn im Mai langsam die Schneefelder auf den Lofotbergen schmelzen, ist alles vorbei. Nun ziehen Touristen in die Rorbuer, Jahr für Jahr mehr. Und für sie zählt der andere große Reichtum dieser einzigartigen Inselgruppe, die landschaftliche Schönheit. Denn diese aus Urgestein bestehenden Felsen erheben sich tausend Meter hoch direkt aus dem Meer, formen die berühmte »Lofotwand«, die sich vor dem Anreisenden mit zackigen Felsspitzen auftürmt wie der Rücken eines Drachens. Wer an einem windstillen Sonnentag mit dem Schiff von Bodø oder Skutvik über den Vestfjord kommt, möchte dem Kapitän »stop!« zurufen, so atemberaubend ist die Kulisse: vor dem tiefblauen Himmel schweben am Fuß der graugrün schimmernden Bergwand leuchtend rote Häuser über dem Wasser, dicht an die Felsen geschmiegt; und am Küstensaum spiegeln sich Fischkutter, Boote und ungezählte Felsbuckel zusammen mit der Bergkulisse im Meer. Beim Näherkommen löst sich die »Wand« auf, einzelne Felsformationen treten hervor. So die markante Geita (Geiß, Ziege) über Svolvaer, deren zwei Felshörner immer wieder verwegene Kletterer locken.

Auch ein wolkenverhangener Himmel kann reizvoll sein, wenn der Wind sein Spiel mit den Wolken treibt, Felsgrate aus dem Wattebausch holt und die Farben intensiviert. Um so enttäuschender die Ankunft bei Regen, wenn Sturm die Gischt über den Schiffsbug sprüht, Nebel die Berge einhüllt. Dann kann die vierstündige Fahrt von Bodø über den gefürchteten Vestfjord ruppig sein und nur die Hoffnung auf den nächsten Tag Trost bringen.

Svolvaer, die Hauptstadt der Lofoten, liegt auf Austvågøy, der größten der fünf Hauptinseln. Schon seit 1893 legen hier die Hurtigschiffe an; heute ist der 4000-Seelen-Ort Fischereizentrum der Inseln und Ausgangspunkt für eine Motorbootfahrt in den von Steilfelsen gerahmten, 2,5 Kilometer langen *Trollfjord*. Dieser

schmale Nebenarm des Raftsund war 1880 Schauplatz des Kampfs zwischen Bootfischern und modernen Dampferfischern, bei dem die traditionell ausgerüsteten Bootfischer sich verzweifelt gegen den Einbruch der Neuzeit im Fischereiwesen wehrten. Johan Bojer hat den Kampf in seinem weltberühmt gewordenen Roman »Die Lofotfischer« geschildert, ein Bild im Rathaus von Svolvaer zeigt das dramatische Geschehen.

Nur einige Kilometer südlich von Svolvaer erreicht man in *Kabelvåg* das einstige wirtschaftliche Inselzentrum, dessen lange Geschichte im Lofotmuseum vorgestellt wird. Im angeschlossenen futuristisch wirkenden Lofotaquarium wird alles gezeigt, was im Nordmeer und Vestfjord schwimmt und lebt. Hier und im nahen *Henningsvaer* hat die malerische Szenerie Künstler angezogen, überall locken stille Buchten, idyllische Fischerdörfer, bizarre Felspanoramen zum Verweilen. Die gut ausgebaute Europastraße 10, nach dem verstorbenen König auch »Olav-V.-Straße« genannt, verbindet die fünf großen Inseln über Brücken und einen Tunnel. Ehe man im äußersten Süden das Dorf mit dem kürzesten Ortsnamen der Welt, *Å*, erreicht, kann man die ganz aus Treibholz erbaute Kirche in *Flakstad* anschauen, den von der UNESCO zum Weltkulturgut erklärten Hafen *Nusfjord* oder das unglaublich malerisch auf Inseln ausgebreitete *Reine* besuchen, das mit seiner mächtigen Bergkulisse seit hundert Jahren Maler begeistert.

Von hier fahren Fähren zu den Vogelinseln *Vaerøy* und *Røst*, die man (auch per Hubschrauber) ebenfalls von Bodø erreicht. Für Vogelliebhaber ein Traumurlaub: Millionen Dreizehenmöwen, dazu exotisch bunte Papageitaucher und Trottellummen in Sommerwochen, in denen die Sonne nicht untergeht.

Die *Versterålen* sind nicht nur grüner, sondern auch flacher als die Lofoten. Hier lebt noch ein Teil der Bevölkerung von der Landwirtschaft. Bekannt ist die Musikbegeisterung der Inselbewohner; wer zum Beispiel mit dem Hurtigschiff zur Mittsommerzeit in *Harstad* anlegt, wird nicht nur vom fröhlichen Ständchen einer uniformierten Schulkapelle empfangen, sondern auch von einer Mädchen-Tanzgruppe in Operettenuniformen, deren Vortänzerin rasant den Tambourstock schwingt. Kein Wunder, daß im Ort *Melbu* jährlich ein vielbesuchtes Festival stattfindet mit Ausstellungen, Musik-, Tanz- und Theatervorführungen.

Nicht immer war das Leben hier leicht. So gilt der *Eidsfjord*, der die Insel Langøya durchschneidet, als einer der ertragreichsten Heringsfanggründe der Welt, aber oft blieben die Schwärme jahrelang aus. Knut Hamsun hat in seinem Roman »August Weltumsegler« die katastrophale Hungersnot beschrieben, die in einer solchen Zeit die Anrainer plagte. Aus anderen Gründen hat sich der einstige Walfängerort *Andenes* an der Nordspitze der Vesterålen etwas Neues erdacht: man bietet seit 1988 Fahrten auf einem alten Walfangschiff an, bei denen Touristen – einiges Glück vorausgesetzt – die riesigen Pottwale beobachten und fotografieren können. Die Jagd auf Fotomotive ist zweifellos die bessere Alternative zur Walfischjagd, die hier jahrhundertelang betrieben wurde und die von der norwegischen (und japanischen) Regierung weiterhin nicht ganz aufgegeben wird (1993 fingen norwegische Fischer 250 Wale, 1994 sollen es 400 sein). Beim Ausflug aufs Meer kommt man an der Vogelinsel *Bleiksøya* vorbei, auf der Papageitaucher, Seeadler und Kormorane brüten.

Narvik am Ende der Erzbahn

In den Werbeprospekten des Norwegischen Fremdenverkehrsamts fehlt Narvik, denn ein Urlaubsort ist die Stadt am

99 Bevor das Schiff die größte der fünf Lofoteninseln, Austvågøy, erreicht, passiert es den Leuchtturm der kleinen Skrova-Inselgruppe.

100 Nusfjord auf der Lofoteninsel Flakstadøya steht auf der UNESCO-Liste des erhaltenswerten Kulturerbes. Die von Felsen beschützte kleine Hafenbucht mit ihren bunten Fischerhäuschen, Trockengestellen, Landestegen und Booten steht stellvertretend für das einfache, harte Leben am Meer.

99 | 100

101 Möwennistplätze an der Lofotwand. Lautes Geschrei verrät die Brutkolonien der Dreizehenmöwen. Die Felswände der Lofoten bieten sichere Nistplätze und »vor der Haustür« ein großes Nahrungsangebot.

102 Hafen von Skrova. Ein Glücksmoment, den jeder Nordlandreisende kennt: Nach einem Regentag reißt die Wolkendecke plötzlich auf, und unter dem Regenbogen setzen Sonnenstrahlen ein neues Ziel prächtig ins Licht.

103 | 104

103 Blick über den Sagfjord nach Westen. Im Licht der untergehenden Sonne steht die grandiose, wild gezackte Lofotwand vor dem bernsteinfarbenen Hintergrund. Knut Hamsun vergaß diese Bilder nie.

104 Hamarøy im Abendlicht. Als Knut Hamsun vier Jahre alt war, hieß er noch Knut Pedersen. Damals erwarb sein Vater den Hof Hamsun auf Hamarøy und übersiedelte mit der Familie in den Norden. Die Landschaft prägte den späteren Dichter so sehr, daß er den Namen des elterlichen Hofs annahm.

Ofotfjord nicht. Und was man in der Schule gelernt hat, klingt auch nicht nach Ferienidylle: größter Erzausfuhrhafen Norwegens, Endpunkt der von den schwedischen Gruben in Kiruna kommenden Erzbahn. Und: im Zweiten Weltkrieg schwer umkämpft und zerstört, ab 1945 Neuaufbau.

Dennoch kommen alle Touristen auf der Fahrt nach Norden durch Narvik, und viele machen für einen halben Tag Station. Mitten in der Stadt weist ein Schild auf das 4000 Jahre alte Felsbild eines Elchs hin (1 Kilometer); hübsche Bronzegruppen, wie die »spielenden Kinder«, vertreten die moderne Kunst. Aus Narvik stammt der Architekt Jan Inge Hovig, der durch die Eismeer-Kathedrale in Tromsø berühmt wurde. Hier baute er 1950 seine erste Kirche, die kleine schwedische *Seemannskirche*, und bald darauf die *Friedenskapelle*. Mit den frei stehenden Glockentürmen knüpfen sie an alte Traditionen an, denn auch bei den Stabkirchen waren Glocken, wenn überhaupt vorhanden, aus Gründen der Einsturzgefahr in frei stehenden Holzgerüsten untergebracht. Im Schatten der Friedenskapelle ruhen auf einem schön gelegenen Wiesengrund unter schlichten Granitkreuzen die deutschen Gefallenen des Zweiten Weltkriegs.

Das Erz aus Kiruna bestimmt das Stadtbild: mächtige *Halden*, die bis zur Verschiffung zwischenlagern, hochmoderne *Kaianlagen* und die *Brücken der Erzbahn*, der Ofotbahn. 20 Millionen Tonnen Erz werden hier jährlich von riesigen *Kränen* verladen, Narvik ist der größte Erzhafen der Welt.

Wie reizvoll Narvik auf einer Halbinsel liegt, wird dabei leicht übersehen. Doch wenn man mit der *Gondelbahn* auf den 656 Meter hohen *Fagernesberg* fährt, versteht man, warum die Einheimischen die Lage ihrer Stadt loben: die schneebedeckten Berge im Osten sind ein ausgezeichnetes Wander- und Skigebiet; im Westen begrenzen jenseits des Ofotfjords die Vesterålen den Horizont. Und wenn man Glück hat, liegen sie im warmen Licht der Mitternachtssonne.

Tromsø – Das Tor zum Eismeer

Seit Fridtjof Nansen und Roald Amundsen von Tromsø aus ihre Polarexpeditionen starteten, kennt jeder Tromsø als »Tor zum Eismeer«. Doch die Forschungsreisenden waren nicht die ersten, die von hier ins Eismeer aufbrachen. Seit dem 18. Jahrhundert sammelten sich in Tromsø Jahr für Jahr die Wal- und Robbenfänger, ließen auf den Werften ihre Schiffe reparieren und ausrüsten. Und für Fahrten in die faszinierende Eismeerwelt von Svalbard (Spitzbergen) galt und gilt Tromsø als idealer Ausgangshafen, seit 1863 der aus Tromsø stammende Elling Carlsen als erster Spitzbergen mit einem Schiff umrundete.

Heute hat die Hauptstadt des Nordens viel zu bieten, ist Bildungs-, Handels- und Wirtschaftszentrum und nach der Entdeckung von Erdgasfeldern vor der Küste (1981) auch Hoffnungsträger für Offshore-Aktivitäten. Innerhalb weniger Jahrzehnte verdoppelte sich die Bevölkerung (1993: 53000 Einwohner), wozu einerseits Landflucht, andererseits strukturfördernde Maßnahmen der Regierung für Tromsø beitrugen. Auf dem größten Stadtgebiet des Nordens (2500 Quadratkilometer) spürt man allerdings weder Platzangst noch Hektik, die riesigen Entfernungen von der »großen Welt« sorgen für ein Umfeld, in dem jeder jeden zu kennen scheint (Entfernung von Trondheim: 1169 Kilometer; und von Oslo sogar 1708 Kilometer!).

Der Stadtkern von Tromsø liegt auf einer Insel; bei der Ankunft mit dem Schiff fasziniert die elegante, 1036 Meter lange *Hochbrücke*, die seit 1960 die Verbindung zum Festland über den Tromsøsund her-

stellt. Zum 200jährigen Stadtjubiläum am 20. 6. 1994 wurde mit der Einweihung des Tromsøsund-Tunnels eine zusätzliche Verkehrsschiene in Betrieb genommen und die Anbindung ans Festland und die Europastraße 6 noch stärker.

Nach wie vor führt der schönste Weg zur sehenswerten *Eismeer-Kathedrale* (auch Tromsdal-Kirche genannt) über die Brücke, an deren östlichem Ende sie sich mit ihrer hellen Rahmenkonstruktion vor der dunklen Bergkulisse abzeichnet. Sie wurde von Jan Inge Hovig erbaut und 1965 geweiht. In der Außenansicht wirkt die Reihung verschieden hoher Dreiecks-Elemente, welche an sich auftürmende Eisschollen erinnern, interessant, ohne sofort zu überzeugen. Erst die Lichtführung im Innenraum verrät, daß hier, 400 Kilometer nördlich vom Polarkreis, symbolhaft der Kampf zwischen Dunkelheit und Licht gestaltet wurde. Das östliche Glasfenster des 23 Meter hohen Deckenraums hat Christi Wiederkehr zum Thema: Tod und Dunkel siegreich überwindend tritt der auferstandene Christus als Licht- und Heilsbringer hervor. Es soll das größte Glasfenster Europas sein.

Auch sonst schmückt sich Tromsø gern mit Superlativen: es veranstaltete 1843 das erste Skirennen der Welt, besitzt seit 1972 die nördlichste Universität der Welt, in der »Ølhallen« den nördlichsten Pub mit Brauerei und – ganz klar – die nördlichsten internationalen Filmfestspiele. Vielleicht sogar in sechzig Kneipen und Cafés die vergnüglichste Kneipenszene Nordeuropas.

Tromsø gehört zu den wenigen nordnorwegischen Städten, die im Krieg unzerstört blieben, so sind ganze Straßenzüge mit traditionellen *Holzhäusern* erhalten. Sie wurden zum Stadtjubiläum 1994 restauriert und farblich aufeinander abgestimmt. Bei der schönen Tromsø- oder *Landskirke* steht ein *Denkmal für Amundsen*, der am 18. 6. 1928 von Tromsø mit einem Flugzeug (auf der Suche nach Überlebenden der gescheiterten Nobile-Expedition) zu seiner letzten Reise aufbrach, von der er nicht zurückkam. Über die Polarforschung gibt ausführlich das *Polarmuseum* Auskunft; über die Geschichte der Provinzen Troms und Finnmark informiert das *Tromsø-Museum*.

Etwas ganz Besonderes ist das neue *Nordlicht-Planetarium*, das die wunderbaren Lichterscheinungen des Nordlichts nachzubilden und zu erklären versucht. Wer diese geradezu magisch wirkenden, türkisgrün phosphoreszierenden Lichtbogen am Nachthimmel in der Natur erlebt, nimmt sie einfach staunend-fasziniert als Naturwunder hin; hier, in der Kuppel des Planetariums, ist man dankbar für Erklärungen. Ganz besonders, wenn auf der Reise kein Nordlicht zu sehen ist und die Einheimischen von den wunderschönen Polarlichtern der vorigen Woche schwärmen.

Durch die Finnmark nach Hammerfest, der nördlichsten Stadt der Welt

Die Europastraße 6, die ganz Norwegen von Süd bis Nord durchzieht wie eine Hauptschlagader, ist die ideale Ergänzung zur Hurtigroute. Sie verbindet Provinzen im Inland, ermöglicht den Warenverkehr. Doch während der Sommermonate wird ihr Nordabschnitt zur Hauptstraße der Touristen: Wohnwagengespanne, Leih- und Privatautos, Motorräder sind auf dem großen Trip nach Norden. Die Panoramen, die sich bieten, sind unter den besonderen Lichtverhältnissen überwältigend; der Wechsel vom sagenumwobenen, wilden Bergland der Dovrefjell- und Rondane-Nationalparks zu den weiten, ruhigen Küstenlandschaften und Tundren des Nordens unvergeßlich.

Fast unmerklich geht die Provinz Troms in die Finnmark über, die mit 46000 Quadratkilometern flächenmäßig

105 Same beim Zeltbau aus Birkenstämmen. Wo sie nicht für Touristen posieren, tragen Samen schlichte Alltagskleidung. Doch auch diese ist stets in den traditionellen Farben gehalten: Blau steht für den Mond, Rot für die Sonne. Sogar die gemeinsame Flagge der skandinavischen und russischen Samen besitzt die typischen Farben der Tracht.

106 | 107

größer ist als die Niederlande. An der Westküste nimmt nach und nach das Gewirr der vorgelagerten Schären und Inseln ab, flache, siedlungsarme Halbinseln bestimmen das Bild. Breite Fjorde schneiden tief ins Land; oft münden in sie fischreiche Bergflüsse, deren imposante Fossen immer wieder zu einem kleinen »Seitensprung« anregen (zum Beispiel ins Reisadalen mit dem 270 Meter hohen Mollisfossen). An vielen Stellen wird die Wasserkraft zur Stromgewinnung genutzt, nicht ohne Protest der Umweltschützer. Das aufsehenerregendste Projekt dieser Art war die Errichtung des Alta-Kraftwerks, das gegen den erbitterten Widerstand weiter Bevölkerungskreise entstand.

Die Europastraße 6 zieht an den Ufern von drei Fjorden entlang, von denen einer großartiger ist als der andere. Im *Lyngenfjord* spiegeln sich die bis in den Sommer schneebedeckten Lyngenalpen; vom 400 Meter hoch gelegenen Aussichtspunkt des Kvaenangensfjellet bietet sich an schönen Tagen ein prachtvoller Blick auf den verzweigten *Kvaenangensfjord* mit seinen von Firnfeldern überzogenen Bergen Langfjordjøkel (1064 Meter) und Øksfjordjøkel (1204 Meter). Letzterer ist nach dem Svartisen der zweitgrößte Gletscher Nordnorwegens.

Am inneren Ende des von Höhen sanft gerahmten *Altafjords* liegt der alte Samenort *Alta*, der zwischen 1740 und 1814 Sitz der finnmärkischen Provinzialverwaltung war. Noch gilt der Ort als Tor zur Finnmark, ist aber dank intensiver Förderung durch die Regierung in Oslo längst ihr wirtschaftliches, schulisches und kulturelles Zentrum. Fischerei, fischverarbeitende Industrie und der Abbau von Schiefer und Syenit, einem granitähnlichen Tiefengestein, sind wichtige Erwerbszweige. Vor allem die großen Lager von Schieferplatten, die als Dachpfannen Verwendung finden, fallen auf.

Alta ist mit dem lachsreichen *Altaelv* ein Dorado der Lachsfischer. Daß dieser günstig gelegene Platz schon lange entdeckt war, beweisen die *Felsbilder von Hjemmeluft* bei Alta, die seit 1985 auf der UNESCO-Liste des Weltkulturerbes stehen. In fast 4000 Einzelbildern zeigen sie – sicher nicht ohne kultischen Hintergrund – Jäger, Fischer, Hirten bei ihrer Arbeit in der Zeit von ungefähr 4500 bis 500 vor Christus.

Bis zum Zweiten Weltkrieg fand in Alta zweimal im Jahr ein großer und bunter Markt statt, zu dem die *Samen* von der Finnmarksvidda mit ihren Rentierprodukten kamen. Heute machen die Samen, die wir unter der Bezeichnung Lappen kennen, am Rand der E 6 durch bescheidene Lagerplätze auf sich aufmerksam. In ihren prächtigen bunten Trachten sind sie nicht nur ideale Fotomotive, sie gewinnen durch ihre stille, zurückhaltende Art Sympathien und Käufer. Denn in dem mit Hilfe von dünnen Birkenstämmen errichteten Zelt näht die Mutter auf der Singer-Nähmaschine Handschuhe aus Rentierfell, während der Vater mit den Kindern gelassen neben dem Verkaufsgestell steht. Wer könnte da ohne lustigbunte Lappenmütze, Handschuhe, Weste oder ein Rentierfell weiterreisen!

Ungefähr auf 20000 Samen wird die Volksgruppe in der Finnmark geschätzt, von denen nur noch zehn Prozent als Halbnomaden Rentierzucht betreiben. Alta bietet mit der Reichsstraße 93 die kürzeste Straßenverbindung nach *Kautokeino*, dem wichtigsten Samenort der Finnmarkvidda. Allerdings trifft man von den Samen, die gut die Hälfte der 2000 Einwohner stellen, während der Sommermonate nur wenige in der Siedlung an. Viele verkaufen an der Küste Souvenirs, andere sind mit den scheuen Rentieren auf den nördlichen Inseln. Nur im Winter, der sich mit Temperaturen von minus 20–30 Grad deutlich vom Westkü-

106 Hammerfest ist die nördlichste Stadt der Welt und lebt vorwiegend von Fischfang und Fischindustrie. Blickpunkt der nach dem Krieg wieder aufgebauten Stadt ist die durch ihre originelle, ganz neuartige Konstruktion auffallende Pfarrkirche. Weil sie den Trockengerüsten für Fisch ähnelt, wird sie im Volksmund Stockfischkirche genannt.

107 Auch beim Bau der 1965 geweihten Eismeerkathedrale in Tromsø wich der Architekt vom herkömmlichen Kirchenbaustil ab. Beim Eintritt überrascht den Besucher die 23 Meter hohe Christusdarstellung des Ostfensters.

stenwinter unterscheidet, beziehen sie ihre Häuser, während die Herden auf der Vidda Nahrung suchen. Ungefähr auf 65000 Tiere wird der Bestand ihrer Rentiere geschätzt.

Wer vom wenig romantischen Kautokeino die Weiterfahrt über die Hochebene plant, muß sich gut mit dem hier angebotenen Mückenöl (Finn-Olje) eindecken, denn Sümpfe und Seen der Vidda sind große Mücken-Brutstätten. Dabei ist die Landschaft durchaus reizvoll, wenn auch nicht besonders abwechslungsreich: Seen, Flüsse und Sümpfe sind in ein flachwelliges Hügelland gebettet, auf dem Krüppelbirken und niedriges Strauchwerk die wichtigsten Blickpunkte sind. Die Seen sind fischreich, und die Flüsse begeistern Lachs-Angler, vor allem der *Lakselv* bei *Karasjok* macht seinem Namen Ehre.

An der Küste biegt beim ausgedehnten, wenn auch lichten Birkenwäldchen von *Skaidi* die Straße 94 nach Westen ab. Nach 57 Kilometern erreicht sie über eine Brücke die auf der Insel Kvaløya liegende nördlichste Stadt der Welt, *Hammerfest*. Obwohl es wenig zu sehen gibt, will doch jeder hier gewesen sein: exakt auf dem 70. Breitengrad (39', 48"), in der gleichen Höhe mit der Nordküste von Alaska. Seit 1789 besitzt der Ort Stadtrechte und zählt heute 7000 Einwohner. Beim Rückzug deutscher Truppen wurde Hammerfest völlig zerstört. Eindrucksvollster Neubau ist die *Pfarrkirche*, die auch Stockfisch-Kirche genannt wird, weil sie einem Trockengestell merkwürdig ähnlich sieht. Das Innere ist als Deckenraum sehr eindrucksvoll und besitzt über dem Altar ein großes Buntglasfenster von Jardar Lunde, das den Sieg Christi über den Tod (und das Dunkel) darstellt. In einer Stadt, die zwar vom 15. Mai bis 26. Juli Mitternachtssonne hat, aber im Winter zwei Monate im Dunkeln liegt, ein trostreiches Thema.

Windumtostes Nordkap

Nur wenige Nordkap-Besucher geben es zu, aber viele standen auf dem 307 Meter hohen Steilfelsen in Regen und Sturm oder im Nebel. Und eigentlich gehört es dazu, daß am nördlichsten Punkt Europas Wind und Wetter klarmachen, daß hier »Land Ende« ist und das Eismeer beginnt. Ganz ehrlich sind ja nicht einmal diejenigen, die das Nordkap (71°10'21") zum nördlichsten Punkt erklärt haben, denn das kaum erreichbare *Kap Knivskjellodden* liegt noch ein wenig nördlicher. Dafür ist der fast senkrecht zum Meer abstürzende Felsen wirklich der nördlichste per Straße erreichbare Ort Europas. Zu sehen gibt es wenig, zu empfinden viel, denn es ist doch etwas Besonderes, hier zu stehen. Für viele Besucher ein Traumziel.

Das Kap wurde vom englischen Seefahrer Richard Chancellor 1553 umfahren und benannt, als er einen nördlichen Seeweg nach China suchte. Vielleicht war der italienische Pfarrer Francesco Negri 1664 wirklich der erste Tourist, der eine riesige Zahl von Nachfolgern fand: 1993 besuchten hunderttausend Touristen das Kap, das jahrhundertelang nur den Rentieren und Samen gehörte, die in den Sommermonaten das karge Weideland der Insel Magerøy besuchten und besuchen. Die Mitternachtssonne wäre vom 14. Mai bis zum 1. August zu sehen...

Das Nordkap steht seit fünfzig Jahren unter Naturschutz, aber natürlich wird der Platz kräftig vermarktet: die *Nordkaphalle* bietet den Frierenden Schutz, jede Menge Andenken, physische Stärkung, Poststempel, Anwesenheits-Zertifikate, sogar eine Multivisionsschau. Und in der tief in den Fels gesprengten, über einen Tunnel erreichbaren »*Royal Nordkap Halle*« einen windgeschützten Ausblick aufs Eismeer durch das riesige Panoramafenster.

108 Rentierherde am Repperfjord. Im Winter ernähren sich die kälteangepaßten Tiere auf der Finnmarksvidda vorwiegend von Rentierflechten (Rentiermoos), im Frühjahr ziehen sie zu den Weidegründen weiter nach Norden; zur Nordkapinsel Magerøy setzen sie schwimmend über. Die Herdenbesitzer leben als Halbnomaden.

109 Frisches Birkengrün schmeckt besonders gut. Wo eine Rentierherde vorbeizog, wächst nicht mehr viel. Rentiere sind die einzige Hirschart, bei denen beide Geschlechter Geweihe tragen.

Am Ende der Hurtigroute – Kirkenes

Honningsvåg, der Hafen der Nordkap-Insel Magerøy, ist mit 3500 Einwohnern Norwegens nördlichste stadtähnliche Siedlung – ein feiner, entscheidender Unterschied zur »richtigen« Stadt Hammerfest! Es gibt ein Museum, eine Kirche von 1884 und eine Fischfabrik, die Leute mit empfindlichen Nasen schnell an die Weiterreise denken läßt.

Wenn das Hurtigschiff den Hafen von Honningsvåg verläßt, braucht es fünfzehn Stunden, um die »Nordkappe Europas« zu umrunden und Kirkenes zu erreichen. Den Autofahrer trennen über 500 Kilometer von der kaum besuchten Industriestadt. Er kann von *Tana bru* einen 140 Kilometer weiten Abstecher zum östlichsten Punkt Norwegens, der *Inselstadt Vardø* unternehmen, die durch einen neuen Meerestunnel mit dem Festland verbunden ist. An der Küste steht die im 18. Jahrhundert sternförmig erbaute Festungsanlage *Vardøhus* auf einsamem Posten; seit dem 13. Jahrhundert war der strategisch wichtige Ort durch eine Festung gesichert. Die Bunker der deutschen Armee aus dem Zweiten Weltkrieg zeigen, daß sich an der strategischen Bedeutung nichts geändert hat.

Auf halber Strecke nach Vardø liegt *Vadsø*, der Verwaltungsort der Provinz Finnmark. Sein kleines Museum mit dem *Tuomainenhof* ist vorwiegend der Geschichte der finnischen Einwanderer gewidmet, doch bezeugen zahlreiche Bodenfunde in der Umgebung, daß die *Halbinsel Varanger* bereits in prähistorischer Zeit besiedelt war. Während der Sommerzeit sind hier häufig Archäologen an der Arbeit, die steinzeitliche Wohnplätze und Gräber der Wikingerzeit untersuchen.

Am Knotenpunkt *Tana bru* lenken passionierte Angler ihren Wagen sofort nach Süden in Richtung Karasjok, denn die Straße läuft 120 Kilometer lang parallel zum Fluß Tana (finnisch: Teno = großer Fluß). Der Tanaelv, Norwegens zweitlängster Fluß, ist ein berühmter Lachsfluß.

Reisende nach *Kirkenes* können dagegen melden, daß sie die östlichste auf dem Festland gelegene Stadt Norwegens erreicht haben. Wer hier wohnt, hat vorwiegend mit Eisenerz zu tun, sei es beim Abbau, der Aufbereitung oder Verladung. Etwa sechs Millionen Tonnen Eisenerz werden jährlich in den südlich von Kirkenes gelegenen Gruben abgebaut. Die Stadt wurde im Krieg völlig zerstört. Heute unternimmt die norwegische Regierung viel, um die Stadt auch kulturell aufzuwerten. Und erstaunlicherweise kommen immer mehr Touristen nach Kirkenes, denn dank der Perestroika kann man von hier problemlos Tagesausflüge ins russische Murmansk unternehmen. Und Murmansk ist – zum Kummer der Leute in Hammerfest – die größte Stadt der Welt nördlich vom Polarkreis.

110 Abseits von der vielbesuchten »Nordkaphalle« kann man ganz in der Stille das Nordkap-Plateau am Ende Europas auf sich einwirken lassen. Der eindrucksvolle, 307 Meter hohe Steilfelsen aus Schiefer ist stark verwittert und häufig in Nebel gehüllt – dann glaubt man, im sagenumwobenen »Nebelheim« der Frühzeit zu sein.

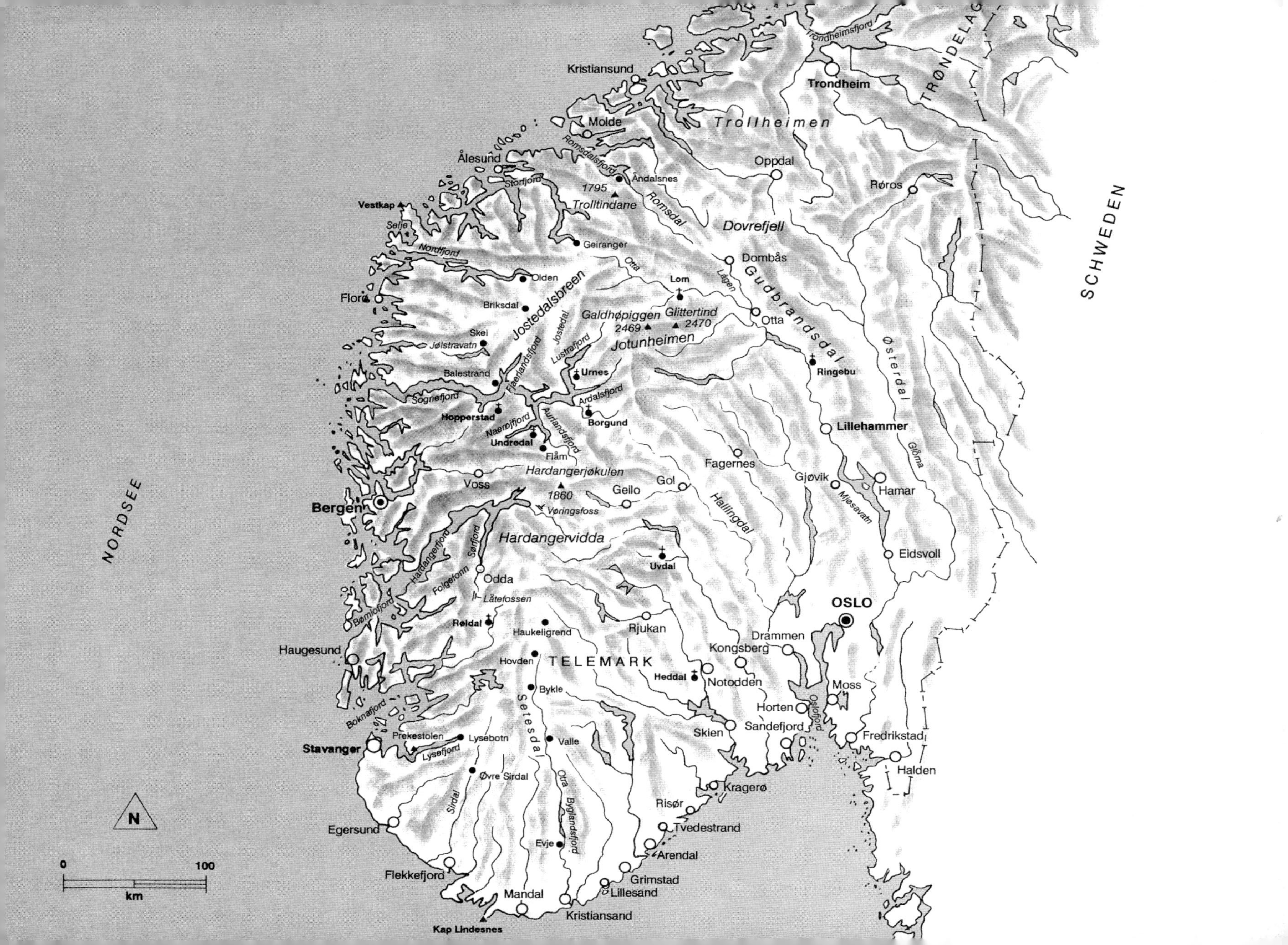
NORDSEE
SCHWEDEN
TRØNDELAG
Kristiansund
Trondheim
Trondheimsfjord
Molde
Trollheimen
Ålesund
Romsdalsfjord
Åndalsnes
Oppdal
Røros
1795
Storfjord
Trolltindane
Vestkap
Selje
Romsdal
Dovrefjell
Geiranger
Nordfjord
Otta
Dombås
Olden
Lom
Lågen
Gudbrandsdal
Florø
Briksdal
Jostedalsbreen
Jostedal
Galdhøpiggen
2469
Glittertind
2470
Otta
Skei
Jølstravatn
Jotunheimen
Lustrafjord
Østerdal
Urnes
Ringebu
Balestrand
Fjærlandsfjord
Sognefjord
Ardalsfjord
Hopperstad
Borgund
Nærøjfjord
Aurlandsfjord
Lillehammer
Undredal
Flåm
Glåma
Hardangerjøkulen
Fagernes
Voss
Gjøvik
Hamar
Gol
1860
Geilo
Bergen
Mjøsavatn
Vøringsfoss
Hallingdal
Hardangerfjord
Sørfjord
Hardangervidda
Eidsvoll
Uvdal
Folgefonn
Odda
Bømlofjord
Låtefossen
OSLO
Røldal
Haukeligrend
Rjukan
Drammen
Haugesund
Kongsberg
Hovden
TELEMARK
Heddal
Notodden
Moss
Bykle
Horten
Oslofjord
Boknafjord
Setesdal
Skien
Sandefjord
Fredrikstad
Prekestolen
Lysebotn
Valle
Stavanger
Lysefjord
Halden
Øvre Sirdal
Otra
Kragerø
Byglandsfjord
Risør
Sirdal
Tvedestrand
Egersund
Evje
Arendal
0
100
km
N
Flekkefjord
Grimstad
Lillesand
Mandal
Kristiansand
Kap Lindesnes